Beyond Creative

VBA 코딩솔루션

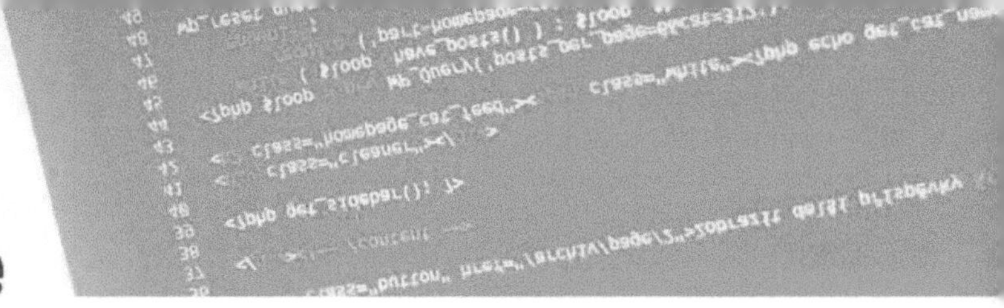

강경원 지음

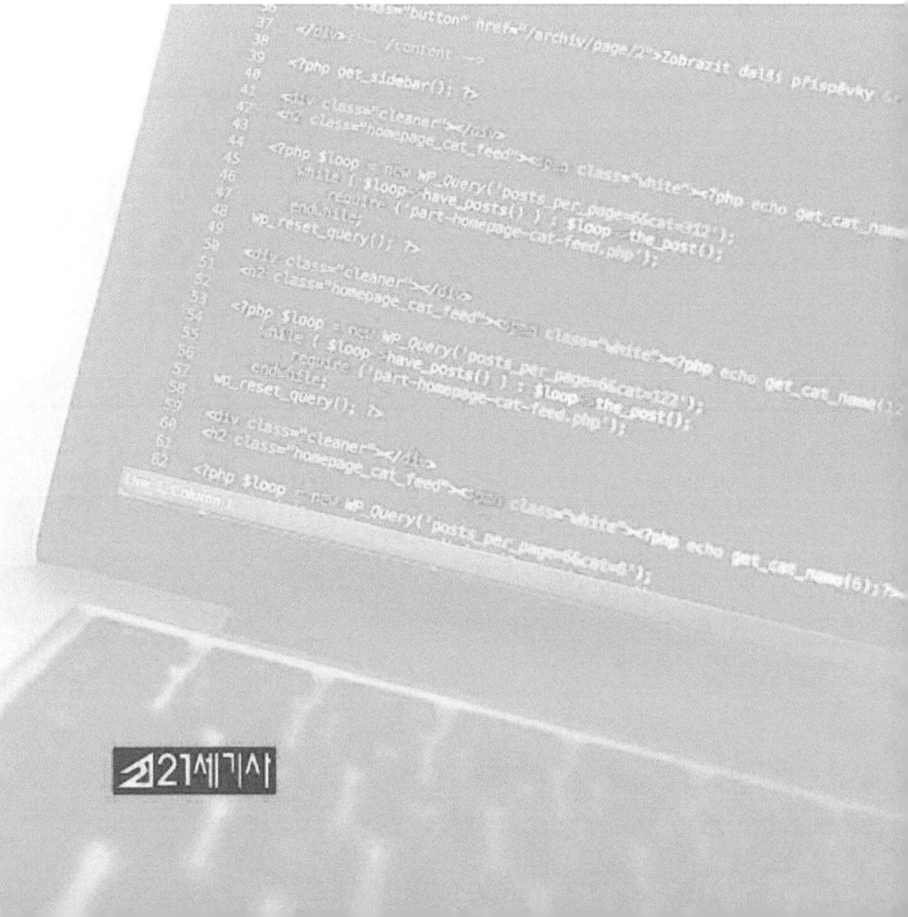

21세기사

머 | 리 | 말

현대와 미래의 산업 사회를 논하는 대중 매체의 핵심 키-워드 중 하나는 **4차 산업 혁명**이다. 드론, 3D 프린트, 자율 주행, 인공지능 등 어느 것 하나도 과거에는 상상할 수 없었던 새로운 형태의 산업이 생겨나고 있고 그에 따른 기술 변화가 일어나고 있다. 교육 현장에서는 4차 산업 혁명을 대비하여 무엇을 가르쳐야 하는가에 많은 노력을 기울이고 있고 각 대학마다 이를 위해 새로운 교육과정을 편성해 적극적인 대응에 나서고 있다.

코딩은 컴퓨터 언어를 이용하여 사람이 생각하는 알고리즘을 컴퓨터가 실행할 수 있는 언어로 기술하는 작업이다. 즉 코딩 능력은 사용자의 목적에 맞도록 창의성을 발휘하여 자유롭게 컴퓨터를 활용할 수 있게 하는 능력으로 4차 산업의 핵심 능력으로 부각되고 있다. 코딩을 익히는 방법은 매우 다양하지만 산업 현장에서 많이 사용되고 있는 패키지 중 하나인 엑셀의 다양한 개체를 활용할 수 있는 VBA 코딩을 익힌다면 컴퓨터 프로그래밍을 통한 컴퓨터의 활용 방법을 이해하는데 직접적인 도움이 될 수 있다.

VBA 코드를 처음 접하는 사용자들에게 다양한 예제를 통해 코드를 차근차근 익히도록 하는 것은 VBA 코드로 코딩을 하는 재미와 함께 코드 이해에 큰 도움이 될 것이다. 본 교재를 바탕으로 VBA 코딩을 익힐 수 있도록 꾸준히 노력한다면 엑셀 자체가 가지고 있는 방대한 함수와 개체들을 좀 더 폭넓게 이해하고 활용할 수 있다. 또한 새로운 알고리즘을 적용하여 엑셀에 없는 새로운 기능을 추가로 개발할 수 있고 VBA 코딩 뿐 아니라 다른 코딩 언어를 익히는 데에도 도움이 될 수 있을 것이다.

본 교재의 특징은 다음과 같다.

본 교재는 현장에서 맞닥뜨릴 수 있는 문제를 제시하고 문제 해결 중심으로 필요한 VBA 프로시저를 학습할 수 있도록 하였다. 사용 범위가 매우 넓고 복잡한 VBA 코드의 사용 방법을 매뉴얼 식으로 나열하지 않고 주어진 문제 해결에 국한하여 실습하도록 함으로 써 비주얼 베이직에 대한 사전 지식 없이도 해당 코드 및 개체 사용에 대한 이해를 쉽게 할 수 있도록 하였다.

본 교재는 실전 예제를 이용하여 워크시트에서 사용되는 다양한 개체와 비주얼 베이직 코드를 동시에 활용할 수 있도록 하였다. VBA의 가장 큰 특징인 엑셀 개체를 비주얼 베이직 언어와 접목하여 사용하는 것은 엑셀을 기반으로 하는 여러 가지 형태의 프로시저를 개발하는데 매우 유용하다. 그러나 프로그래밍 언어를 구사할 수 없는 초보자에게 비주얼 베이직 언어의 코딩은 어려울 수 있다. 그러므로 현장에서 흔히 접할 수 있는 친숙한 문제를 중심으로 이를 해결할 수 있는 프로시저를 작성하고 반복하여 익힘으로써 비주얼 베이직 프로그래밍 언어의 구사가 어려운 초보자도 쉽게 코딩을 할 수 있도록 하였다.

본 교재는 초급 수준에서 고급 수준의 응용에 이르기까지 순차적으로 단계를 밟아 VBA 코딩에 접근할 수 있도록 하였다. 프로그래밍 언어의 사용 규칙은 정해져 있다. 그러나 문제를 해결하는 방법은 사용자의 아이디어와 창의성에 따라 전혀 다른 알고리즘으로 만들어질 수 있다. 따라서 본서는 창의성과 함께 코딩을 익히려는 사용자들의 요구에 맞도록 차근차근 프로그래밍에 대한 흥미를 잃지 않고 꾸준히 학습할 수 있도록 하였다.

사용자의 창의성이 얼마나 발휘되는가에 따라 코딩은 세상에 없는 아이디어로 새로운 형태의 소프트웨어를 만들어 낸다. 사용자가 스스로 코드를 작성하고 실행하면서 수많은 시행착오를 경험하고 이를 해결해 가면서 문제 해결의 실체에 접근해 가는 방법이야말로 최고의 학습 방법이라 생각한다. 여러분의 건강과 발전, 행운을 기원하면서…

저자 씀

목 | 차

CHAPTER 3

VBA 조건문 • 75

CHAPTER 4

사용자 정의 폼 • 113

CHAPTER 6

사용자 정의 함수 • 291

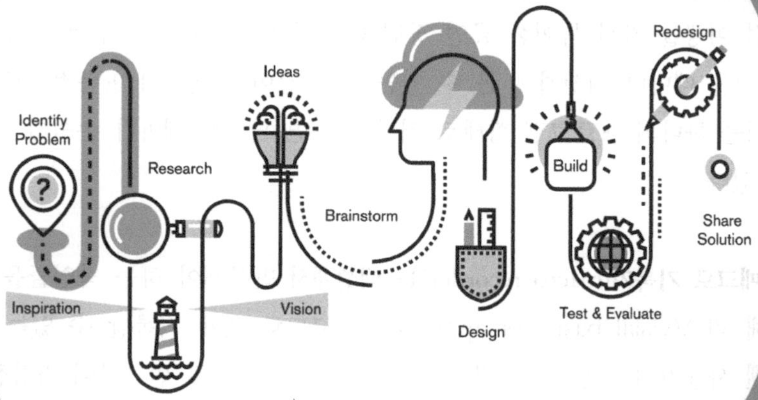

CHAPTER

1

매크로 기록기와 VBA의 이해

매크로(macro)는 엑셀에서 자주 사용하는 일련의 명령들을 마치 하나의 명령처럼 사용할 수 있도록 저장한 프로그램이다. 그러므로 매크로는 반복해야 하는 작업들을 자동화 할 수 있고 불필요한 반복 작업의 수고를 줄일 수 있게 해 준다. 예를 들어 유럽 여행을 가서 특이한 공연 장면을 동영상으로 촬영해 두면 여행에서 돌아와 보고 싶을 때마다 재생하여 볼 수 있는 것과 같이 엑셀에서 반복적으로 처리해야 하는 작업을 하나의 프로그램 형태로 저장해 두면 필요할 때마다 손쉽게 실행시켜 사용할 수 있다.

매크로 기록기(macro recorder)는 엑셀에서 반복해야 하는 작업들을 매크로 생성을 통해 VBA(visial basic for application) 코드로 쉽게 기록할 수 있는 유용한 도구로 엑셀 사용자의 마우스 및 키보드 동작을 VBA 코드로 변환하여 저장한다. 그러나 매크로 기록기는 단순한 작업이나 복잡한 작업의 일부분을 기록하는 경우에 적당하고 구문 반복, 변수 값 할당, 조건문 실행, 대화 상자 표시하기 등에 관한 코드를 생성할 수 없다. 또한 불필요한 코드도 같이 기록되므로 코드의 양이 커질 수 있어 기록된 코드를 정리할 필요가 있다. 변환된 VBA 코드는 대화 상자, 조건문, 반복 구문 등을 사용하여 새로운 코드를 추가할 수 있고 불필요한 코드는 수정하거나 삭제하여 업무 처리에 필요한 프로그램으로 변형시켜 사용할 수 있다. 업무 상황에 따라서는 매크로 기록기를 사용하지 않고 비주얼 베이직 편집기(VBE, visual basic editor)에서 직접 프로그램을 작성해 사용할 수 있다.

비주얼 베이직을 기반으로 하는 VBA 코드는 거의 완벽한 프로그래밍 언어라고 해도 과언이 아니다. 비주얼 베이직과 같은 일반 범용 언어를 사용하여 프로그램을 작성하듯이 VBA 프로그래밍을 통해서도 사용자가 원하는 기능을 수행하는 다양한 프로그램을 만들 수 있다. 그러나 VBA 코드는 엑셀 안에서 워크시트와 함께 사용되어야 가장 효과적이고 강력한 기능을 발휘한다. 비주얼 베이직(VB)과 VBA의 가장 큰 차이점은 입력과 출력이 일어나는 장소이다. VB로 만들어진 프로그램은 작성자의 의도에 따라 윈도우(Window) 전체에서 작동되는 실행 프로그램(EXE), 라이브러리(OCX, DLL) 등의 프로그램을 만들 수 있지만 VBA로 만들어진 VBA 프로그램은 엑셀을 기반으로 작동된다.

요점정리

- **매크로 기록기(macro recorder)**는 매크로 기록을 통해 반복해야 하는 작업들을 자동화하는 VBA 코드를 생성할 수 있으나 대화 상자, 조건문, 반복 구문 등의 코드를 사용할 수 없다. **VBA(visial basic for application)** 코드로 기록된 매크로는 비주얼 베이직 편집기(VBE, visual basic editor)에서 코드를 추가하거나 수정・삭제 할 수 있고 대화 상자, 조건문, 반복 구문 등의 코드를 활용한 프로그래밍을 통해 엑셀에서 제공하지 않는 새로운 프로그램을 만들 수 있다.

[예제] 기본 자료인 〈표 1.1〉과 〈표 1.2〉, 처리 조건, 요구사항을 이용하여 기본 표를 작성하고 매크로 기록기를 통해 특정 조건에 맞는 레코드를 검색하는 매크로를 생성하라. 생성된 매크로는 VBE에서 InputBox 대화 상자 활용 코드를 추가하여 사용자의 편리성을 향상 시키는 자료 검색 VBA 프로그램을 완성하시오.

기본자료

〈표 1.1〉 수강참조

수강반	수강료	수강일	장소
헬스A	75000	월수금	헬스돔1
헬스B	70000	화수목	헬스돔2
헬스C	65000	목금토	헬스돔3
수영A	55000	월수금	실내수영장1
수영B	50000	화금토	실내수영장2
수영C	45000	토일월	실내수영장3
요가A	85000	화수목	사파이어1
요가B	80000	금토일	사파이어2
요가C	75000	화목금	사파이어3
에어로빅A	70000	수금토	금강홀1
에어로빅B	65000	금토일	금강홀2
에어로빅C	60000	월화수	금강홀3

〈표 1.2〉 등록회원(3월)

회원번호	성명	수강반	성별	키	체중	취미	수강료	수강일	장소
HS0001	이생순	헬스A	남	175	69	여행			
HS0002	기미노	헬스B	여	170	65	영화감상			
HS0003	감치미	수영A	남	166	76	노래			
HS0004	우국자	수영B	여	158	58	등산			
HS0005	김삼돌	수영C	여	165	59	여행			
HS0006	이삼식	요가A	남	159	56	영화감상			
HS0007	공도수	요가B	여	180	75	음악감상			
HS0008	이동숙	에어로빅A	여	179	79	요리			
HS0009	맹도리	에어로빅B	여	176	55	등산			
HS0010	박수상	에어로빅C	여	160	56	낚시			
HS0011	백수건	수영A	여	180	55	뜨개질			
HS0012	김미돌	수영B	여	166	50	요리	①	②	③
HS0013	이마루	수영C	여	171	52	영화감상			
HS0014	저마루	헬스C	남	157	53	음악감상			
HS0015	이막순	헬스C	남	166	51	노래			
HS0016	히딩거	헬스A	남	177	69	여행			
HS0017	마건달	헬스B	남	172	70	요리			
HS0018	이무달	에어로빅A	여	163	52	자전거			
HS0019	금장비	요가A	여	164	56	자전거			
HS0020	이장돌	요가B	남	155	66	노래			
HS0021	공미순	요가A	여	152	49	등산			
HS0022	허삼순	요가C	남	169	62	요리			
HS0023	오미주	에어로빅B	여	170	78	여행			

처리조건

① 수강료 : 수강반으로 수강참조 테이블에서 찾음

② 수강일 : 수강반으로 수강참조 테이블에서 찾음

③ 장소 : 수강반으로 수강참조 테이블에서 찾음

요구사항

① **테두리**는 〈표 1.2〉를 참조하여 적용하고 배경 색 및 글꼴은 변경하지 않는다.

② 1, 2, 3행을 삽입하고 **A1**셀에 **(주)한국스포츠 회원 등록 현황(3월)**을 입력한 후 셀 병합, 서식 지정은 하지 않는다.

③ I3셀에 **작성자 :** ○○○으로 작성자의 이름을 입력한다.

④ 표에서 항목명과 **회원번호, 성명, 성별** 데이터는 **가운데 맞춤한다.**

⑤ **수강료**는 1000단위마다 **쉼표 스타일**을 적용한다.

⑥ 인쇄 미리 보기의 페이지 설정에서 **확대/축소를** 85%로 설정하고 페이지 **가로 가운데 맞춤**한 후 **머리글** 오른쪽에 **시스템 날짜, 바닥글** 왼쪽에 **(주)한국스포츠**를 추가하라.

⑦ 완성된 통합 문서를 작성자의 USB에 **회원현황3월**로 저장하고 조건에 따라 회원 자료를 검색하는 매크로를 작성하라.

1.1 기본 표의 작성

아래의 [따라하기]는 〈표 1.1〉과 〈표 1.2〉 및 처리 조건을 이용하여 매크로 실습을 위한 기본 표를 작성하는 실습이다.

따라하기

동작 1 새 통합 문서의 **Sheet1**의 이름을 **수강참조**로 변경하고 **A1:D13** 범위에 〈표 1.1〉을 작성한다.

동작 2 **Sheet2**의 이름을 **등록회원3월**로 변경하고 **A1:J24** 범위에 〈표 1.2〉와 처리 조건 ①, ②, ③을 처리한 후 요구사항 ①에서 ⑦까지를 처리한다.

◎ 완성된 표는 〈그림 1.1〉과 같다.

	A	B	C	D	E	F	G	H	I	J
1	(주)한국스포츠 회원 등록 현황(3월)									
2										
3									작성자 : 홍 길 동	
4	회원번호	성명	수강반	성별	키	체중	취미	수강료	수강일	장소
5	HS0001	이생순	헬스A	남	175	69	여행	75000	월수금	헬스돔1
6	HS0002	기미노	헬스B	여	170	65	영화감상	70000	화수목	헬스돔2
7	HS0003	감치미	수영A	남	166	76	노래	55000	월수금	실내수영장1
8	HS0004	우국자	수영B	여	158	58	등산	50000	화금토	실내수영장2
9	HS0005	김삼돌	수영C	여	165	59	여행	45000	토일월	실내수영장3
10	HS0006	이삼식	요가A	남	159	56	영화감상	85000	화수목	사파이어1
11	HS0007	공도수	요가B	여	180	75	음악감상	80000	금토일	사파이어2
12	HS0008	이동숙	에어로빅A	여	179	79	요리	70000	수금토	금강홀1
13	HS0009	맹도리	에어로빅B	여	176	55	등산	65000	금토일	금강홀2
14	HS0010	박수상	에어로빅C	여	160	56	낚시	60000	월화수	금강홀3
15	HS0011	백수건	수영A	여	180	55	뜨개질	55000	월수금	실내수영장1
16	HS0012	김미돌	수영B	여	166	50	요리	50000	화금토	실내수영장2
17	HS0013	이마루	수영C	여	171	52	영화감상	45000	토일월	실내수영장3
18	HS0014	저마루	헬스C	남	157	53	음악감상	65000	목금토	헬스돔3
19	HS0015	이막순	헬스C	남	166	51	노래	65000	목금토	헬스돔3
20	HS0016	히딩거	헬스A	남	177	69	여행	75000	월수금	헬스돔1
21	HS0017	마건달	헬스B	남	172	70	요리	70000	화수목	헬스돔2
22	HS0018	이무달	에어로빅A	여	163	52	자전거	70000	수금토	금강홀1
23	HS0019	금장비	요가A	여	164	56	자전거	85000	화수목	사파이어1
24	HS0020	이장돌	요가B	남	155	66	노래	80000	금토일	사파이어2
25	HS0021	공미순	요가A	여	152	49	등산	85000	화수목	사파이어1
26	HS0022	허삼순	요가C	남	169	62	요리	75000	화목금	사파이어3
27	HS0023	오미주	에어로빅B	여	170	78	여행	65000	금토일	금강홀2

〈그림 1.1〉

1.2 매크로 기록과 실행

VBA(visual basic for applications) 언어로 기록되는 매크로(macro)는 빈번하게 반복되는 명령을 한꺼번에 모아두고 한 번의 클릭으로 자동 실행할 수 있다. VBA는 비주얼 베이직을 이용하여 엑셀 개체를 제어할 수 있는 프로그래밍 언어로 엑셀의 설치와 함께 이용할 수 있다. VBA를 이용하면 엑셀에서 지원되지 않는 새로운 형태의 프로그램을 만들 수 있고 엑셀 매크로만으로 만들 수 없는 다양한 형태의 프로그램을 구현할 수 있다. 다음의 **매크로 요구사항 ①과 ②를** 처리하는 매크로를 기록하고 실행하는 과정을 통해 매크로와 VBA 코드를 이해하고 이를 활용하는 방법을 익힌다.

요구사항

① A4:J4 범위의 글꼴 : 돋움체, 굵게, 글꼴 크기 : 12, 글꼴 색 : 진한 파랑, 배경 : 흰색, 배경 1, 15% 더 어둡게를 적용하는 매크로를 생성하고 매크로 실행은 양식 컨트롤의 단추를 이용하여 실행하라.

- **매크로 이름**은 **항목서식지정**으로 하고 매크로 실행은 **양식 컨트롤의 단추**를 이용하여 실행하라. 단추의 텍스트는 **서식지정**으로 하고 단추는 L1:L2 범위에 위치시킨다.

② A4:J4 범위의 글꼴 : 맑은 고딕, 굵게 → 해제, 글꼴 크기 : 11, 글꼴 색 : 자동, 배경 : 채우기 없음을 적용하는 매크로를 생성하고 매크로 실행은 양식 컨트롤의 단추를 이용하여 실행하라.

- **매크로 이름**은 **항목서식해제**로 하고 매크로 실행은 **양식 컨트롤의 단추**를 이용하여 실행하라. 단추의 텍스트는 **서식해제**로 하고 단추는 L1:L2 범위에 위치시킨다.

1.2.1 매크로 기록

매크로 기록기(macro recorder)는 워크시트에서 작업하는 순서를 VBA 코드로 기록한다. 매크로 기록기를 사용하여 매크로를 생성하려면 세심한 주의가 요구된다. 만약 매크로의 기록 과정에서 실수를 하게 되면 실수로 인해 발생하는 오류까지도 모두 기록되기 때문이다. 매크로 기록기를 사용하려면 리본 메뉴 선택 탭에 **개발 도구** 탭이 있어야 한다. 만약 리본 메뉴 선택 탭에 개발 도구 탭이 없는 경우에는 엑셀의 옵션을 변경하여 개발 도구 탭을 추가해야 한다.

Help!!

엑셀의 리본 메뉴 선택 탭에 개발 도구 탭이 없는 경우

파일 → 옵션 → (Excel 옵션 창 열림) → 리본 사용자 지정 → 개발 도구 **체크**를 차례로 클릭하여 **개발 도구** 탭을 추가 한다.

다음 [따라하기]는 매크로 요구사항 ①에 따라 항목서식지정 매크로를 생성하는 실습이다.

따라하기

동작 1 **등록회원3월** 시트에서 임의 셀을 선택한다.

동작 2 개발 도구 리본 메뉴에서 코드 그룹의 매크로 기록 ( )을 클릭한다.

◎ 〈그림 1.2〉와 같은 **매크로 기록 창**(대화 상자)이 열린다.

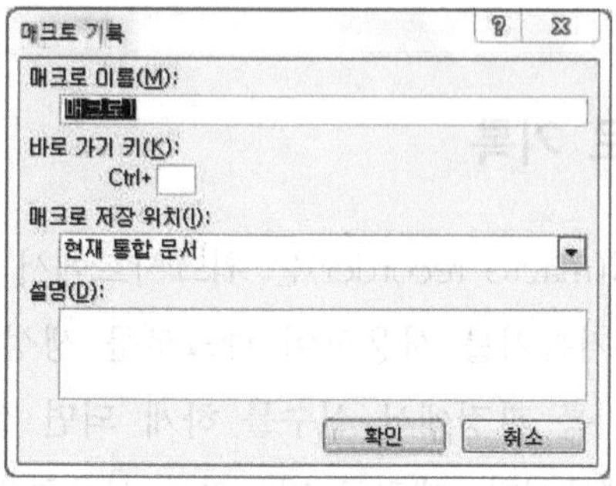

〈그림 1.2〉

동작 3 매크로 이름 상자의 임시 이름 Macro?을 지우고 **항목서식지정**을 입력한 후 **확인** 버튼을 클릭한다.

◎ 개발 도구 리본에서 코드 그룹의 **매크로 기록**이 **기록 중지**( )로 바뀌어 매크로 기록 중임을 표시한다.

Help!!

매크로 이름 작성 규칙

① 문자(영문자, 한글 문자) 혹은 밑줄을 사용하여 작성하고 공백을 포함하면 안 된다. ② 첫 글자는 반드시 문자로 시작해야 한다. ③ 특수 기호(?, #, %, $, &, ! @ ... 등)를 사용 할 수 없다.

바로 가기 키의 용도

바로 가기 키는 작성된 매크로를 실행시키는 단축 키를 지정한다. 예를 들어 대소문자 구분 없이 A를 입력하였다면 현재 작성 중인 항목서식지정 매크로는 Ctrl + **A** 키를 이용하여 실행 시킬 수 있다. 만약 C를 입력하면 Ctrl + **C로 실행되는데 엑셀의 복사 단축 키 보다 우선하여 실행된다.**

동작 4 A4:J4 범위를 선택하고 **홈** 리본 메뉴에서 **글꼴** : 돋움체, 굵게, 글꼴 크기 : 12, 글꼴 색 : 진한 파랑, 배경 : 흰색, 배경 1, 15% 더 어둡게 셀 서식을 적용하고 **임의 셀**을 선택한다.

◎ A4:J4 범위의 항목서식지정 매크로가 클릭하는 순서에 따라 기록된다.

동작 5 개발 도구 리본 메뉴의 기록 중지 (■)를 클릭한다.

◎ 기록이 중지되고 **항목서식지정** 매크로가 만들어 진다.

Help!!

매크로를 기록할 때 실수한 경우

가장 간단한 방법은 만들어진 매크로를 무시하고 새로 만드는 것이다. 앞서 만든 이름으로 다시 만들면 앞서 만들어진 매크로에 덮어 쓸지를 물어온다. 이때 예를 클릭하면 된다.

아래의 [따라하기]는 매크로 요구사항 ②에 따라 항목서식해제 매크로를 생성하는 실습이다.

따라하기

동작 1 **등록회원3월** 시트에서 임의 셀을 선택한다.

> **Help!!**
>
> **시트에서 임의 셀을 선택하는 이유**
>
> 특정 범위의 셀에만 매크로를 적용하려면 매크로를 기록하기 전에 반드시 해당 셀과 관련이 없는 셀을 클릭해야만 실수를 줄일 수 있다. 매크로를 기록하기 전에 특정 셀 범위를 먼저 지정하면 매크로 기록시에 해당 셀의 범위 지정을 빠뜨릴 수 있으므로 주의해야 한다.

동작 2 개발 도구 리본 메뉴에서 코드 그룹의 매크로 기록 ( )을 클릭한다.

◎ 매크로 기록 창이 열린다.

동작 3 매크로 이름 상자의 임시 이름 Macro?을 지우고 **항목서식해제**를 입력한 후 **확인** 버튼을 클릭한다.

◎ 개발 도구 리본에서 코드 그룹의 **매크로 기록**이 **기록 중지**( )로 바뀌어 매크로 기록이 되고 있음을 표시한다.

동작 4 **A4:J4** 범위를 선택하고 **글꼴** : 맑은 고딕, **굵게**를 클릭하여 해제, 글꼴 크기 : 11, 글꼴 색 : 자동, 배경 : 채우기 없음으로 셀 서식을 적용하고 **임의 셀**을 선택한다.

◎ **A4:J4** 범위의 **항목서식해제** 매크로가 순서에 따라 기록된다.

동작 5 개발 도구 리본 메뉴의 기록 중지 ( )를 클릭한다.

◎ 기록이 중지되고 항목서식해제 매크로가 만들어 진다.

Help!!

매크로를 기록할 때 실수한 경우

가장 간단한 방법은 만들어진 매크로를 무시하고 새로 만드는 것이다. 앞서 만든 이름으로 다시 만들면 앞서 만들어진 매크로에 덮어 쓸지를 물어온다. 이때 예를 클릭하면 된다.

1.2.2 매크로의 실행

매크로의 실행은 매크로 실행 창, 바로 가기 키, 양식 컨틀롤, 도형, 등 다양한 방법으로 실행시킬 수 있다. 매크로 실행 창에서 **개발 도구** 리본 메뉴의 Visual Basic ( ) 도구인 편집기를 사용하면 VBA로 기록된 매크로 코드를 볼 수 있고 필요에 따라 수정할 수 있다.

다음 [따라하기]는 매크로 실행 창으로 항목서식지정 매크로와 항목서식해제 매크로를 번갈아 실행시키는 실습이다.

따라하기

동작 1 개발 도구 리본 메뉴에서 코드 그룹의 **매크로**( )를 클릭한다.

◎ 〈그림 1.3〉과 같은 매크로 창이 열린다.

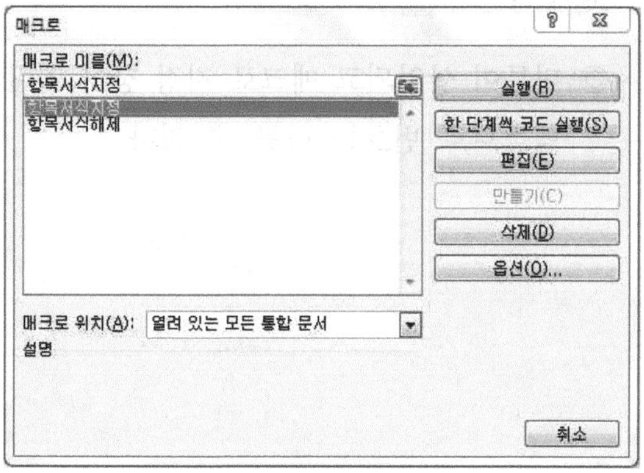

〈그림 1.3〉

동작 2 **항목서식지정** 매크로를 선택하고 **실행** 버튼을 클릭한다.

◎ 항목서식지정 매크로로 A4:J4 범위의 셀 서식이 지정된다.

동작 3 동일한 방법으로 **항목서식해제** 매크로를 실행한다.

◎ 항목서식해제 매크로로 A4:J4 범위의 셀 서식이 지정된다.

동작 4 **항목서식지정** 매크로와 **항목서식해제** 매크로를 번갈아 실행한다.

◎ A4:J4 범위의 셀 서식이 항목서식지정과 항목서식해제 매크로로 번갈아 실행된다.

다음 [따라하기]는 양식 컨트롤의 단추를 L1:L2 범위에 만든 후 항목서식지정 매크로를 연결하여 실행하는 실습이다.

따라하기

동작 1 개발 도구 리본 메뉴에서 컨트롤 그룹의 **삽입**( )를 클릭한 후 양식 컨트롤에서 버튼( )을 클릭하여 〈그림 1.4〉와 같이 **L1:L2** 범위에 삽입한다.

◎ 버튼이 삽입되고 매크로 지정 창이 열린다. 단추 1은 임시로 부여된 텍스트로 번호는 다를 수 있다.

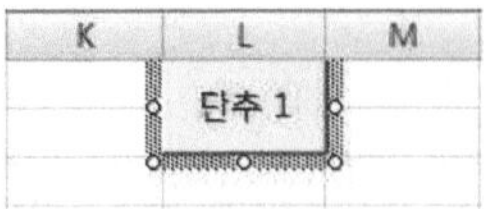

〈그림 1.4〉

동작 2 매크로 지정 창에서 매크로 이름으로 **항목서식지정**을 선택하고 **확인** 버튼을 클릭한다.

◎ **항목서식지정** 매크로가 단추에 연결된다.

> **Help!!**
>
> **단추는 삽입되었으나 매크로 지정 창이 안 열리는 경우**
>
> 만들어진 단추에서 우측 버튼을 클릭하여 열린 매크로 지정 창에서 연결하고자 하는 매크로를 지정한다.

동작 3 텍스트 **단추** 1을 클릭한 후 텍스트 수정 모드에서 단추 1을 지우고 **서식지정**을 입력하고 임의 셀을 클릭한다.

◎ 단추 내의 텍스트가 서식지정으로 변경되고 단추 활성 점이 없어진다.

동작 4 동일한 방법으로 **L4:L5** 범위에 **단추**를 삽입한 후 **서식지정해제** 매크로를 연결하고 텍스트는 **서식해제**로 변경하고 임의 셀을 선택한다.

◎ 단추에 **항목서식해제** 매크로가 연결된다.

동작 5 L1:L2 범위에 있는 **서식지정** 버튼을 클릭한다.

◎ **항목서식지정** 매크로가 실행된다.

동작 6 L4:L5 범위에 있는 **서식해제** 버튼을 클릭한다.

◎ **항목서식해제** 매크로가 실행된다.

동작 7 **서식지정**과 **서식해제** 버튼을 번갈아 실행시켜 본다.

◎ **항목서식지정**과 **항목서식해제** 매크로가 번갈아 실행된다.

요구사항

③ **A1:J1** 범위를 **병합하고 가운데 맞춤**한 후 글꼴 : 돋움체, 굵게, 글꼴 크기 : 16, 글꼴 색 : 진한 파랑을 적용하는 매크로를 생성하고 매크로 실행은 기본 도형의 웃는 얼굴(☺)을 이용하여 실행하라.

- **매크로 이름**은 **제목서식지정**으로 하고 매크로 실행은 기본 도형의 웃는 얼굴을 이용하여 실행하라. 도형은 **L7:L8** 범위에 위치시킨다.

④ 병합된 **A1**셀을 해제하고 글꼴 : 맑은 고딕, 굵게 → 해제, 글꼴 크기 : 11, 글꼴 색 : 자동을 적용하는 매크로를 생성하고 매크로 실행은 기본 도형의 해(☼)를 이용하여 실행하라.

- **매크로 이름**은 **제목서식해제**로 하고 매크로 실행은 기본 도형의 해를 이용하여 실행하라. 도형은 **L10:L11** 범위에 위치시킨다.

다음 [따라하기]는 매크로 요구사항 ③따라 제목서식지정 매크로를 생성하고 웃는 얼굴(☺) 도형을 이용해 실행시키는 실습이다.

따라하기

동작 1 기본 표에서 **임의 셀**을 선택한다.

동작 2 개발 도구 리본 메뉴에서 코드 그룹의 **매크로 기록**( )을 클릭한다.

◎ 매크로 기록 창이 열린다.

동작 3 매크로 이름 상자의 임시 이름 Macro?을 지우고 **제목서식지정**을 입력한 후 **확인** 버튼을 클릭한다.

◎ 개발 도구 리본에서 코드 그룹의 **매크로 기록**이 **기록 중지**( )로 바뀌어 매크로 기록이 되고 있음을 표시한다.

동작 4 **A1:J1** 범위를 선택하고 **홈** 리본 메뉴에서 맞춤 그룹의 **병합하고 가운데 맞춤**을 클릭한 후 **글꼴** : 돋움체, **굵게**, 글꼴 크기 : 16, 글꼴 색 : 진한 파랑을 적용하고 **다른 셀**을 선택한다.

◎ A1:J1 범위의 셀 서식 지정이 **제목서식지정** 매크로로 기록된다.

동작 5 개발 도구 리본 메뉴의 기록 중지 ( )를 클릭한다.

◎ 기록이 중지되고 **제목서식지정** 매크로가 만들어 진다.

동작 6 **삽입** 리본 메뉴에서 일러스트레이션 그룹의 **도형**( )를 클릭한 후 **기본 도형**에서 **웃는 얼굴**( )을 선택하여 〈그림 1.5〉와 같이 **L7:L8** 범위에 삽입한다.

◎ 웃는 얼굴 도형이 삽입되고 활성 점이 표시된다.

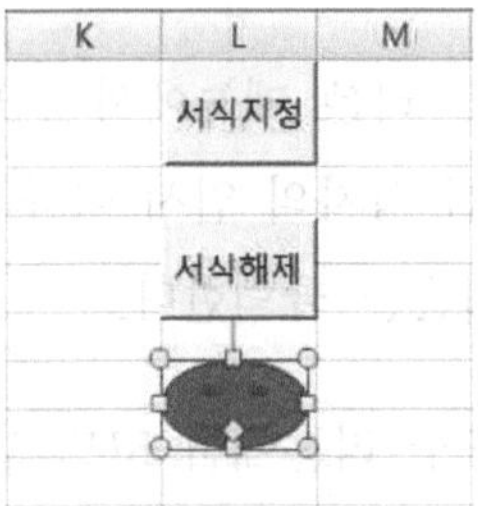

〈그림 1.5〉

동작 7 삽입된 **웃는 얼굴** 도형에서 **우측 버튼**을 클릭하여 표시된 팝업 메뉴에서 **매크로 지정**을 클릭한다.

◎ 매크로 지정 창이 열린다.

동작 8 매크로 지정 창에서 **제목서식지정** 매크로를 선택하고 **확인** 버튼을 클릭한다.

◎ 웃는 얼굴 도형에 **제목서식지정** 매크로가 지정된다.

아래의 [따라하기]는 매크로 요구사항 ④에 따라 제목서식해제 매크로를 생성하고 해(☼) 도형을 이용해 실행시키는 실습이다.

따라하기

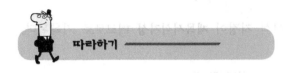

동작 1 기본 표에서 **A1셀이 아닌 임의 셀**을 선택한다.

> **Help!!**
>
> **A1셀이 아닌 다른 임의 셀을 클릭하는 이유**
>
> A1:J1 범위는 A1셀로 병합되어 있으므로 A1셀이 선택된 상태에서 매크로 기록을 하는 실수를 범할 수 있다. 이러한 실수를 하지 않으려면 A1이 아닌 다른 셀을 선택한 상태에서 매크로를 기록하는 것이 바람직하다.

동작 2 개발 도구 리본 메뉴에서 코드 그룹의 **매크로 기록**( )을 클릭한 후 매크로 이름 상자의 임시 이름 Macro?을 지우고 **제목서식해제**를 입력한 후 **확인** 버튼을 클릭한다.

◎ 개발 도구 리본에서 코드 그룹의 **매크로 기록**이 **기록 중지**( )로 바뀌어 매크로 기록이 되고 있음을 표시한다.

동작 3 **A1**셀을 선택하고 **홈** 리본 메뉴에서 맞춤 그룹에 있는 병합하고 가운데 맞춤의 **아래쪽 방향 화살표** 클릭한 후 **셀 분할**을 클릭한다.

◎ 병합된 A1:J1 범위의 셀이 분할 된다.

동작 4 **홈** 리본 메뉴에서 **글꼴** : 맑은 고딕, **굵게 → 해제**, 글꼴 크기 : 11, 글꼴 색 : 자동을 적용하고 **다른 셀**을 선택한다.

동작 5 개발 도구 리본 메뉴의 기록 중지 ( )를 클릭한다.

◎ 기록이 중지되고 제목서식해제 매크로가 만들어 진다.

동작 6 **삽입** 리본 메뉴에서 일러스트레이션 그룹의 **도형**( )를 클릭한 후 **기본 도형**에서 **해**( )를 선택하여 L10:L11 범위에 삽입하고 **제목서식해제** 매크로를 지정한다. 완료되었으면 임의 셀을 클릭한다.

◎ 해 도형에 제목서식해제 매크로가 지정된다.

동작 7 **웃는 얼굴**( ) 도형을 클릭하여 제목서식지정 매크로를 실행하고 **해**( ) 도형을 클릭하여 제목서식해제 매크로를 실행시킨다.

◎ 번갈아 실행시켜 매크로가 정상적으로 작동하는지 확인한다.

1.3 매크로와 VBA 코드 활용

매크로를 이용한 예는 앞서 언급한 셀 서식 지정 외에도 특정 범위의 계산을 수행하는 매크로를 생성하여 사용하거나 고급 필터에서 특정 레코드를 추출해 내는 매크로를 생성해 사용할 수 있다. 그러나 매크로는 반복 처리해야 하는 업무를 간단하게 자동화 시킬 수 있지만 여러 가지 한계가 있다.

VBA 코드를 추가하여 코드를 수정하면 매크로에서 할 수 없는 복잡한 업무를 세련되게 자동화 시킬 수 있다. VBA 코드는 대화 상자, 조건문, 반복 구문 등을 사용하여 새로운 코드를 추가할 수 있고 불필요한 코드는 수정하거나 삭제하여 업무 처리에 필요한 프로그램으로 변형시켜 사용할 수 있다.

요구사항

⑤ A30:A31 범위에 **특정 수강반(수영A)을 검색**하여 **다른 장소(A33:J33셀)에 복사**하는 고급 필터 매크로를 작성하고 이를 이용하여 다른 수강반도 검색하라.

- **매크로 이름**은 **수강반검색**으로 한다.
- **수강반검색** 매크로에 대화 상자를 이용하는 VBA 코드를 추가하여 A31 셀에 검색하고자 하는 **수강반**을 대화 상자를 이용해 직접 입력할 수 있도록 **수강반검색** 매크로를 수정하라
- **매크로 실행**은 양식 컨트롤의 **단추**를 이용하여 실행하라. 단추는 **B30:C31** 범위에 위치시킨다.

1.3.1 검색 매크로의 생성과 실행

다음 [따라하기]는 매크로 요구사항 ⑤에 따라 A30:A31 범위에 특정 수강반(수영A)을 검색하여 다른 장소(A33:J33셀)에 복사하는 수강반검색 매크로를 생성(기록)하고 양식 컨트롤의 단추를 이용해 실행시키는 실습이다.

따라하기

동작 1 A30셀에 **수강반**을 입력하고 **A31**셀에 **수영A**를 입력한다.

◎ 고급 필터 사용을 위한 조건이 A30:A31 범위에 작성된다.

동작 2 개발 도구 리본 메뉴에서 코드 그룹의 **매크로 기록**( )을 클릭한다.

◎ 매크로 기록 창이 열린다.

동작 3 매크로 이름 상자의 임시 이름 Macro?을 지우고 **수강반검색**을 입력한 후 **확인** 버튼을 클릭한다.

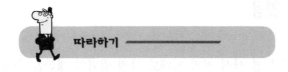

◎ **매크로 기록**이 **기록 중지**(■)로 바뀌어 매크로 기록이 되고 있음을 표시한다.

동작 4 A4:J27 범위를 선택하고 데이터 리본 메뉴에서 정렬 및 필터 그룹의 **고급**을 클릭한다.

◎ 고급 필터 창(대화 상자)가 열리고 목록 범위는 $A$4:$J$27로 지정되어 있다.

동작 5 **조건 범위**의 범위 지정 버튼을 이용하여 A30:A31 범위를 선택한다.

◎ 조건 범위가 $A$30:$A$31로 지정된다.

동작 6 **다른 장소에 복사**를 클릭한 후 **복사 위치**의 범위 지정 버튼을 이용하여 A33:J33셀을 선택한다.

◎ 복사 위치가 $A$33:$J$33셀로 지정된다.

Help!!

복사 위치를 $A$33:$J$33 범위를 선택한 이유

데이터를 복사할 위치를 A33만 선택하면 고급 필터에서 한번은 정상적으로 레코드가 추출되지만 반복하여 추출할 경우 레코드 전체가 검색되지 않고 A33셀 필드만 반복하여 검색되기 때문이다.

동작 7 확인 버튼을 클릭한다.

◎ A33셀에 검색된 수영A 수강반 레코드가 검색되어 복사된다.

동작 8 개발 도구 리본 메뉴에서 코드 그룹의 **매크로 중지**를 클릭한다.

◎ 수강반검색 매크로의 작성이 완료된다.

동작 9 개발 도구 리본 메뉴에서 컨트롤 그룹의 **삽입**( )를 클릭한 후 양식 컨트롤에서 **단추**( )를 클릭하여 B30:C31 범위에 삽입한다.

◎ 매크로 지정 창이 열린다.

동작 10 매크로 지정 창에서 매크로 이름으로 **수강반검색**을 선택하고 **확인** 버튼을 클릭한다.

◎ 수강반검색 매크로가 단추에 연결된다.

동작 11 텍스트 **단추** ?을 클릭한 후 텍스트 수정 모드에서 단추 ?을 지우고 **수강반검색**을 입력하고 임의 셀을 클릭한다.

◎ 단추 내의 텍스트가 수강반검색으로 변경되고 단추 활성 점이 없어진다.

동작 12 A31셀에 **헬스A**를 입력하고 **수강반검색** 버튼을 클릭한다.

◎ A33:J33 범위 아래에 헬스A 수강반 레코드가 검색된다.

Help!!

정상적으로 검색되지 않을 경우

비주얼 베이직 편집기에서 VBA 코드를 직접 수정할 수도 있지만 상기 VBA 코드를 이해하지 못하는 초보자에게는 매우 어려울 수 있다. 따라서 초보자가 쉽게 할 수 있는 방법은 위에서 실습한 [따라하기]의 동작1에서 동작12까지를 차근하게 다시 반복한다.

동작 13 A31셀에 **요가***를 입력하고 **수강반검색** 버튼을 클릭한다.

◎ 모든 요가반이 검색된다.

동작 14 A31셀에 **헬***를 입력하고 **수강반검색** 버튼을 클릭한다.

◎ 헬자로 시작하는 모든 헬스 반이 검색된다.

동작 15 A31셀에 **수영B**를 입력하고 **수강반검색** 버튼을 클릭한다.

◎ 수영B 수강반이 검색된다.

동작 16 완성된 문서를 매크로가 포함된 **회원현황12월**로 저장한다.

> **Help!!**
>
> **매크로가 포함된 통합 문서의 저장**
>
> 회원현황12월로 저장하기 위해 저장 버튼을 클릭하면 VB 통합 문서의 저장 여부를 묻는 창이 열린다. 이 경우 매크로의 VB 코드를 저장하려면 창에 표시된 내용을 잘 읽어 본 후 아니오를 클릭하여 저장하면 VB가 포함된 문서로 저장된다. 예를 클릭하면 VB 코드는 저장되지 않는다. VB 포함 여부를 묻는 이유는 VB 코드가 바이러스에 취약하므로 통합 문서를 사전에 보호하기 위함이다. 만약 VB 코드를 함께 저장하였다면 바이러스 감염에 주의를 기울여야 한다.

1.3.2 InputBox 함수

비주얼 베이직 편집기를 사용하여 매크로를 수정하면 InputBox 함수를 이용해 사용자로부터 필요한 정보를 입력받아 활용할 수 있는 대화 상자를 만들어 사용할 수 있다. InputBox 함수의 사용 형식은 다음과 같고 함수 내 인수의 설명은 아래의 내용과 같다.

InputBox(*Prompt,[Title],[Default],[Xpos],[Ypos],[Helpfile],[Context]*) As String

- *Prompt* 대화 상자 내에 표시되는 메시지
- *Title* 대화 상자의 제목 표시줄에 표시되는 제목
- *Default* 사용자가 아무 것도 입력하지 않았을 때 기본 적으로 표시되는 값
- *Xpos* 화면의 좌측 가장자리에서 대화 상자의 좌측 가장자리까지의 간격으로 생략되면 수평 가운데에 위치함
- *Ypos* 화면의 상단 가장자리에서 대화 상자의 상단 가장자리까지의 간격으로 생략하면 수직으로 1/3정도의 수직 위치에 위치함
- *Helpfile* 대화상자에서 도움말을 참고할 수 있도록 도움말 파일을 지정
  도움말 파일이 지정되면 Context도 반드시 부여되어야 함
- *Context* 도움말 파일이 지정되어 있는 경우 도움말 내의 특정 부분을 문맥에 민감한 형태로 사용할 수 있도록 해당 도움말의 문번호를 지정

다음 [따라하기]는 비주얼 베이직 편집기(VBE, visual basic editor)를 사용하여 수강반검색 매크로의 VBA 코드를 확인하고 InputBox 함수 대화 상자를 이용하는 코드를 추가하여 A31셀에 검색할 수강반을 대화 상자를 통해 직접 입력하는 실습이다.

따라하기

동작 1 개발 도구 리본 메뉴에서 코드 그룹의 매크로 보기(**Alt** + **F8**)를 클릭한다.

◎ 〈그림 1.6〉과 같은 매크로 창이 열리고 앞서 작성한 매크로가 모두 표시되어 있다.

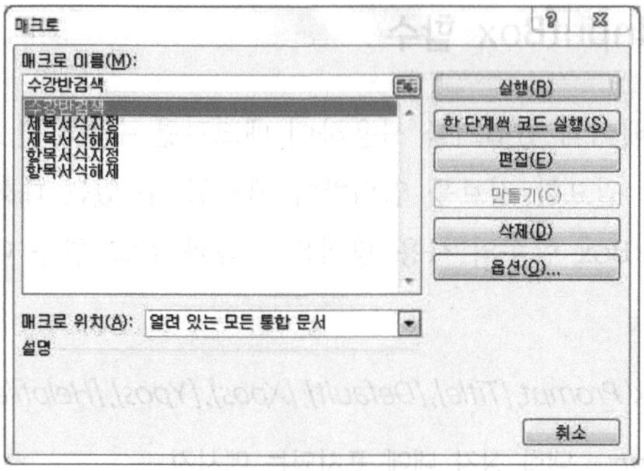

〈그림 1.6〉

동작 2 **수강반검색** 매크로를 선택하고 편집(E) 버튼을 클릭한다.

◎ 〈그림 1.7〉과 같은 VBA 편집 창이 열리고 앞서 작성한 매크로가 모두 Module에 기록되어 있다.

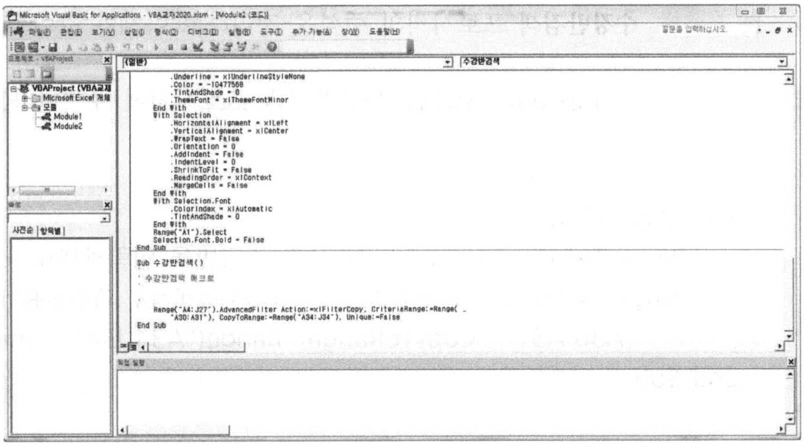

〈그림 1.7〉 VBA 편집 창

◎ 수강반검색 VBA 코드는 〈그림 1.8〉과 같다.

◎ 홑 따옴표(')로 시작하는 줄은 주석(comments)으로 **수강반검색 매크로**임을 표시하고 있다. 주석은 해당 프로그램 코드를 설명하는 간단한 내용으로 실행에 영향을 전혀 미치지 않는다.

```
Sub 수강반검색()
' 수강반검색 매크로
'

'
    Range("A4:J27").AdvancedFilter Action:=xlFilterCopy, CriteriaRange:=Range( _
        "A30:A31"), CopyToRange:=Range("A34:J34"), Unique:=False
End Sub
```

〈그림 1.8〉 VBA 수강반검색 프로시저

Help!!

VBA 모듈(module)

비주얼 베이직 편집기는 메뉴 바, 툴 바, 프로젝트 탐색기, 코드 창, 직접 실행 창(Ctrl + G)로 구성되어 있는데 매크로 기록기를 이용하여 매크로를 기록하면 그림 좌측의 프로젝트 탐색기 영역에 있는 모듈(module)에 〈그림 1.8〉과 같은 프로시저(procedure)로 기록되어 있다. 프로시저는 어떤 동작을 수행하는 명령어들의 집합을 말한다. 예를 들어 〈그림 1.7〉은 A4:J27 범위의 데이터에서 A30:A31 셀의 조건으로 검색하여 A34:j34의 범위에 복사하는 프로시저이다.

동작 3 **수강반검색** 프로시저의 주석을 정리하고 아래와 같이 코드를 수정한다.

◎ InputBox 코드를 수강반검색 프로시저에 추가한다.

```
Sub 수강반검색()
    Range("a31") = InputBox("검색할 수강반을 입력하세요.")
    Range("A4:J27").AdvancedFilter Action:=xlFilterCopy, CriteriaRange:=Range( _
        "A30:A31"), CopyToRange:=Range("A34:J34"), Unique:=False
End Sub
```

동작 4 VBA 편집 창을 닫고 수강반검색 버튼을 클릭한다.

◎ 〈그림 1.9〉와 같은 대화 상자가 열린다.

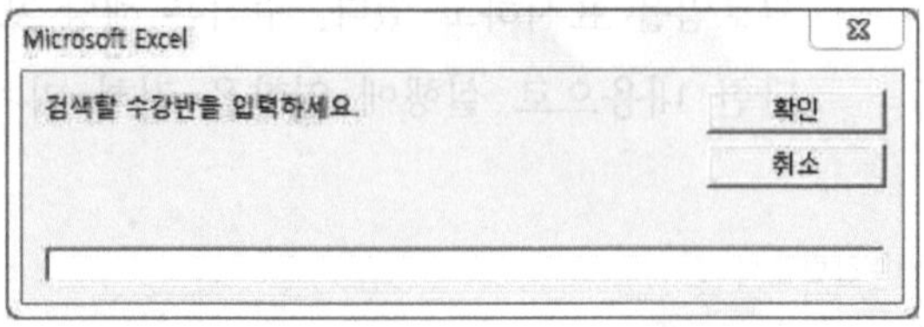

〈그림 1.9〉 수강반검색 내용 입력 창

동작 5 검색할 내용으로 **요가A**를 입력하고 확인 버튼을 클릭한다.

◎ 요가A인 수강반이 검색된다.

동작 6 수강반검색 버튼을 클릭한 후 검색할 내용으로 **요가**를 입력하고 확인 버튼을 클릭한다.

◎ 요가가 들어 있는 모든 수강반이 검색된다.

동작 7 동일한 방법으로 **수영**을 입력하고 확인 버튼을 클릭한다.

◎ 수영이 들어 있는 모든 수강반이 검색된다.

Help!!

VBA 편집기의 이해
VBA 편집기를 이용하여 VBA 프로시저를 수정하면 매크로 기록기에서 할 수 없는 다양한 기능을 추가하여 사용자에게 보다 편리하고 자동화된 프로그램을 만들 수 있다. VBA 편집 창에서 InputBox(대화 상자)를 이용하여 해당 셀에 데이터를 직접 입력할 수 있는 코드를 추가하면 사용자의 편의성을 증가시킬 수 있다. VBA는 Excel Application을 제어할 수 있는 VB(visual basic)코드이므로 VB 편집기 또는 편집 창으로 지칭되는 VB 편집기가 기본이지만 본 교재에서는 VBA 편집기 또는 편집 창으로 지칭한다.

1.4 연습 문제

기본 표를 이용하여 **매크로 요구사항** ⑥과 ⑧을 처리하는 매크로를 생성한 후 양식 컨트롤의 단추를 이용하여 실행시키고 이를 이용하여 특정 레코드를 검색하라.

요구사항

⑥ D30:D31 범위에 **특정 성명(맹도리)을 검색**하여 **다른 장소(A33:J33셀)에 복사**하는 고급 필터 매크로를 작성하고 이를 이용하여 다른 성명도 검색하라.

- **매크로 이름**은 **성명검색**으로 하고 **매크로 실행**은 양식 컨트롤의 **단추**를 이용하여 실행하라. 단추는 **E30:F31** 범위에 위치시키고 단추의 **텍스트**는 **성명검색**으로 한다.
- **성명검색** 매크로에 대화 상자를 이용하는 VBA 코드를 추가하여 D31 셀에 검색하고자 하는 **성명**을 대화 상자를 이용해 직접 입력할 수 있도록 **성명검색** 매크로를 수정하라
- 성명검색 버튼(단추)를 이용하여 공도수 레코드를 검색하라.
- 성명검색 버튼(단추)를 이용하여 허삼순 레코드를 검색하라.
- 성명검색 버튼(단추)를 이용하여 김씨 성을 가진 레코드를 모두 검색하라.
- 성명검색 버튼(단추)를 이용하여 이씨 성을 가진 레코드를 모두 검색하라.

⑦ G30:G31 범위에 **특정 체중(>=80)을 검색**하여 **다른 장소(A33:J33셀)에 복사**하는 고급 필터 매크로를 작성하고 이를 이용하여 다른 체중도 검색하라.

- **매크로 이름**은 **체중검색**으로 하고 **매크로 실행**은 양식 컨트롤의 **단추**를 이용하여 실행하라. 단추는 H30:I31 범위에 위치시키고 단추의 **텍스트**는 **체중별검색**으로 한다.
- **체중검색** 매크로에 대화 상자를 이용하는 VBA 코드를 추가하여 G31 셀에 검색하고자 하는 **체중**을 대화 상자을 이용해 직접 입력할 수 있도록 **체중검색** 매크로를 수정하라
- 체중별검색 버튼(단추)를 이용하여 체중이 60이상인 회원을 검색하라.
- 체중별검색 버튼(단추)를 이용하여 체중이 55이하인 회원을 검색하라.
- 체중별검색 버튼(단추)를 이용하여 체중이 55이하인 회원을 검색하라.

※ 매크로가 생성되어 양식 컨트롤의 단추가 삽입된 결과는 〈그림 1.10〉과 같다.

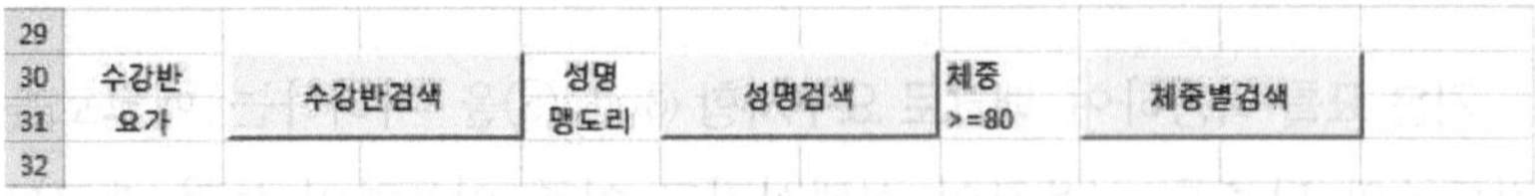

〈그림 1.10〉

⑧ 완성된 문서를 매크로가 포함된 **회원현황12월**로 저장하라.

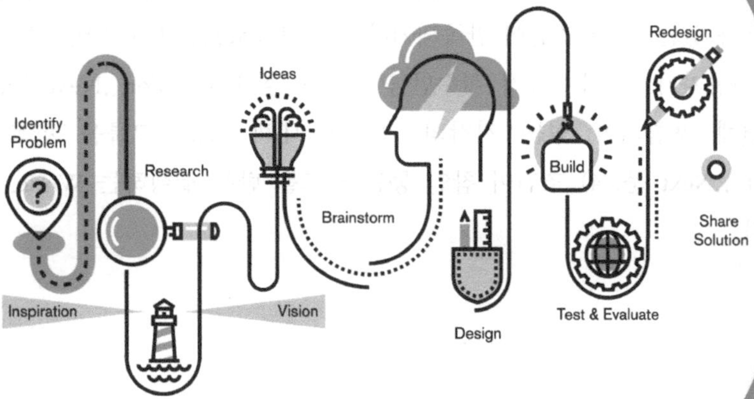

CHAPTER

2

VBA 반복문

반복문이란 지정한 코드나 코드의 그룹을 반복적으로 실행하도록 하는 구조를 가지고 있다. 반복문을 이용하면 코드를 이용하여 사용자가 원하는 코드를 반복적으로 수행시킬 수 있으므로 프로그래밍에서 매우 중요한 구문이다. 반복문에는 여러 가지 종류가 있는데, 1) 조건이 만족되거나 조건이 True일 때까지 반복하는 **Do...Loop** 문, 2) 사용자가 원하는 특정 횟수만큼 코드를 실행하는 **For...Next** 문, 3) 컬렉션이나 배열에 포함되어 있는 각각의 개체에 대해 코드 그룹을 반복 실행하는 **For Each...Next** 문, 4) 조건이 참인 동안 코드를 반복 실행하는 **While...Wend** 문 등이 있다.

2.1 For...Next 문

For...Next 문은 비주얼 베이직 언어의 제어문 중에서 반복적인 작업을 수행하고자 할 경우에 사용하는 반복문으로 쉽고 편리하게 이용할 수 있다. 특정 프로시저를 정해진 횟수만큼 반복하여 실행할 수 있는 For...Next 문은 비주얼 베이직에서 손쉽게 사용할 수 있는 반복문으로 매크로 기록기를 이용하여 작성할 수 없고 비주얼 베이직 편집기(VBE)를 이용하여 작성해야 한다. For...Next 문은 값을 순차적으로 증가시키거나 감소시켜 나가는 방법으로 내부의 코드를 카운터 변수의 횟수만큼 실행시킨다. For...Next 문의 구문 구조는 다음과 같다.

```
For 카운터변수= 시작값 To 끝값 [Step 증가값]
    [실행구문]
      ...
    [Exit For]
    [실행구문]
      ...
Next [카운터변수]
```

Help!!

구문의 대괄호([ ])표시

명령문의 구문을 나타낼 때 대괄호([])는 생략할 수 있다는 의미를 가지고 있다. 예를 들어 [Step 증가값] 부분은 생략할 수 있다. 표기하지 않으면 증가 값은 자동으로 1씩 증가함을 의미한다. For...Next 내부에 있는 [실행코드]와 [Exit For] 역시 필요에 따라 생략할 수 있다. 만약 Exit For를 사용하면 반복을 끝내고 Next 아래의 문장을 실행한다.

[예제1] 새 통합 문서에서 Sheet1을 **반복문연습** 시트로 바꾸고 〈그림 2.1〉과 같이 A1:G10 범위의 배경색을 **황록색, 강조 3, 60% 더 밝게**로 지정한 후 1에서 10까지의 숫자 값을 입력하는 프로그램을 **요구사항**을 참조하여 완성하시오.

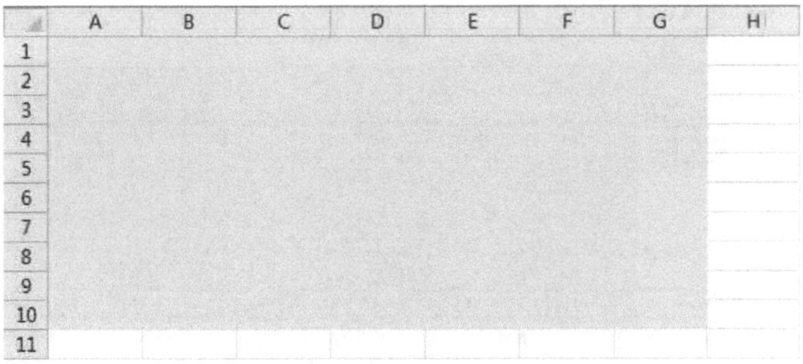

〈그림 2.1〉

요구사항

◎ Sheet1을 **반복문연습** 시트로 바꾸고 〈그림 2.1〉과 같이 A1:G10 범위의 배경색을 **황록색, 강조 3, 60% 더 밝게**로 지정한 후 1에서 10까지의 숫자 값을 입력하는 프로그램을 For...Next 구문을 사용하여 작성한다.

- VBA Module(매크로)의 **이름**은 **반복문연습**1로 하고 매크로 실행은 **양식 컨트롤의 버튼**을 이용하여 실행한다. 버튼의 텍스트는 **반복문**1로 하고 단추는 **H1:H2**에 위치시킨다.

다음 [따라하기]는 For...Next 구문의 이해를 돕기 위해 비주얼 베이직 편집기를 이용하여 For...Next 구문으로 A1:A10까지의 범위에 1에서 10까지의 숫자 값을 입력하고 A1:G7 범위에 1에서 7까지의 숫자 값을 입력하는 실습이다.

따라하기

동작 1 Sheet1을 **반복문연습** 시트로 바꾸고 A1:G10 범위의 배경색을 **황록색, 강조 3, 60% 더 밝게**로 지정한다.

동작 2 개발 도구 리본 메뉴에서 코드 그룹의 Visual Basic ( )을 클릭한다.

◎ 〈그림 2.2〉와 같이 비주얼 베이직 편집기가 실행된다.

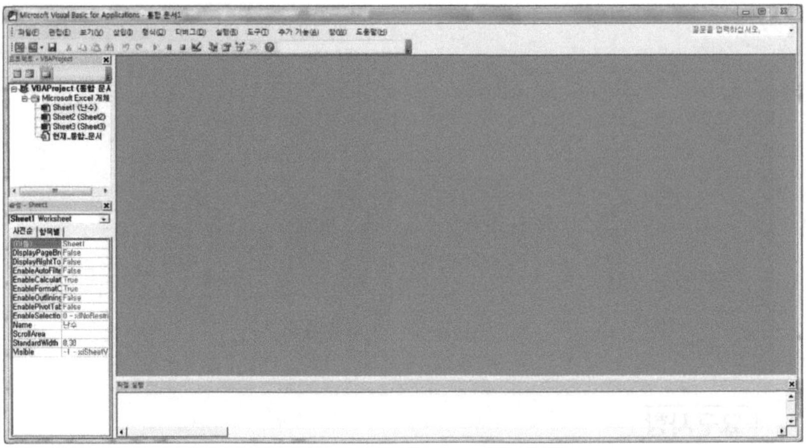

〈그림 2.2〉 비주얼 베이직 편집기

동작 3 VB 편집기 메뉴의 삽입(I) 을 클릭하여 표시된 부 메뉴에서 모듈(M) 을 클릭한다.

◎ 〈그림 2.3〉과 같이 비주얼 베이직 코드 편집 창이 열린다.

◎ 프로젝트 표시 창에 모듈(Module1)이 생성된다.

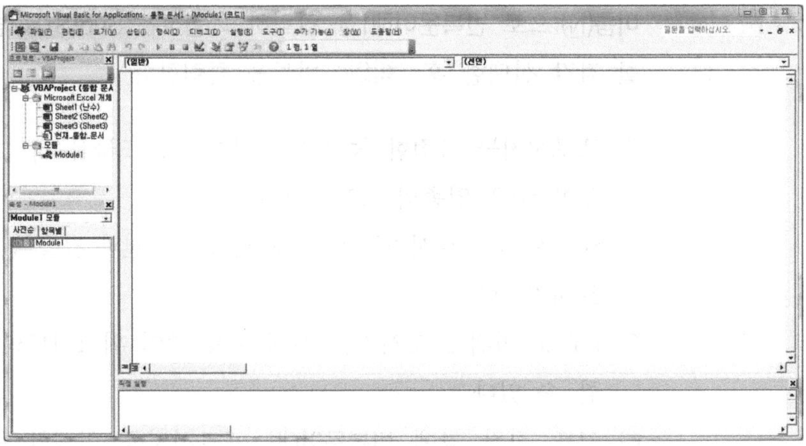

〈그림 2.3〉 비주얼 베이직 편집기의 코드 편집 창

Help!!

VBE 실행 단축 키

VBE를 실행시키는 방법은 앞서 실습한 방법외에 단축 키 **Alt + F11**을 이용하여 실행 시킬 수 있다. Alt + F11 키는 스위치 방식으로 한번 누를 때마다 워크시트와 VBE 화면이 번갈아 표시된다. 실행된 VBE에서 **모듈 - 삽입**으로 VBA 코드 편집 창을 열어 VBA 코드를 입력한다.

동작 4 VB 편집기 메뉴의 삽입(I) 을 클릭하여 표시된 부 메뉴에서 프로시저(P)... 를 클릭한다.

◎ 〈그림 2.4〉와 같은 프로시저 추가 대화 상자가 열린다.

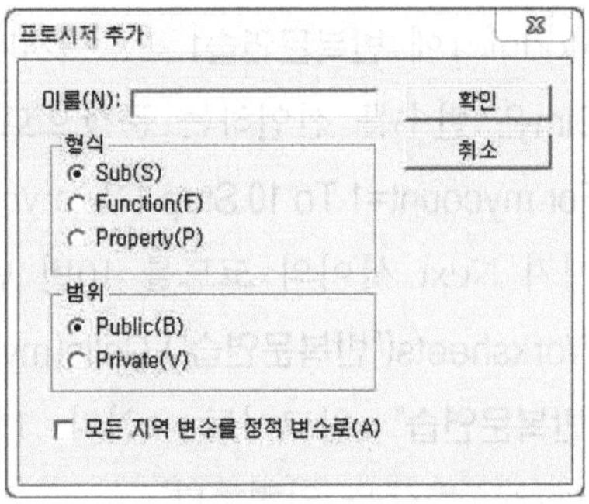

〈그림 2.4〉 프로시저 추가 대화 상자

동작 5 이름(N):으로 **반복문이해1**을 입력하고 **형식**은 Sub(S)를 **범위**는 Public(B)를 각각 선택한 후 확인 버튼을 클릭한다.

◎ 프로시저는 특정한 동작을 수행하는 코드들을 하나의 블록 형태로 모아 놓은 일종의 코드 집합이다.

◎ Sub 형식 프로시저는 인수가 없으므로 결과 값을 반환하지 않는 프로시저이다.

◎ Public 범위 프로시저는 현재 사용 중인 워크시트의 전역에서 사용할 수 있다.

◎ 코드 편집 창에 **반복문이해1** 프로시저를 입력할 수 있는 Public Sub.../End Sub의 틀이 나타난다.

```
Public Sub 반복문이해1()

End Sub
```

동작 6 **반복문연습1** 프로시저의 내용으로 아래의 코드를 입력한다.

```
Public Sub 반복문연습1()
    Dim mycount As Integer
    For mycount=1 To 10 Step 1
        Worksheets("반복문연습").Cells(mycount, 1).Value = mycount
    Next
End Sub
```

◎ Module1에 **반복문연습1** 프로시저가 입력된다.

◎ Dim은 변수를 선언하는 문장으로 mycount를 정수로 선언한다.

◎ For mycount=1 To 10 Step 1은 mycount 값을 1에서 10까지 1씩 증가시켜 Next 사이의 코드를 10번 반복하는 코드이다.

◎ Worksheets("반복문연습").Cells(mycount, 1).Value = mycount 코드는 **"반복문연습"** 워크시트 1열의 1행에서 10행의 셀에 반복적으로 mycount 값을 입력한다.

Help!!

프로시저의 블록 구분과 Tab 키의 사용

반복문이해1 프로시저의 시작은 Public Sub...이고 끝은 End Sub이다. 따라서 하나의 프로시저는 Public Sub...과 End Sub로 한 개의 블록 형태를 가지고 있다. 프로그래머는 프로그램의 블록의 영역을 쉽게 표시하기 위해 Public Sub...과 End Sub 사이의 블록은 안으로 들여 쓰기 하여 구분한다. 물론 들여쓰기 하지 않아도 코드 실행에는 문제가 없지만 프로그램 개발자의 입장에서 보면 프로그램의 이해가 매우 어렵다. 프로시저 내 For...Next 문도 하나의 블록 형태로 동작하므로 For...Next 문 내의 블록을 들여 쓰기 하여 구분한다. 들여 쓰기를 쉽게 하려면 Tab 키를 사용한다. Tab 키를 사용하면 4칸을 이동시켜 들여 쓰기 한다.

동작 7 상단 메뉴의 **Sub/사용자 정의 폼 실행**( ) 버튼을 눌러 **반복문연습1** 프로시저(매크로)를 실행시키고 Alt+F11 키를 눌러 워크시트의 결과를 확인한다.

◎ 〈그림 2.5〉와 같이 반복문연습 워크시트의 A1:A10 범위에 1에서 10까지의 정수가 입력되어 있다.

◎ Sub/사용자 정의 폼 실행( )은 F5로 실행시킬 수 있다.

	A	B	C	D	E	F	G	H
1	1							
2	2							
3	3							
4	4							
5	5							
6	6							
7	7							
8	8							
9	9							
10	10							
11								

〈그림 2.5〉 반복문연습1 실행 결과

Help!!

프로시저 실행 시 오류 수정 방법
프로시저(매크로)를 실행 시킬 때 구문 오류로 인해 프로시저가 실행되지 않을 수 있다. 오류가 발생하면 오류를 나타내는 창이 열리고 오류의 종류를 알려 준다. 오류를 나타내는 창의 확인 버튼을 누르면 오류가 발생한 코드가 선택되고 프로시저에 노란색 표시줄이 표시된다. 오류를 수정하는 방법은 상단 메뉴에서 재설정(■) 도구를 클릭하여 노란색 표시를 표시를 없앤 후 오류 발생 코드를 수정한다.

동작 8 VB 편집기 메뉴의 삽입(I) 을 클릭하여 표시된 부 메뉴에서 프로시저(P)... 를 클릭하여 **반복문연습2**를 형식은 Sub(S)로 범위는 Public(B)로 삽입한다.

◎ 반복문연습2 프로시저 블록이 생성된다.

동작 9 **반복문연습2** 프로시저의 내용으로 아래의 코드를 입력한다.

```
Public Sub 반복문연습2()
    Dim mycount As Integer
    For mycount=1 To 7
        Worksheets("반복문연습").Cells(1, mycount).Value = mycount
    Next
End Sub
```

◎ Module1에 **반복문연습2** 프로시저가 추가된다.

◎ Dim은 변수를 선언하는 문장으로 mycount를 정수로 선언한다.

◎ For mycount=1 To 7 Step 1은 mycount 값을 1에서 7까지 1씩 증가시켜 Next 사이의 코드를 7번 반복하는 코드이다.

◎ Worksheets("반복문연습").Cells(1, mycount).Value = mycount 코드는 "반복문연습" 워크시트 1행의 1열에서 7열의 셀에 반복적으로 mycount 값을 입력한다.

동작 10 **반복문연습2** 프로시저 코드에서 상단 메뉴의 **실행(▶)** 버튼을 눌러 **반복문연습2** 프로시저를 실행시키고 **Alt+F11** 키를 눌러 워크시트의 결과를 확인한다.

◎ 〈그림 2.6〉과 같이 반복문연습 워크시트의 A1:G7 범위에 1에서 7까지의 정수가 입력되어 있다.

	A	B	C	D	E	F	G	H
1	1	2	3	4	5	6	7	
2	2							
3	3							
4	4							
5	5							
6	6							
7	7							
8	8							
9	9							
10	10							
11								

〈그림 2.6〉 반복문연습2 실행 결과

[혼자하기 2.1.1] **반복문연습** 시트에 7열의 1행에서 10행까지 1에서 10까지의 정수를 입력하는 **반복문연습3** 프로시저를 작성하고 실행하라.

[혼자하기 2.1.2] **반복문연습** 시트에 10행의 2열에서 6열까지 2에서 6까지의 정수를 입력하는 **반복문연습4** 프로시저를 작성하고 실행하라.

	A	B	C	D	E	F	G	H
1	1	2	3	4	5	6	7	
2	2						2	
3	3						3	
4	4						4	
5	5						5	
6	6						6	
7	7						7	
8	8						8	
9	9						9	
10	10	2	3	4	5	6	10	
11								

〈그림 2.7〉 반복문연습3과 반복문연습4의 실행 결과

[혼자하기 2.1.3] **반복문연습1** 프로시저(매크로) 실행은 **양식 컨트롤의 단추**를 이용하여 실행하라. 단추의 텍스트는 **반복문1**로 하고 단추는 H1:H2 범위에 위치시킨다.

[혼자하기 2.1.4] **반복문연습2** 프로시저(매크로) 실행은 **양식 컨트롤의 단추**를 이용하여 실행하라. 단추의 텍스트는 **반복문2**로 하고 단추는 H3:H4 범위에 위치시킨다.

[혼자하기 2.1.5] **반복문연습3** 프로시저(매크로) 실행은 **양식 컨트롤의 단추**를 이용하여 실행하라. 단추의 텍스트는 **반복문3**으로 하고 단추는 H5:H6 범위에 위치시킨다.

[혼자하기 2.1.6] **반복문연습4** 프로시저(매크로) 실행은 **양식 컨트롤의 단추**를 이용하여 실행하라. 단추의 텍스트는 **반복문4**로 하고 단추는 H7:H8 범위에 위치시킨다.

[혼자하기 2.1.7] 매크로 기록기를 이용하여 A1:G10 범위의 내용을 삭제하는 **셀내용지우기** 매크로(프로시저)를 생성하고 **셀내용지우기** 매크로의 실행은 **양식 컨트롤의 단추**를 이용하여 실행하라. 단추의 텍스트는 **셀지우기**로 하고 단추는 H9:H10 범위에 위치시킨다. 프로시저의 실행 단추가 완성된 결과는 〈그림 2.8〉과 같다.

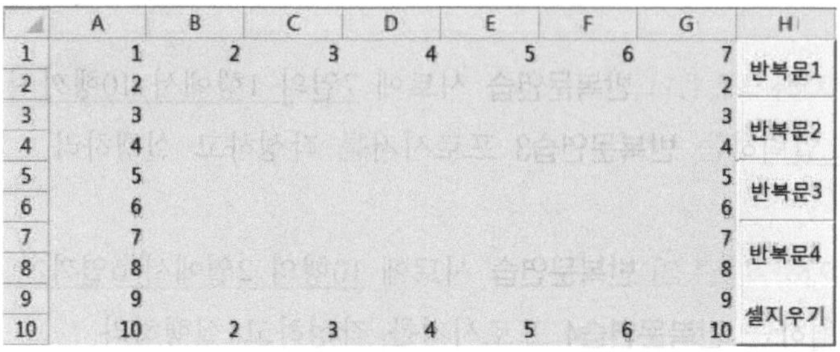

〈그림 2.8〉 반복문연습 실행 단추의 삽입

Help!!

매크로 기록기 사용과 VBE 직접 코딩의 활용

매크로 기록기를 이용하면 원하는 매크로를 편리하기 작성할 수 있지만 반복문과 같은 비주얼 베이직 제어문을 이용할 수 없다. 따라서 매크로 기록기와 VBE의 직접 코딩을 모두 활용하면 엑셀에서 사용자가 원하는 다양한 형태의 업무 처리를 고급스럽게 자동화 할 수 있다. 매크로 기록기에서 셀내용지우기 프로시저를 직접 작성하려면 Range("A1:G10").ClearContents 코드를 직접 입력하여 작성한다.

2.2 난수의 생성

워크시트에서 난수 값을 발생하려면 0 이상 1 미만의 실수를 발생시키는 함수인 RAND 함수를 이용한다. 그러나 VBA 프로시저에서는 VBA 고유 함수인 Rnd 함수를 사용한다. 워크시트에서 사용하는 RAND 함수는 계산할 때마다 새로운 난수가 반환되는데 변경되지 않는 난수 값을 반환하려면 사용자 정의 함수를 만들어 사용하면 된다.

```
Function StaticRnd()
 StaticRand = Rnd
End Function
```

워크시트에서 만약 0과 500 사이의 임의의 정수들을 만들고자 한다면 해당 셀에서 다음 수식을 입력하면 된다.

```
=Int(StaticRand()*500)
```

Rnd는 VBA 프로시저에서 사용하는 난수 발생 0 이상 1 미만의 실수를 발생시킨다. 만약 a 값과 b값 사이의 값을 발생시키려면 다음 수식을 활용한다.

```
Rnd*(b-a)+a
```

Help!!

사용자 정의 함수

엑셀에서 기본적으로 제공되는 함수 외에 사용자가 직접 함수를 만들어 사용할 수도 있다. 사용자 정의 함수를 만들려면 프로시저와 동일한 방법으로 비주얼 베이직 편집기를 이용하여 작성한다. 사용자 정의 함수를 만드는 기본 형식은 다음과 같다. 프로시저와 달리 사용자 정의 함수는 함수이름으로 처리 값을 반환한다.

```
Function 함수이름(인수1[,인수2][,인수3] … [,인수n])
    수행문 1
    수행문 2
    …
    함수이름 = 수행문n
End Function
```

[예제2] Sheet2를 **난수발생** 시트로 바꾸고 A1:G10 범위의 배경색을 **황록색, 강조 3, 60% 더 밝게** 지정한 후 1에서 20까지의 난수를 발생하는 프로그램을 **요구사항**을 참조하여 완성하시오.

요구사항

◎ Sheet2를 **난수발생** 시트로 바꾸고 A1:G10 범위의 배경색을 **황록색, 강조 3, 60% 더 밝게**로 지정한 후 1에서 20까지의 난수를 발생하여 입력하는 프로그램을 For...Next 구문을 사용하여 작성한다.

- VBA Module(매크로)의 **이름**은 **난수발생**1로 하고 매크로 실행은 **양식 컨트롤의 버튼**을 이용하여 실행한다. 버튼의 텍스트는 **난수발생**1로 하고 단추는 **H1:H2**에 위치시킨다.

다음 [따라하기]는 For...Next 반복문과 Rnd를 이용하여 A1:A10 범위에 0에서 1사이의 난수 값(실수)을 생성하는 **난수발생1** 프로시저를 만들어 실행하는 실습이다.

따라하기

동작 1 비주얼 베이직 편집기(VBE)를 실행하고 VBE 메뉴의 삽입(I) 을 클릭하여 표시된 부 메뉴에서 프로시저(P)... 를 클릭한다.

◎ 프로시저 추가 대화 상자가 열린다.

동작 2 이름(N):으로 **난수발생1**을 입력하고 **형식**은 Sub(S)를 **범위**는 Public(B)를 각각 선택한 후 확인 버튼을 클릭한다.

◎ 코드 편집 창에 **난수발생1** 프로시저를 입력할 수 있는 Public Sub.../End Sub의 틀이 나타난다.

```
Public Sub 난수발생1()

End Sub
```

동작 3 **난수발생1** 프로시저의 내용으로 아래의 코드를 입력한다.

```
Public Sub 난수발생1()
    Dim mycount As Integer
    For mycount=1 To 10 Step 1
        Worksheets("난수발생").Cells(mycount, 1).Value = Rnd
    Next
End Sub
```

◎ Module1에 **난수발생1** 프로시저가 입력된다.

◎ Dim은 변수를 선언하는 문장으로 mycount를 정수로 선언한다.

◎ For mycount=1 To 10 Step 1은 mycount 값을 1에서 10까지 1씩 증가시켜 Next 사이의 코드를 10번 반복하는 코드이다.

◎ Worksheets("난수발생").Cells(mycount, 1).Value = Rnd 코드는 "**난수발생**" 시트 1열의 1행에서 10행의 셀에 반복적으로 0과 1사이의 실수 값을 생성하여 입력한다.

동작 4 상단 메뉴의 **Sub/사용자 정의 폼 실행**(▶) 버튼을 눌러 **난수발생1** 프로시저를 실행시키고 Alt+F11 키를 눌러 워크시트의 결과를 확인한다.

◎ 〈그림 2.9〉와 같이 난수 워크시트의 A1:A10 범위에 0에서 1사이의 실수 값이 난수로 생성되어 입력된다.

◎ 난수 값은 프로시저를 실행 시킬 때 마다 달라진다.

	A	B	C	D	E	F	G	H
1	0.045353							
2	0.414033							
3	0.862619							
4	0.79048							
5	0.373536							
6	0.961953							
7	0.871446							
8	0.056237							
9	0.949557							
10	0.364019							
11								

〈그림 2.9〉 난수발생1 실행 결과

다음 [따라하기]는 For...Next 반복문과 Rnd를 이용하여 A1:A10 범위에 1에서 20까지의 난수 값을 생성하도록 **난수발생1** 프로시저를 수정하여 실행하는 실습이다.

따라하기

동작 1 비주얼 베이직 편집기(VBE)를 실행하고 **난수발생1** 프로시저를 다음 코드와 같이 수정한다.

```
Public Sub 난수발생1()
    Dim mycount As Integer
    For mycount=1 To 10 Step 1
        Worksheets("난수발생").Cells(mycount, 1).Value = Int(Rnd * 20 + 1)
    Next
End Sub
```

◎ Int(Rnd * 20 + 1)는 1과 21사이의 정수 값을 생성하는 식으로 Rnd*(b-a)+a 식을 활용하였다. Int(Rnd * 20 + 1)는 1에서 20까지의 정수 값을 생성한다.

◎ Int는 1에서 21사이의 실수 값을 1에서 20까지의 정수 값으로 만드는 함수이다.

동작 2 **난수발생1** 프로시저를 실행시키고 Alt+F11 키를 눌러 워크시트의 결과를 확인한다.

◎ A1:A10 범위에 1에서 20까지의 정수 값이 난수로 생성된다.

다음 [따라하기]는 For...Next 반복문과 Rnd를 이용하여 A1:G1 범위에 11에서 31까지의 난수 값을 생성하도록 **난수발생2** 프로시저를 작성하고 실행하는 실습이다.

따라하기

동작 1 VBE에서 **난수발생2** 프로시저로 다음 코드를 입력하여 작성한다.

```
Public Sub 난수발생2()
    Dim mycount As Integer
    For mycount=1 To 7
        Worksheets("난수발생").Cells(1, mycount).Value = Int(Rnd * 20 + 11)
    Next
End Sub
```

◎ Int(Rnd * 20 + 1)는 1에서 20까지의 정수 값을 생성한다.

동작 2 **난수발생2** 프로시저를 실행시키고 Alt+F11 키를 눌러 워크시트의 결과를 확인한다.

◎ A1:G1 범위에 1에서 20까지의 정수 값이 난수로 생성된다.

[혼자하기 2.2.1] **난수발생** 시트에 7열의 1행에서 10행까지 21에서 40까지의 난수를 생성하는 **난수발생3** 프로시저를 작성하고 실행하라.

[혼자하기 2.2.2] **난수발생** 시트에 10행의 2열에서 6열까지 31에서 50까지의 정수를 생성하는 **난수발생4** 프로시저를 작성하고 실행하라.

◎ 실행 결과는 〈그림 2.10〉과 같지만 생성된 값은 다르다.

	A	B	C	D	E	F	G	H
1	21	26	12	22	20	16	23	
2	9						33	
3	18						26	
4	16						26	
5	8						37	
6	20						37	
7	18						32	
8	2						40	
9	19						39	
10	8	44	50	35	41	33	25	
11								

〈그림 2.10〉 난수발생3과 난수발생4의 실행 결과

[혼자하기 2.2.3] **난수발생1** 프로시저 실행은 **양식 컨트롤의 단추**를 이용하여 실행하라. 단추의 텍스트는 **난수1**로 하고 단추는 H1:H2 범위에 위치시킨다.

[혼자하기 2.2.4] **난수발생2** 프로시저 실행은 **양식 컨트롤의 단추**를 이용하여 실행하라. 단추의 텍스트는 **난수2**로 하고 단추는 H3:H4 범위에 위치시킨다.

[혼자하기 2.2.5] **난수발생3** 프로시저 실행은 **양식 컨트롤의 단추**를 이용하여 실행하라. 단추의 텍스트는 **난수3**으로 하고 단추는 H5:H6 범위에 위치시킨다.

[혼자하기 2.2.6] **난수발생4** 프로시저 실행은 **양식 컨트롤의 단추**를 이용하여 실행하라. 단추의 텍스트는 **난수4**로 하고 단추는 H7:H8 범위에 위치시킨다.

[혼자하기 2.2.7] 앞서 작성한 **셀내용지우기** 매크로(프로시저)를 이용하여 A1:G10 범위의 셀 내용을 삭제하는 단추를 작성하라. 단추의 텍스트는 **셀지우기**로 한다. 난수발생 프로시저의 실행 단추가 완성된 결과는 〈그림 2.11〉과 같다.

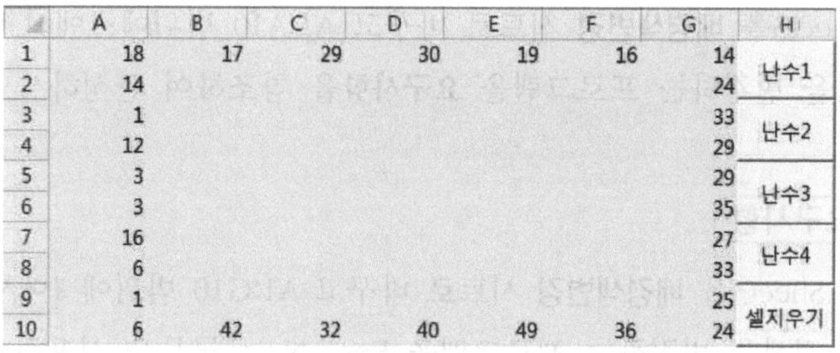

〈그림 2.11〉 난수발생 실행 단추의 삽입

2.3 Cells 속성

워크시트에서 범위를 설정하는 방법은 Worksheet나 Range 클래스 개체의 Range 속성, Worksheet 개체의 Cells 속성, Range 개체의 Offset 속성을 사용하는 방법이 있다. 반복문과 함께 사용할 때 강력한 기능을 발휘하는 범위 설정 개체 중 하나인 Cells 속성은 다음과 같은 세 가지 구문 형태로 사용된다.

object.Cells(rowIndex, columnIndex)
object.Cells(rowIndex)
object.Cells

Help!!

속성과 메서드

엑셀 개체는 특유의 속성과 메서드를 가지고 있다. 속성은 개체가 가지고 있는 고유한 사양을 나타내는 기능을 한다. 예를 들어 Range 개체는 Name과 Value과 같은 속성이 있고 Shape 개체는 Width, Height 등의 고유 속성을 가지고 있다. 메서드는 개체에서 어떤 작업을 수행하는 기능을 한다. 예를 들어 ClearContents 메서드는 Range 개체의 내용을 지우는 기능을 한다. 엑셀에서 사용할 수 있는 개체를 찾아 보려면 VBE가 동작 중일 때 다음의 세 가지 1) F2 키 사용, 2) 보기 → 개체 찾아보기, 3) 표준 툴바의 개체 찾아보기 ( )버튼을 클릭하여 개체 찾아보기 창을 열 수 있다.

[예제3] Sheet3을 **배경색변경** 시트로 바꾸고 A1:A10 범위에 1에서 56까지의 난수로 배경색을 변경하는 프로그램을 **요구사항**을 참조하여 완성하시오.

요구사항

◎ Sheet3을 **배경색변경** 시트로 바꾸고 A1:G10 범위에 1에서 56까지의 난수로 배경색을 변경하는 프로그램을 For…Next 구문을 사용하여 작성한다.

- VBA Module(매크로)의 **이름**은 **배경색바꾸기**1로 하고 매크로 실행은 **양식 컨트롤의 버튼**을 이용하여 실행한다. 버튼의 텍스트는 **배경색변경**1로 하고 단추는 H1:**H2**에 위치시킨다.

다음 [따라하기]는 앞서 작성한 For…Next 반복문과 Cells 속성을 이용하여 각 셀의 배경색을 바꾸는 프로시저를 작성하고 실행하는 실습이다.

따라하기

동작 1 Sheet2의 이름을 **배경색변경** 시트로 바꾼다.

◎ 비주얼 베이직 편집기가 실행된다.

동작 2 개발 도구 리본 메뉴에서 코드 그룹의 Visual Basic ( )을 클릭하여 비주얼 베이직 편집기를 실행하고 VBE 메뉴의 삽입(I) 을 클릭하여 표시된 부 메뉴에서 모듈(M) 을 클릭한다.

◎ 비주얼 베이직 편집기의 모듈에 Module2가 추가된다.

동작 3 Module2를 더블 클릭하여 선택하고 VBE 메뉴의 삽입(I) 을 클릭하여 표시된 부 메뉴에서 프로시저(P)... 를 클릭하고 **이름**(N):으로 **배경색바꾸기1**을 입력하고 **형식**은 Sub(S)를 **범위**는 Public(B)를 각각 선택한 후 확인 버튼을 클릭한다.

◎ 코드 편집 창의 Module2에 **배경색바꾸기1** 프로시저를 입력할 수 있는 Public Sub.../End Sub의 틀이 나타난다.

동작 4 **배경색바꾸기1** 프로시저의 내용으로 아래의 코드를 입력한다.

```
Public Sub 배경색바꾸기1()
    Dim mycount As Integer
    For mycount = 1 To 10 Step 1
        Worksheets("배경색변경").Range(Cells(mycount, 1), Cells(mycount, 1)) _
        .Interior.ColorIndex = mycount
    Next
End Sub
```

◎ Worksheets("배경색변경").Range(Cells(mycount, 1), Cells(mycount, 1)) 코드는 Cells 속성을 이용하여 **배경색변경** 시트의 범위를 선택하는 코드이다.

◎ .Interior.ColorIndex = mycount 코드는 배경 색 설정 속성을 이용하여 셀의 배경 색을 mycount 값으로 변경하는 코드이다.

Help!!

언더 바(_)의 용도

언더 바(_)는 두 문장이 연속되어 있음을 의미한다. 앞의 코드에서 언더 바(_)가 있는 행과 아래의 행이 연속되어 Worksheets("배경색변경").Range(Cells(mycount, 1), Cells(mycount, 1)).Interior.ColorIndex = mycount 임을 나타낸다.

동작 5 **배경색바꾸기1** 프로시저 코드에서 상단 메뉴의 **실행**(▸) 버튼을 눌러 **배경색바꾸기1** 프로시저를 실행시키고 Alt+F11 키를 눌러 워크시트의 결과를 확인한다.

◎ 〈그림 2.12〉와 같이 배경색변경 워크시트의 A1:A10 범위에 1에서 10의 값에 해당하는 색으로 배경색이 변경된다.

◎ object.Interior.ColorIndex의 속성 값이 1은 검정색, 2는 흰색, 3은 빨강색, … 으로 배경색이 변경된다.

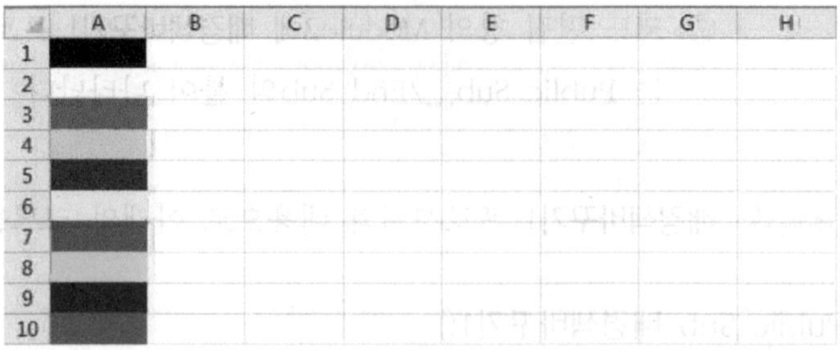

〈그림 2.12〉 배경색바꾸기1 실행 결과

다음 [따라하기]는 앞서 작성한 **배경색바꾸기1** 프로시저를 수정하여 각 셀의 배경색을 1에서 56까지의 무작위 난수 값으로 바꾸는 프로시저를 작성하고 실행하는 실습이다.

따라하기

동작 1 **배경색바꾸기1** 프로시저의 내용으로 아래의 코드를 입력한다.

```
Public Sub 배경색바꾸기1()
    Dim mycount As Integer
    For mycount = 1 To 10 Step 1
        Worksheets("배경색변경").Range(Cells(mycount, 1), Cells(mycount, 1)) _
        .Interior.ColorIndex = Int(Rnd * 56 + 1)
    Next
End Sub
```

◎ Worksheets("배경색변경").Range(Cells(mycount, 1), Cells(mycount, 1)) 코드는 Cells 속성을 이용하여 **배경색변경** 시트의 범위를 선택하는 코드이다.

◎ .Interior.ColorIndex = Int(Rnd * 56 + 1) 코드는 배경 색 설정 속성을 이용하여 1에서 56까지의 난수 값으로 셀의 배경색을 설정하는 코드이다.

동작 2 **배경색바꾸기1** 프로시저 코드에서 상단 메뉴의 **실행**(▶) 버튼을 눌러 **배경색바꾸기1** 프로시저를 실행시키고 **Alt+F11** 키를 눌러 워크시트의 결과를 확인한다.

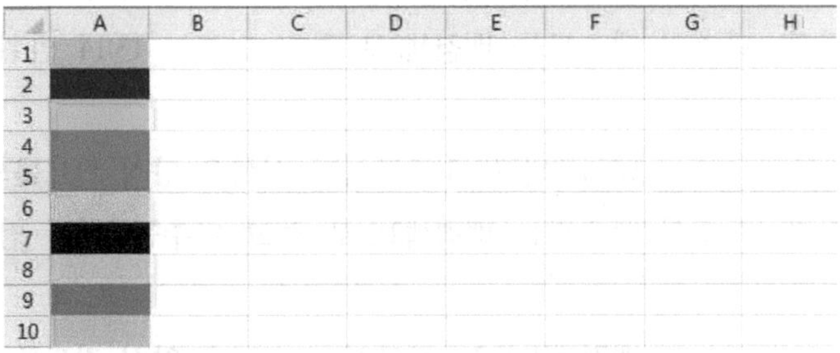

〈그림 2.13〉 배경색바꾸기1 실행 결과

◎ 〈그림 2.13〉과 같이 배경색변경 워크시트의 A1:A10 범위에 1에서 56의 난수 값에 해당하는 색으로 배경색이 변경된다.

동작 3 **배경색바꾸기1** 프로시저 코드에서 실행시키고 워크시트의 결과를 확인한다.

◎ **배경색바꾸기1** 프로시저를 실행시킬 때 마다 셀의 색깔이 바뀌는 것을 알 수 있다.

[혼자하기 2.3.1] **배경색변경** 시트에 1행의 2열에서 6열까지의 셀 범위에 1에서 56까지의 난수 값으로 배경색을 바꾸는 **배경색바꾸기2** 프로시저를 Module2에 작성하고 실행하라.

[혼자하기 2.3.2] **배경색변경** 시트에 7열의 1행에서 10행까지의 셀 범위에 1에서 56까지의 난수 값으로 배경색을 바꾸는 **배경색바꾸기3** 프로시저를 Module2에 작성하고 실행하라.

[혼자하기 2.3.3] **배경색변경** 시트에 10행의 2열에서 6열까지의 셀 범위에 1에서 56까지의 난수 값으로 배경색을 바꾸는 **배경색바꾸기4** 프로시저를 Module2에 작성하고 실행하라.

[혼자하기 2.3.4] **배경색바꾸기1** 프로시저 실행은 **양식 컨트롤의 단추**를 이용하여 실행하라. 단추의 텍스트는 **배경색1**로 하고 단추는 I1:I2 범위에 위치시킨다.

[혼자하기 2.3.5] **배경색바꾸기2** 프로시저 실행은 **양식 컨트롤의 단추**를 이용하여 실행하라. 단추의 텍스트는 **배경색2**로 하고 단추는 I3:I4 범위에 위치시킨다.

[혼자하기 2.3.6] **배경색바꾸기3** 프로시저 실행은 **양식 컨트롤의 단추**를 이용하여 실행하라. 단추의 텍스트는 **배경색3**으로 하고 단추는 I5:I6 범위에 위치시킨다.

[혼자하기 2.3.7] **배경색바꾸기4** 프로시저 실행은 **양식 컨트롤의 단추**를 이용하여 실행하라. 단추의 텍스트는 **배경색4**로 하고 단추는 I7:I8 범위에 위치시킨다.

[혼자하기 2.3.8] **배경색변경** 시트에 1열의 1행에서 7열에서 10행까지의 셀 범위에 배경색을 모두 없애는 **배경색지우기** 프로시저를 Module2에 작성하고 실행하라.

Help!!

배경색 지우기

배경색은 1행 1열에서 10행 7열까지의 범위를 한꺼번에 지정하여 지우면 되므로 다음의 코드만을 활용하여 For …/Next 빈복문을 사용하지 않고 간단하게 지울 수 있다.

```
Worksheets("배경색변경").Range(Cells(1, 1), Cells(10, 7)).Interior.ColorIndex = 0
```

[혼자하기 2.3.9] **배경색지우기** 프로시저 실행은 **양식 컨트롤의 단추**를 이용하여 실행하라. 단추의 텍스트는 **배경색지우기**로 하고 단추는 I9:I10 범위에 위치시킨다.

◎ **배경색바꾸기1**에서 **배경색바꾸기4**까지의 프로시저와 **배경색지우기** 프로시저, 실행 버튼을 모두 작성한 결과는 〈그림 2.14〉와 같다.

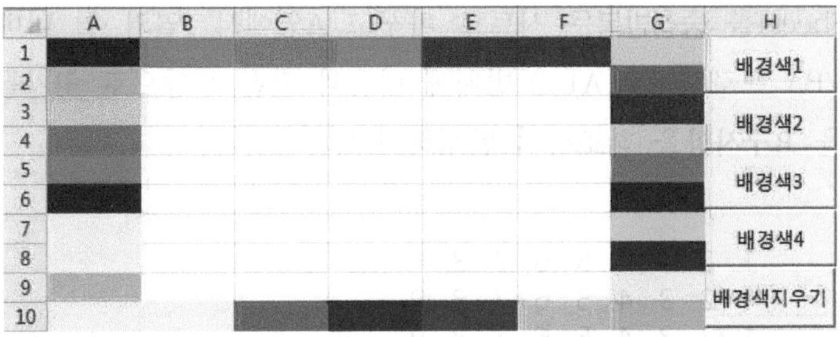

〈그림 2.14〉 모든 배경색바꾸기 프로시저 실행과 양식 버튼 삽입

2.4 중첩 For...Next 문

For...Next 문은 다른 For...Next 문을 포함하여 중첩해 사용될 수 있다. 이 경우 하나의 For...Next 문은 다른 For...Next 문을 완전히 포함해야 한다. 중첩 For...Next 문 역시 필요한 경우 Exit For 문을 이용하여 반복 루프를 벗어날 수 있으나 필요에 따라 신중하게 삽입해야 한다. 중첩 For...Next 문의 구조는 다음과 같다.

```
For 카운터변수1= 시작값 To 끝값 [Step 증가값]
    [실행구문1]
    [Exit For]
        ...
    For 카운터변수2= 시작값 To 끝값 [Step 증가값]
        [실행구문2]
        [Exit For]
            ...
    Next [카운터변수2]
    [실행구문1]
    [Exit For]
        ...
Next [카운터변수1]
```

[예제4] Sheet4를 **중첩반복문** 시트로 바꾸고 A열에서 I열의 열 너비를 3으로 조절한다. VBA 프로시저로 A1:I9 범위에 다음과 같은 모양으로 숫자를 입력하는 프로그램을 **요구사항**을 참조하여 완성하시오.

1	2	3	4	5	6	7	8	9
1	2	3	4	5	6	7	8	9
1	2	3	4	5	6	7	8	9
1	2	3	4	5	6	7	8	9
1	2	3	4	5	6	7	8	9
1	2	3	4	5	6	7	8	9
1	2	3	4	5	6	7	8	9
1	2	3	4	5	6	7	8	9
1	2	3	4	5	6	7	8	9

요구사항

◎ Sheet4을 **중첩반복문** 시트로 바꾸고 A1:I9 범위에 사각형 모양의 숫자 테이블을 만드는 프로그램을 중첩 For...Next 구문을 사용하여 작성한다.

- Module3을 삽입하고 VBA Module(매크로)의 **이름**은 **숫자테이블**1로 하고 매크로 실행은 **양식 컨트롤의 버튼**을 이용하여 실행한다. 버튼의 텍스트는 **숫자넣기**1로 하고 단추는 M3:M4에 위치시킨다.

다음 [따라하기]는 중첩 For...Next 반복문과 Cells 속성을 이용하여 사각형 모양의 숫자 테이블을 만드는 프로시저를 작성하고 실행하는 실습이다.

따라하기

동작 1 Sheet4의 이름을 **중첩반복문** 시트로 바꾸고 A열에서 I열까지의 열 너비를 3으로 지정한다.

동작 2 VBE를 실행하고 VBE 메뉴의 삽입(I) 을 클릭하여 표시된 부 메뉴에서 모듈(M) 을 클릭한다.

◎ 비주얼 베이직 편집기의 모듈에 Module3가 추가된다.

동작 3 Module3을 더블 클릭하여 선택한 후 **숫자테이블1** 프로시저를 추가하고 아래의 코드를 입력한다.

```
Public Sub 숫자테이블1()
    Dim myrow As Integer
    Dim mycolumn As Integer
    For myrow = 1 To 9 Step 1
        For mycolumn = 1 To 9 Step 1
            Worksheets("중첩반복문").Range(Cells(myrow, mycolumn), _
            Cells(myrow, mycolumn)).Value = mycolumn
        Next mycolumn
    Next myrow
End Sub
```

◎ myrow는 정수 변수로 행을 바꾸기 위한 사용자 정의 변수이다.

◎ mycolumn는 정수 변수로 열을 바꾸기 위한 사용자 정의 변수이다.

◎ For myrow = 1...Next myrow 반복문은 행의 값을 1에서 9까지 1씩 증가시킨다. Next myrow에서 myrow는 생략할 수 있으나 For...Next에 포함된 구문의 실행 코드를 확실하게 지정할 수 있다.

◎ For mycolumn = 1...Next mycolumn 반복문은 열의 값을 1에서 9까지 1씩 증가시킨다. Next mycolumn에서 mycolumn은 생략할 수 있으나 For...Next에 포함된 구문의 실행 범위를 확실하게 지정할 수 있다.

◎ Worksheets("중첩반복문").Range(Cells(myrow, mycolumn), _Cells (myrow, mycolumn)).Value = mycolumn 코드는 상단의 코드과 연결되어 myrow와 mycolumn의 셀에 mycolumn의 값을 입력한다.

동작 4 **숫자테이블1 프로시저 코드를 실행시키고 워크시트의 결과를 확인한다.**

◎ 실행 결과는 〈그림 2.15〉와 같다.

	A	B	C	D	E	F	G	H	I	J	K	L	M
1	1	2	3	4	5	6	7	8	9				
2	1	2	3	4	5	6	7	8	9				
3	1	2	3	4	5	6	7	8	9				
4	1	2	3	4	5	6	7	8	9				
5	1	2	3	4	5	6	7	8	9				
6	1	2	3	4	5	6	7	8	9				
7	1	2	3	4	5	6	7	8	9				
8	1	2	3	4	5	6	7	8	9				
9	1	2	3	4	5	6	7	8	9				
10													
11													

〈그림 2.15〉 숫자테이블1 실행 결과

[혼자하기 2.4.1] A1:A9 범위의 셀 내용을 지우는 **셀숫자지우기** 프로시저를 Module3에 작성하고 **셀숫자지우기** 프로시저의 실행은 **양식 컨트롤의 단추**를 M1:M2 범위에 위치시켜 실행한다. 단추의 텍스트는 **셀지우기**로 한다.

[혼자하기 2.4.2] **숫자테이블1** 프로시저 실행은 **양식 컨트롤의 단추**를 이용하여 실행하라. 단추의 텍스트는 **숫자넣기1**로 하고 단추는 M3:M4 범위에 위치시킨다.

[예제5] VBA 프로시저로 A1:I9 범위에 다음과 같은 모양으로 숫자를 입력하는 프로그램을 **요구사항**을 참조하여 완성하시오.

```
1
1 2
1 2 3
1 2 3 4
1 2 3 4 5
1 2 3 4 5 6
1 2 3 4 5 6 7
1 2 3 4 5 6 7 8
1 2 3 4 5 6 7 8 9
```

요구사항

◎ **중첩반복문** 시트의 A1:I9 범위에 삼각형 모양의 숫자 테이블을 만드는 프로그램을 중첩 For...Next 구문을 사용하여 작성한다.

- 프로시저 **이름**은 **숫자테이블**2로 하고 매크로 실행은 **양식 컨트롤의 버튼**을 이용하여 실행한다. 버튼의 텍스트는 **숫자넣기**2로 하고 단추는 M5:**M6**에 위치시킨다.

다음 [따라하기]는 중첩 For...Next 반복문과 Cells 속성을 이용하여 삼각형 모양의 숫자 테이블을 만드는 프로시저를 작성하고 실행하는 실습이다.

따라하기

동작 1 VBE를 실행하고 Module3에 **숫자테이블2** 프로시저를 추가하고 아래의 코드를 입력한다.

```
Public Sub 숫자테이블1()
    Dim myrow As Integer
    Dim mycolumn As Integer
    For myrow = 1 To 9 Step 1
        For mycolumn = 1 To myrow Step 1
            Worksheets("중첩반복문").Range(Cells(myrow, mycolumn), _
            Cells(myrow, mycolumn)).Value = mycolumn
        Next mycolumn
    Next myrow
End Sub
```

◎ myrow와 mycolumn은 정수 변수로 행과 열을 바꾸기 위한 사용자 정의 변수이다.

◎ For mycolumn = 1 To *myrow* Step 1...Next mycolumn 반복문은 열의 값을 1에서 *myrow*까지 1씩 증가시키므로 mycolumn의 값은 1, 1 2, 1 2 3, … 로 변한다.

◎ Worksheets("중첩반복문").Range(Cells(myrow, mycolumn), _Cells (myrow, mycolumn)).Value = mycolumn 코드는 상단의 코드과 연결되어 myrow와 mycolumn의 셀에 mycolumn의 값을 입력한다.

동작 2 **셀지우기** 버튼을 실행시켜 테이블의 숫자를 삭제한 후 **숫자테이블2** 프로시저 코드를 실행시키고 워크시트의 결과를 확인한다.

◎ 실행 결과는 〈그림 2.16〉과 같다.

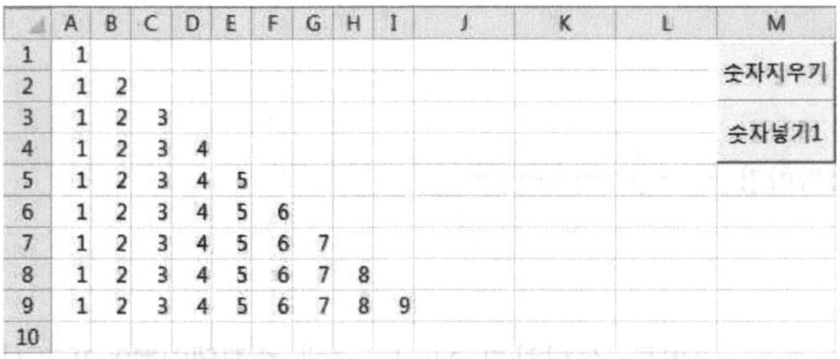

	A	B	C	D	E	F	G	H	I	J	K	L	M
1	1												
2	1	2											숫자지우기
3	1	2	3										
4	1	2	3	4									숫자넣기1
5	1	2	3	4	5								
6	1	2	3	4	5	6							
7	1	2	3	4	5	6	7						
8	1	2	3	4	5	6	7	8					
9	1	2	3	4	5	6	7	8	9				
10													

〈그림 2.16〉 숫자테이블2 실행 결과

[혼자하기 2.4.3] **숫자테이블2** 프로시저 실행은 **양식 컨트롤의 단추**를 이용하여 실행하라. 단추의 텍스트는 **숫자넣기2**로 하고 단추는 M5:M6 범위에 위치시킨다.

[혼자하기 2.4.4] VBA 프로시저로 Module3에 A1:I9 범위에 다음과 같은 모양으로 숫자를 입력하는 **숫자테이블3**를 완성하고 프로시저 실행은 **양식 컨트롤의 단추**를 이용하여 실행하라. 단추의 텍스트는 **숫자넣기3**으로 하고 단추는 M7:M8 범위에 위치시킨다.

```
                9
              8 9
            7 8 9
          6 7 8 9
        5 6 7 8 9
      4 5 6 7 8 9
    3 4 5 6 7 8 9
  2 3 4 5 6 7 8 9
1 2 3 4 5 6 7 8 9
```

[혼자하기 2.4.5] VBA 프로시저로 Module3에 A1:I9 범위에 다음과 같은 모양으로 숫자를 입력하는 **숫자테이블4**를 완성하고 프로시저 실행은 **양식 컨트롤의 단추**를 이용하여 실행하라. 단추의 텍스트는 **숫자넣기4**로 하고 단추는 M9:M10 범위에 위치시킨다.

```
1 2 3 4 5 6 7 8 9
  2 3 4 5 6 7 8 9
    3 4 5 6 7 8 9
      4 5 6 7 8 9
        5 6 7 8 9
          6 7 8 9
            7 8 9
              8 9
                9
```

◎ **숫자넣기4**를 실행시킨 결과는 <그림 2.17>과 같다.

	A	B	C	D	E	F	G	H	I	J	K	L	M
1	1	2	3	4	5	6	7	8	9				숫자지우기
2		2	3	4	5	6	7	8	9				
3			3	4	5	6	7	8	9				숫자넣기1
4				4	5	6	7	8	9				
5					5	6	7	8	9				숫자넣기2
6						6	7	8	9				
7							7	8	9				숫자넣기3
8								8	9				
9									9				숫자넣기4
10													

<그림 2.17> 숫자테이블4 실행 결과

[혼자하기 2.4.6] VBA 프로시저로 A1:I9 범위에 <그림 2.18>과 같은 모양으로 셀의 배경색을 1에서 56까지의 난수로 지정하는 **색테이블**을 완성하고 프로시저 실행은 **양식 컨트롤의 단추**를 이용하여 실행하라. 단추의 텍스트는 **색테이블**로 하고 단추는 L1:L5 범위에 위치시킨다.

[혼자하기 2.4.6] VBA 프로시저로 A1:I9 범위의 배경색을 지우는 **색테이블지우기**를 완성하고 프로시저 실행은 **양식 컨트롤의 단추**를 이용하여 실행하라. 단추의 텍스트는 **색지우기**로 하고 단추는 L6:L10 범위에 위치시킨다.

◎ 단추를 모두 삽입하고 **색테이블**을 실행시킨 결과는 〈그림 2.18〉과 같다.

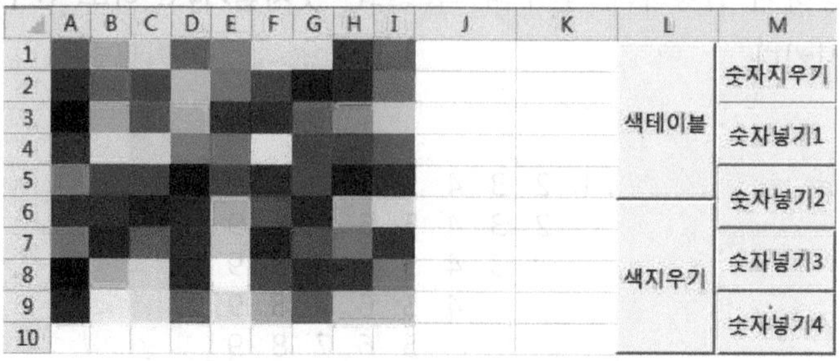

〈그림 2.18〉 색테이블 실행 결과

2.5 For...Next과 Cell 속성의 활용

For...Next 문과 Cell 속성은 현장 실무에서 다양하게 활용될 수 있다. 엑셀에서 기본적으로 제공되는 기능과 함수에 추가로 사용자가 원하는 작업을 수행하는 프로시저를 만들거나 함수를 만들어 사용할 수 있다.

[예제6] A열에 마지막으로 입력한 값을 A열의 2행부터 마지막 셀 이전까지의 값을 검색하여 중복된 값이 있는 셀의 주소를 표시하는 프로시저를 **요구사항**을 참조하여 작성하라.

요구사항

◎ **활용연습** 시트의 A열에 입력되어 있는 값과 마지막에 입력한 값을 비교하여 마지막 값이 중복되어 있는 값의 셀 주소를 메시지로 나타내고 해당 셀의 배경을 노랑으로 표시하는 프로그램을 For...Next 구문을 사용하여 작성한다.

- 프로시저 **이름**은 **중복데이터찾기**로 하고 매크로 실행은 **양식 컨트롤의 버튼**을 이용하여 실행한다. 버튼의 텍스트는 **중복데이터**로 하고 단추는 H1:I2에 위치시킨다.

Help!!

문제 해결 방법

다음의 절차를 따라 문제를 해결 한다. 1) A열에 마지막으로 입력되어 있는 셀의 행 주소를 mylast 변수에 넣는다. 2) 마지막에 입력되어 있는 셀의 값을 mylastvalue 변수에 넣는다. 3) A열의 2행부터 마지막 직전 행까지 반복하여 셀의 값과 mylastvalue 변수 값을 비교하여 같으면 주소를 표시하고 배경색을 노랑으로 바꾼다.

따라하기

동작 1 활용연습 시트에 〈그림 2.19〉와 같이 데이터를 입력한다.

	A	B	C	D	E	F	G	H
1	Chart No							
2	K104							
3	K203							
4	K306							
5	K707							
6	K808							
7	K906							
8	K809							
9	K808							
10								

〈그림 2.19〉

동작 2 VBE를 실행하고 Module4를 삽입하여 **숫자테이블2** 프로시저를 추가하고 아래의 코드를 입력한다.

```
Public Sub 중복데이터찾기()
    Dim mylast, myrow As Integer
    Dim mylastvalue As String
    Range("A1").Select
    Selection.End(xlDown).Select
    mylast = Selection.Cells.Row
    mylastvalue = Selection.Cells
```

```
    For myrow = 1 To mylast - 1
        If Cells(myrow, 1) = mylastvalue Then
            MsgBox Cells(myrow, 1).Address & "의 데이터와 중복되었음!!"
            Cells(myrow, 1).Interior.ColorIndex = 6
        End If
    Next myrow
End Sub
```

◎ mylast는 A열에서 마지막에 입력한 셀의 행 번호(정수)를 저장하기 위한 사용자 정의 변수이다.

◎ mylastvalue는 A열에서 마지막에 입력한 셀의 데이터 값(텍스트)를 저장하기 위한 사용자 정의 변수이다.

◎ myrow는 행의 값을 2행에서 데이터가 입력된 마지막 셀의 행 번호(정수)까지를 반복하는 사용자 정의 변수이다,

◎ Range("A1").Select 코드는 A1셀을 선택한다.

◎ Selection.End(xlDown).Select 코드는 선택된 A열의 마지막 입력 값이 있는 셀을 선택한다.

◎ mylast = Selection.Cells.Row 코드는 선택된 A열의 마지막 입력 값이 있는 셀의 행 번호를 mylast 변수에 입력한다.

◎ Selection.Cells 코드는 선택된 A열의 마지막 입력 값을 mylastvalue 변수에 입력한다.

◎ For myrow = 1 To mylast - 1는 myrow의 값이 1에서 마지막 데이터가 있는 행의 직전 행까지를 Next myrow 블록을 반복하여 수행한다.

◎ 다음의 If...End If는 셀과 마지막 입력 값을 비교하여 같으면 셀이 있는 주소와 중복 메시지를 표시하고 해당 셀을 노랑 색으로 표시한다.

```
If Cells(myrow, 1) = mylastvalue Then
  MsgBox Cells(myrow, 1).Address & "의 데이터와 중복되었음!!"
  Cells(myrow, 1).Interior.ColorIndex = 6
End If
```

동작 3 A10셀에 K808을 입력한다.

동작 4 **중복데이터찾기** 프로시저에서 상단 메뉴의 **실행**(▶) 버튼을 눌러 **배경색바꾸기1** 프로시저를 실행시키고 Alt+F11 키를 눌러 워크시트의 결과를 확인한다.

◎ 실행 결과는 〈그림 2.20〉과 같이 K808이 중복된 셀 주소를 표시한다.

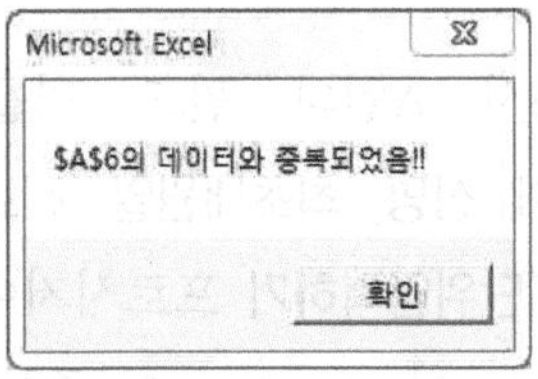

〈그림 2.20〉 중복표시 메시지

동작 5 확인 버튼을 클릭한다.

◎ $A$6셀의 배경색이 노랑으로 표시된다.

[혼자하기 2.5.1] **중복데이터찾기** 프로시저의 실행은 **양식 컨트롤의 단추**를 이용하여 실행하라. 단추의 텍스트는 **중복데이터검색**으로 하고 단추는 **H1:I2** 범위에 위치시킨다.

[예제7] **활용연습** 시트에 〈그림 2.21〉과 같이 **Chart No**, **성명**, **전화번호**, **최초내원일**, **진료과목**, **입원일**, **퇴원일**, **입원일수** 필드를 추가하고 InputBox를 이용하여 레코드 단위로 데이터를 입력하는 프로시저를 작성하되 Chart No가 중복데이터가 없는 지를 확인하여 중복되지 않았으면 해당 Chart No로 데이터를 입력하는 프로시저를 **요구사항**을 참조하여 작성하시오.

〈그림 2.21〉 활용연습 시트의 필드 추가

(요구사항)

◎ **활용연습** 시트에서 A열의 필드 명을 제외한 데이터를 모두 삭제하고 B,C,D,E,F,G 열에 **성명**, **최초내원일**, **진료과목**, **입원일**, **퇴원일**, **입원일수** 필드를 추가하라. **레코드단위입력하기** 프로시저에서 InputBox를 이용하여 데이터를 레코드 단위로 입력하되 Chart No의 중복 여부를 확인하여 중복이 없다면 해당 Chart No로 레코드를 입력하고 아니면 새로운 Chart No를 요구하는 프로그램을 For...Next 구문을 사용하여 작성한다. 한 행의 **성명**, **최초내원일**, **진료과목**, **입원일**, **퇴원일**, **입원일수** 데이터 입력이 완료되면 **입원일**과 **퇴원일**을 이용하여 **입원일수**를 계산한다.

- 프로시저 **이름**은 **레코드단위입력하기**로 하고 매크로 실행은 **양식 컨트롤의 버튼**을 이용하여 실행한다. 버튼의 텍스트는 **레코드추가하기**로 하고 단추는 H3:I4에 위치시킨다.

Help!!

문제 해결 방법

다음의 절차를 따라 문제를 해결 한다. 1) A2에 입력되는 최초 데이터이면 InputBox로 받은 mychartno의 데이터를 A2셀에 입력하고 아니면 A열의 마지막 입력 값이 있는 다음 셀에 mychartno의 데이터를 입력한다. 2) 중복되는 데이터가 있는지를 확인하고 있다면 해당 셀의 주소를 표시하고 주의 메시지를 준 다음 확인 과정을 거쳐 마지막 입력된 셀의 값을 지운다. 3) 입력하려는 행의 다음 열로 이동하며 데이터를 입력한다. 4) 한 행의 데이터 입력이 완료되면 입원일과 퇴원일을 참조하여 입력된 데이터가 있으면 입원일수를 계산한다.

따라하기

동작 1 **활용연습** 시트에 〈그림 2.21〉과 같이 **성명**, **최초내원일**, **진료과목**, **입원일**, **퇴원일**, **입원일수** 필드를 추가한다.

동작 2 VBE를 실행하고 Module4에 **레코드단위입력하기** 프로시저를 추가하고 다음 코드를 입력한다.

```
Public Sub 레코드단위입력하기()
    Dim mylast, myrow, mycolumn As Integer
    Dim mylastvalue As String
    Dim mychartno As String
    mychartno = InputBox("새로운 Chart No를 입력하세요.")
    If Cells(2, 1) = "" Then
        Cells(2, 1) = mychartno
    Else
        Range("A1").Select
        Selection.End(xlDown).Select
        mylast = Selection.Cells.Row
        Cells(mylast + 1, 1) = mychartno
    End If
    Range("A1").Select
    Selection.End(xlDown).Select
    mylast = Selection.Cells.Row
    mylastvalue = Selection.Cells
    For myrow = 1 To mylast - 1
        If Cells(myrow, 1) = mylastvalue Then
            MsgBox Cells(myrow, 1).Address & _
            "의 데이터와 중복되었음!! 재입력 요망!!"
            Cells(mylast, 1) = ""
        End If
    Next myrow
```

```
    For mycolumn = 2 To 6
        Cells(myrow, mycolumn).Select
        Selection.Value = InputBox(Cells(1, mycolumn) & _
        " 데이터를 입력하세요", Cells(1, mycolumn))
        If Selection.Value = "" Then
            Exit For
        End If
    Next mycolumn
    If Cells(myrow, 5) <> "" And Cells(myrow, 6) <> "" Then
        Cells(myrow, 7) = Cells(myrow, 6) - Cells(myrow, 5
    End If
    MsgBox (Cells(myrow, 1) & " 데이터 입력이 완료되었습니다.")
End Sub
```

◎ mylast는 A열에서 마지막에 입력한 셀의 행 번호(정수)를 저장하기 위한 사용자 정의 변수이다.

◎ myrow는 행의 번호를 바꾸기 위한 사용자 정의 변수이다.

◎ mycolumn은 열의 번호를 바꾸기 위한 사용자 정의 변수이다.

◎ mylastvalue는 A열에서 마지막에 입력한 셀의 데이터 값(텍스트)를 저장하기 위한 사용자 정의 변수이다.

◎ mychartno는 Inpubox를 통해 입력받은 charat no를 저장하기 위한 사용자 정의 변수이다.

◎ mychartno = InputBox("새로운 Chart No를 입력하세요.")를 통해 새로운 Chart No를 mychartno에 입력받는다.

◎ A(2,1) 셀이 공백이면 mychartno를 A(2,1) 셀에 입력하고 아니면 마지막으로 입력된 다음 셀에 mychartno를 입력한다.

```
If Cells(2, 1) = "" Then
    Cells(2, 1) = mychartno
Else
    Range("A1").Select
    Selection.End(xlDown).Select
```

```
        mylast = Selection.Cells.Row
        Cells(mylast + 1, 1) = mychartno
    End If
```

◎ 마지막으로 입력된 데이터의 중복 여부를 확인하는 코드로 중복되면 중복되었음을 알리고 해당 셀의 내용을 지운다.

```
Range("A1").Select
Selection.End(xlDown).Select
mylast = Selection.Cells.Row
mylastvalue = Selection.Cells
For myrow = 1 To mylast - 1
    If Cells(myrow, 1) = mylastvalue Then
        MsgBox Cells(myrow, 1).Address & "의 데이터와 중복되었
        음!! 재입력 _
        요망!!"
        Cells(mylast, 1) = ""
    End If
Next myrow
```

◎ B열에서 F열까지 데이터를 입력받아 입력된 데이터가 공백이면 For...Next 반복문을 벗어난다.

```
For mycolumn = 2 To 6
   Cells(myrow, mycolumn).Select
   Selection.Value = InputBox(Cells(1, mycolumn) & " 데이터를 입
   력하세요",_
              Cells(1, mycolumn))
   If Selection.Value = "" Then
     Exit For
   End If
Next mycolumn
```

◎ 입원일과 퇴원일이 공백이 아니면 입원일수를 계산한다.

```
If Cells(myrow, 5) <> "" And Cells(myrow, 6) <> "" Then
  Cells(myrow, 7) = Cells(myrow, 6) - Cells(myrow, 5
End If
```

◎ MsgBox (Cells(myrow, 1) & " 데이터 입력이 완료되었습니다.")는 데이터 입력이 완료되었음을 알리는 메시지를 표시한다.

동작 3 레코드단위입력하기 프로시저를 실행하고 아래의 데이터를 차례로 입력한 후 결과를 확인한다.

K001	이동기	2019-01-01	내과	2019-01-01	2019-03-09

[혼자하기 2.5.2] **레코드단위입력하기** 프로시저의 실행은 **양식 컨트롤의 단추**를 이용하여 실행하라. 단추의 텍스트는 **레코드추가하기**로 하고 단추는 **H3:I4** 범위에 위치시킨다.

[혼자하기 2.5.3] **레코드추가하기** 버튼을 이용하여 **레코드단위입력하기** 프로시저를 실행하고 다음 데이터를 차례로 입력한 후 입원일수 계산을 확인하라.

K002	이말구	2019-01-01	산부인과	2019-04-04	2019-05-05
K003	박민구	2019-04-04	이비인후과	2019-04-20	2019-04-27
K004	남달석	2019-06-06	내과	2019-06-06	2019-06-18
K005	김해령	2019-07-07	정형외과	2019-08-08	2019-08-30

◎ 데이터가 입력된 결과는 〈그림 2.22〉와 같다.

	A	B	C	D	E	F	G	H	I
1	Chart No	성명	최초내원일	진료과목	입원일	퇴원일	입원일수		
2	K001	미동기	2019-01-01	내과	2019-01-01	2019-03-09	67		
3	K002	이말구	2019-01-01	산부인과	2019-04-04	2019-05-05	31		
4	K003	박민구	2019-04-04	이비인후과	2019-04-20	2019-04-27	7		
5	K004	남달석	2019-06-06	내과	2019-06-06	2019-06-18	12		
6	K005	김해령	2019-07-07	정형외과	2019-08-08	2019-08-30	22		
7									
8									
9									
10									

〈그림 2.22〉 레코드추가하기 버튼으로 데이터를 추가한 결과

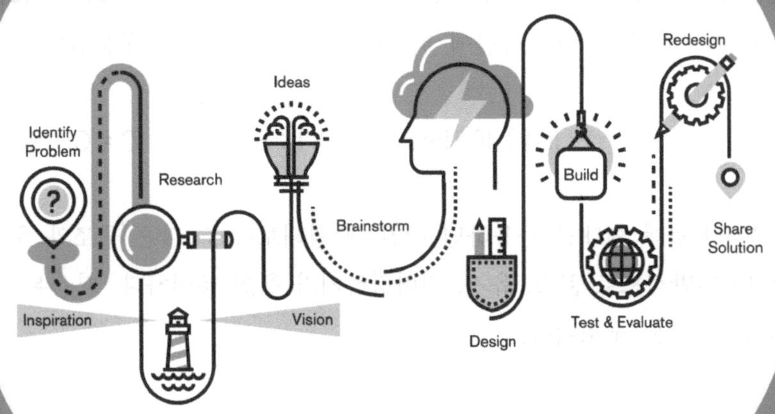

CHAPTER

3

VBA 조건문

조건문은 조건이 참(True) 인지 거짓(False)인지를 평가하여 참 또는 거짓의 결과에 따라 각각의 명령을 수행하는 의사결정 구문이다. 단일 행 형태인 **If...Then** 평가식의 결과에 따라 여러 개의 문을 실행시킬 수도 있다. 실행되는 여러 개의 문은 다음 에제와 같이 동일한 라인에 위치해야 하며 콜론으로 구분한다.

```
If A > 10 Then A = A + 1 : B = B + A : C = C + B
```

그러나 블록 형태를 사용하면 단일 행 형태보다 더 많은 구조와 유연성을 얻을 수 있으며 일반적으로 읽기, 유지, 디버깅하기가 훨씬 용이하다. 다음은 If...Then...Else 조건문의 구문 구조이다.

```
If 조건1 Then
[실행구문]
      ...
[ElseIf 조건n Then
[elseif 실행구문]]
      ...
[Else
[Else 실행구문]]
      ...
End If
```

블록 형태의 If 문은 If로 시작하고 반드시 End If 문으로 끝나야 한다. 구문이 블록 If문인지 여부는 Then 키워드 다음에 무엇이 오는 가를 검사해 보면 알 수 있다. 만일 동일 선상에서 Then문 다음에 주석 외의 다른 것이 나타나면 이 문은 단일 행의 If 문으로 처리된다. Else와 ElseIf 절은 모두 선택적인 요소이다. 블록 If 문에서 원하는 만큼 ElseIf 절을 사용할 수 있으나, Else 절 다음에는 사용할 수 없다. 블록 If 문은 하나의 블록 If문 안에 또 다른 블록 If 문을 중첩할 수 있다. 블록 If 문을 실행하면 조건이 검사된다. 만일 조건이이 참(True)일 경우 Then 다음의 문이 실행된다. 조건이 거짓(False)이라면 각각의 ElseIf 문이 차례로 평가된다. 참(True) 조건이 나타날 경우 연관된 Then의 바로 다음에 오는 문들이 실행되고 ElseIf 조건 중 어느 것도 참(True)이 아닌 경우(또는 더 이상의 ElseIf 절이 없는 경우) Else 다음에 오는 문이 실행된다. Then이나 Else 다음의 문을 실행한 후 End If 다음의 문이 계속 실행된다. 여러 동작이 가능한 하나의 식을 평가할 때에는 Select Case 문이 더 유용할 수 있다. Select Case의 구문 형식은 다음과 같다.

```
Select Case 조건변수
   [Case 조건1
      [실행구문1]]
         …
   [Case 조건2
      [실행구문2]]
         …
   [Case Else
      [실행규문n]]
         …
   End If
```

VBA는 **If...Then**구문에 대한 대안을 제공하는 **Iif** 함수가 있다. 이 함수는 세 개의 인수를 가지고 있는데 엑셀 워크시트 상에서 상용하는 If 함수와 유사하게 동작한다 구문 형식은 다음과 같다.

Iif(조건, True_part, False_part)

3.1 If...Then...End If 문

If...Then...End If 문은 블록 형태로 되어 있어 If...Then 단일 행 형태에 비해 더 많은 구조와 유연성을 얻을 수 있고 읽기와 유지 및 디버깅이 훨씬 용이하므로 조건문에서 일반적으로 널리 사용된다.

[예제1] 새 통합 문서에서 Sheet1을 **조건문연습1** 시트로 바꾸고 〈그림 3.1〉과 같이 A1:G10 범위의 배경색을 **황록색, 강조 3, 60% 더 밝게**로 지정하고 A1:B10의 범위에 1에서 20까지의 난수를 발생시켜 1열과 2열의 숫자를 비교하여 큰 수는 1열로 작은 수는 2열로 이동시키시오. 또 바뀐 셀의 1열과 2열의 배경색을 노랑으로 바꾸는 프로그램을 **요구사항**을 참조하여 완성하시오.

〈그림 3.1〉 조건문연습1 시트의 배경 설정

요구사항

◎ Sheet1을 **조건문연습1** 시트로 바꾸고 〈그림 3.1〉과 같이 A1:G10 범위의 배경색을 **황록색, 강조 3, 60% 더 밝게**로 지정한 후 A1:B10의 범위에 1에서 20까지의 난수를 발생 시켜 1열과 2열의 숫자를 비교하여 큰 수는 1열로 작은 수는 2열로 이동시키시오.

- VBA 프로시저의 **이름**은 **난수발생**으로 하고 매크로 실행은 **양식 컨트롤의 버튼**을 이용하여 실행한다. 버튼의 텍스트는 **숫자발생**으로 하고 단추는 H1:H2에 위치시킨다.

- VBA 프로시저의 **이름**은 **두수비교**로 하고 A열과 B열의 숫자를 비교하여 큰 수는 A열로 작은 수는 B열로 교환한 후 바뀐 셀의 배경색은 노랑으로 바꾸는 프로시저를 작성하고 실행은 **양식 컨트롤의 버튼**을 이용한다. 버튼의 텍스트는 **큰수1열**으로 하고 단추는 **H3:H4**에 위치시킨다.

다음 [따라하기]는 If...Then...End If 구문의 이해를 돕기 위해 A1:B10까지의 범위에 1에서 20까지의 난수를 생성하는 **난수발생** 프로시저를 작성하고 실행하는 실습이다.

따라하기

동작 1 Sheet1을 **조건문연습1** 시트로 바꾸고 〈그림 3.1〉과 같이 A1:G10 범위의 배경색을 **황록색, 강조 3, 60% 더 밝게**로 지정한다.

동작 2 **조건문연습1** 시트에 〈그림 3.2〉와 같이 Module1에 난수를 발생시키는 **난수발생** 프로시저를 작성하고 단추의 텍스트는 **숫자발생**으로 하여 H1:H2에 위치시키고 단추를 클릭하여 실행한다.

```
Public Sub 난수발생()
    Dim mycount As Integer
    For mycount = 1 To 10 Step 1
        Worksheets("조건문연습1").Cells(mycount, 1).Value = Int(Rnd * 20 + 1)
        Worksheets("조건문연습1").Cells(mycount, 2).Value = Int(Rnd * 20 + 1)
    Next
End Sub
```

◎ 1열과 2열에 발생된 난수는 〈그림 3.2〉와 다르다.

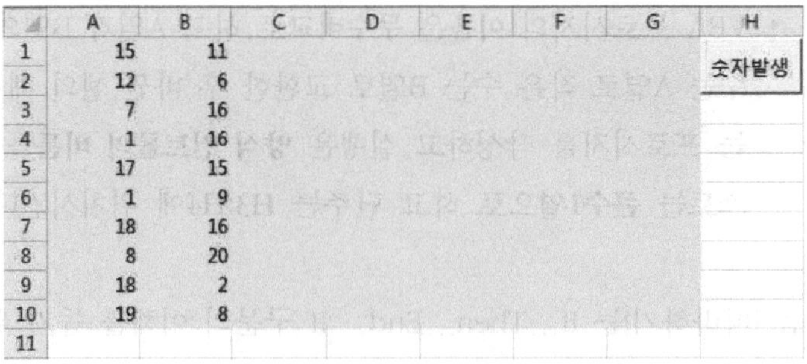

	A	B	C	D	E	F	G	H
1	15	11						숫자발생
2	12	6						
3	7	16						
4	1	16						
5	17	15						
6	1	9						
7	18	16						
8	8	20						
9	18	2						
10	19	8						
11								

〈그림 3.2〉 난수발생 프로시저 실행 결과

다음 [따라하기]는 If...Then...End If 구문을 사용하여 A열과 B열의 숫자를 비교해 큰 수는 A열로 작은 수는 B열로 이동시키 바뀐 셀의 배경색은 노랑으로 바꾸는 **두수비교** 프로시저를 작성하고 실행하는 실습이다.

따라하기

동작 1 Module1에 **두수비교** 프로시저를 작성한다.

```
Public Sub 두수비교()
    Dim myrow As Integer
    Dim myimsi As Integer
    For myrow = 1 To 10 Step 1
        If Cells(myrow, 2) > Cells(myrow, 1) Then
            myimsi = Cells(myrow, 1)
            Cells(myrow, 1) = Cells(myrow, 2)
            Cells(myrow, 2) = myimsi
            Cells(myrow, 1).Interior.ColorIndex = 6
            Cells(myrow, 2).Interior.ColorIndex = 6
        End If
    Next
End Sub
```

◎ myrow는 1행에서 10행까지의 행 지정을 위한 사용자 정의 변수이다.

◎ myimsi는 1열과 2열의 값을 바꾸기 위해 임시 저장을 위한 사용자 정의 변수이다.

◎ For myrow=1 To 10 Step 1은 myrow(행) 값을 1에서 10까지 1씩 증가시켜 Next 사이의 코드를 10번 반복하는 코드이다.

◎ 다음의 블록 If...Then...End If 문은 2열의 값이 1열의 값보다 크면 myimsi 변수에 1열의 값을 옮긴 후 1열에 2열의 값을 옮기고 2열에 myimsi 변수의 값을 넣어 1열과 2열을 교환한 다음 교환된 해당 셀의 배경색을 노랑 색으로 표시한다.

```
If Cells(myrow, 2) > Cells(myrow, 1) Then
  myimsi = Cells(myrow, 1)
  Cells(myrow, 1) = Cells(myrow, 2)
  Cells(myrow, 2) = myimsi
  Cells(myrow, 1).Interior.ColorIndex = 6
  Cells(myrow, 2).Interior.ColorIndex = 6
End If
```

동작 2 두수비교 프로시저의 실행을 위해 단추를 H3:H4에 위치시키고 단추의 텍스트는 **큰수1열**로 하여 실행한다.

◎ **두수비교** 프로시저가 실행된 결과는 〈그림 3.3〉과 같다.

◎ 1열과 2열에 발생된 난수는 사용자 마다 다르다.

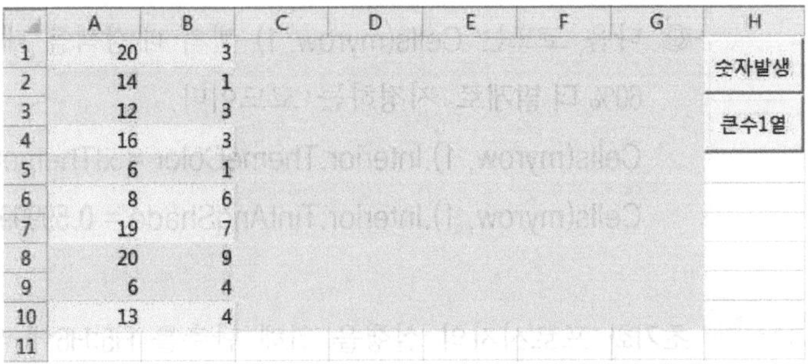

〈그림 3.3〉 두수비교 프로시저 실행 결과

다음 [따라하기]는 **조건문연습1** 시트의 난수와 배경색을 초기화하는 초기화 프로시저를 작성하고 실행하는 실습이다.

따라하기

동작 1 Module1에 다음 코드를 참조하여 **초기화** 프로시저를 작성한다.

```
Public Sub 초기화()
    Dim myrow As Integer
    For myrow = 1 To 10 Step 1
        Cells(myrow, 1) = ""
        Cells(myrow, 2) = ""
        Cells(myrow, 1).Interior.ThemeColor = xlThemeColorAccent3
        Cells(myrow, 1).Interior.TintAndShade = 0.599993896298105
        Cells(myrow, 2).Interior.ThemeColor = xlThemeColorAccent3
        Cells(myrow, 2).Interior.TintAndShade = 0.599993896298105
    Next
End Sub
```

◎ myrow는 1행에서 10행까지의 행 지정을 위한 사용자 정의 변수이다.

◎ For myrow=1 To 10 Step 1은 myrow(행) 값을 1에서 10까지 1씩 증가시켜 Next 사이의 코드를 10번 반복하는 코드이다.

◎ Cells(myrow, 1) = ""은 해당 셀의 문자를 공백으로 처리한다.

◎ 다음 코드는 Cells(myrow, 1) 셀의 배경색을 테마색인 **황록색, 강조 3, 60% 더 밝게**로 지정하는 코드이다.
Cells(myrow, 1).Interior.ThemeColor = xlThemeColorAccent3
Cells(myrow, 1).Interior.TintAndShade = 0.599993896298105

동작 2 **초기화** 프로시저의 실행을 위해 단추를 H5:H6에 위치시키고 단추의 텍스트는 초기화로 한 후 클릭하여 실행한다.

◎ **초기화** 단추가 삽입되어 실행한 결과는 〈그림 3.4〉와 같다.

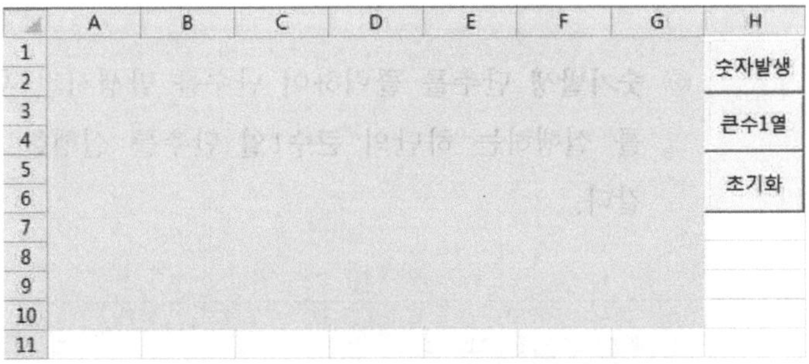

〈그림 3.4〉 초기화 프로시저 실행 결과

3.2 If...Then 문

단순 If...Then 문은 VBA에서 가장 단순한 형태의 조건문이다. 실행되어야 하는 여러 개의 문은 Then 뒤에 동일한 행에 위치해야 하며 콜론으로 구분한다. 예를 들어 **두수비교** 프로시저에서 블록 형태의 If문을 단순 If 문으로 변경하면 **두수비교2**와 같다. **두수비교2** 프로시저에서 **언더 바(_)** 기호는 현재 행과 다음 행이 연결되어 있음을 의미하고 **콜론(:)** 기호는 각 문장이 분리되어 있음을 의미한다.

```
Public Sub 두수비교2()
    Dim myrow As Integer
    Dim myimsi As Integer
    For myrow = 1 To 10 Step 1
        If Cells(myrow, 2) > Cells(myrow, 1) Then myimsi = Cells(myrow, 1) : _
            Cells(myrow, 1) = Cells(myrow, 2) : Cells(myrow, 2) = myimsi : _
            Cells(myrow, 1).Interior.ColorIndex = 6 : Cells(myrow, 2). _
            Interior.ColorIndex = 6
    Next
End Sub
```

[혼자하기 3.2.1] Module1에 **두수비교2** 프로시저를 작성한 후 실행은 **양식 컨트롤의 단추**를 H7:H8에 위치시키고 단추의 텍스트는 **큰수1열**로 하여 실행시킨다.

◎ **숫자발생** 단추를 클릭하여 난수를 발생시킨 후 **두수비교2** 프로시저를 실행하는 하단의 **큰수1열** 단추를 실행한 결과는 〈그림 3.5〉와 같다.

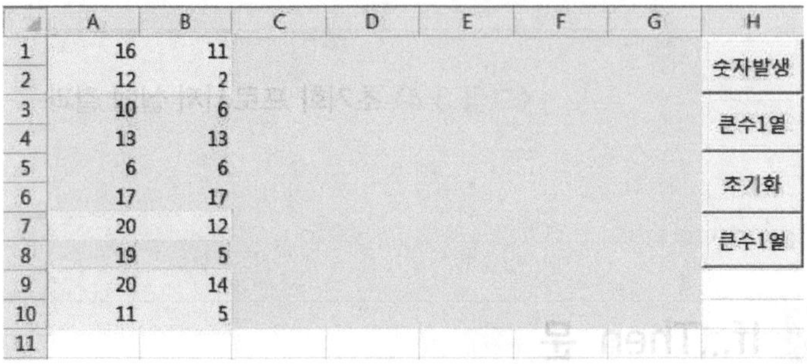

	A	B	C	D	E	F	G	H
1	16	11						숫자발생
2	12	2						
3	10	6						큰수1열
4	13	13						
5	6	6						초기화
6	17	17						
7	20	12						큰수1열
8	19	5						
9	20	14						
10	11	5						
11								

〈그림 3.5〉 단순 If 문 실행 결과

3.3 다중 If 문

다중 If 문은 여러 개의 If 문을 용도에 맞도록 다중으로 사용할 수 있다. 문제 처리의 형태와 목적에 따라 여러개의 If...End If로 구성된 다중 If 문은 If...Then...Else 문으로 대체하여 사용할 수 있다. If...Then...Else 문은 일반적으로 많이 사용되는 If...Then...End If 또는 If...Then 단일 행 형태에 비해 더 많은 구조와 유연성을 얻을 수 있고 다양한 형태의 조건을 표현할 수 있으나 프로그래밍에 익숙하지 않은 사용자는 다소 어렵게 느껴 질 수 있다.

[예제2] Sheet2를 **조건문연습2** 시트로 바꾸고 A1:G10 범위의 배경색을 **황록색, 강조 3, 60% 더 밝게**로 지정하고 A1:C10의 범위에 1에서 20까지의 난수를 발생시켜 가장 큰 수는 1열로 다음 큰 수는 2열로 이동시키시오. 또 바뀐 셀의 1열과 2열, 3열의 배경색을 노랑으로 바꾸는 프로그램을 **요구사항**을 참조하여 완성하시오.

요구사항

◎ Sheet2를 **조건문연습2** 시트로 바꾸고 A1:G10 범위의 배경색을 **황록색, 강조 3, 60% 더 밝게**로 지정한 후 A1:C10의 범위에 1에서 20까지의 난수를 발생 시켜 1열과 2열의 숫자를 비교하여 큰 수는 1열로 다음 큰 수는 2열로 나머지 수는 3열로 이동시키시오.

- VBA 프로시저의 **이름**은 **삼열난수발생**으로 하고 매크로 실행은 **양식 컨트롤의 버튼**을 이용하여 실행한다. 버튼의 텍스트는 **삼열난수**로 하고 단추는 H1:H2에 위치시킨다.
- VBA 프로시저의 **이름**은 **세수비교**로 하고 A열과 B열, C열의 숫자를 비교하여 가장 큰 수는 A열로 다음 큰 수는 B열로 나머지는 C열로 교환한 후 바뀐 셀의 배경색은 노랑으로 바꾸는 프로시저를 작성하고 실행은 **양식 컨트롤의 버튼**을 이용한다. 버튼의 텍스트는 **세수비교**로 하고 단추는 H3:H4에 위치시킨다.

다음 [따라하기]는 A1:C10까지의 범위에 1에서 20까지의 **삼열난수발생** 프로시저를 작성하고 A열과 B열, C열의 숫자를 비교해 가장 큰 수는 A열로 다음 큰 수는 B열로 가장 작은 수는 C열로 이동시키고 바뀐 셀의 배경색은 노랑으로 바꾸는 **세수비교** 프로시저를 작성하고 실행하는 실습이다.

따라하기

동작 1 Sheet2를 **조건문연습2** 시트로 바꾸고 〈그림 3.1〉과 같이 **A1:G10** 범위의 배경색을 **황록색, 강조 3, 60% 더 밝게**로 지정한다.

동작 2 **조건문연습2** 시트에 난수를 발생시키는 **삼열난수발생** 프로시저를 Module2에 작성하고 단추는 H1:H2에 위치시켜 텍스트는 **삼열난수**로 하여 단추를 클릭하여 실행한다.

```
Public Sub 삼열난수발생()
    Dim mycount As Integer
    For mycount = 1 To 10 Step 1
        Worksheets("조건문연습2").Cells(mycount, 1).Value = Int(Rnd * 20 + 1)
        Worksheets("조건문연습2").Cells(mycount, 2).Value = Int(Rnd * 20 + 1)
        Worksheets("조건문연습2").Cells(mycount, 3).Value = Int(Rnd * 20 + 1)
    Next
End Sub
```

◎ 1열과 2열, 3열에 발생된 난수는 〈그림 3.6〉과 다를 수 있다.

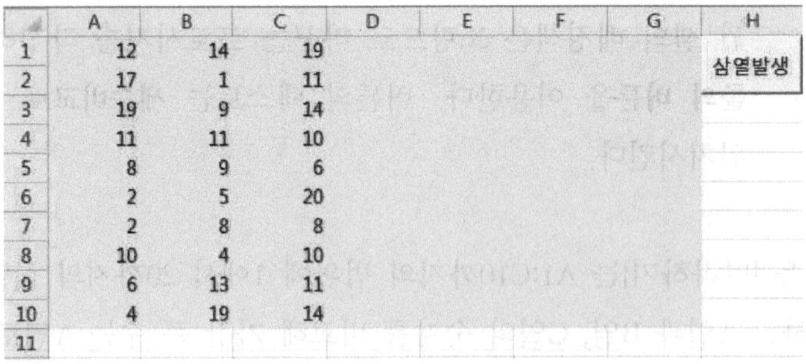

	A	B	C	D	E	F	G	H
1	12	14	19					삼열발생
2	17	1	11					
3	19	9	14					
4	11	11	10					
5	8	9	6					
6	2	5	20					
7	2	8	8					
8	10	4	10					
9	6	13	11					
10	4	19	14					
11								

〈그림 3.6〉 삼열난수발생 프로시저 실행 결과

동작 3 Module2에 **세수비교** 프로시저를 작성한다.

Help!!

문제 해결 방법

다음의 절차를 따라 문제를 해결 한다. 1) 2열이 1열 보다 크면 2열의 값을 1열로 옮긴다. 2) 3열이 1열 보다 크면 3열의 값을 1열로 옮긴다. 3) 3열이 2열 보다 크면 3열의 값을 2열로 옮긴다. If 문의 사용은 2열과 1열의 결과가 다음 3열과 1열의 비교에 반영되고 이 결과가 2열과 3열의 비교에 반영되어야 하므로 If...End If 구문을 사용하는 것이 편리하다.

```
Public Sub 세수비교()
    Dim myrow As Integer
    Dim myimsi As Integer
    For myrow = 1 To 10 Step 1
        If Cells(myrow, 2) > Cells(myrow, 1) Then
            myimsi = Cells(myrow, 1)
            Cells(myrow, 1) = Cells(myrow, 2)
            Cells(myrow, 2) = myimsi
            Cells(myrow, 1).Interior.ColorIndex = 6
            Cells(myrow, 2).Interior.ColorIndex = 6
        End If
        If Cells(myrow, 3) > Cells(myrow, 1) Then
            myimsi = Cells(myrow, 1)
            Cells(myrow, 1) = Cells(myrow, 3)
            Cells(myrow, 3) = myimsi
            Cells(myrow, 1).Interior.ColorIndex = 6
            Cells(myrow, 3).Interior.ColorIndex = 6
        End If
        If Cells(myrow, 3) > Cells(myrow, 2) Then
            myimsi = Cells(myrow, 2)
            Cells(myrow, 2) = Cells(myrow, 3)
            Cells(myrow, 3) = myimsi
            Cells(myrow, 2).Interior.ColorIndex = 6
            Cells(myrow, 3).Interior.ColorIndex = 6
        End If
    Next
End Sub
```

◎ 다음 코드는 2열의 값이 1열의 값보다 크면 1열과 2열의 값과 배경색을 바꾸는 코드이다.

```
If Cells(myrow, 2) > Cells(myrow, 1) Then
    myimsi = Cells(myrow, 1)
    Cells(myrow, 1) = Cells(myrow, 2)
    Cells(myrow, 2) = myimsi
```

```
        Cells(myrow, 1).Interior.ColorIndex = 6
        Cells(myrow, 2).Interior.ColorIndex = 6
    End If
```

◎ 다음 코드는 3열의 값이 1열의 값보다 크면 1열과 3열의 값과 배경색을 바꾸는 코드이다.

```
    If Cells(myrow, 3) > Cells(myrow, 1) Then
        myimsi = Cells(myrow, 1)
        Cells(myrow, 1) = Cells(myrow, 3)
        Cells(myrow, 3) = myimsi
        Cells(myrow, 1).Interior.ColorIndex = 6
        Cells(myrow, 3).Interior.ColorIndex = 6
    End If
```

◎ 다음 코드는 3열의 값이 2열의 값보다 크면 3열과 2열의 값을 바꾸고 배경색을 변경하는 코드이다.

```
    If Cells(myrow, 3) > Cells(myrow, 2) Then
        myimsi = Cells(myrow, 2)
        Cells(myrow, 2) = Cells(myrow, 3)
        Cells(myrow, 3) = myimsi
        Cells(myrow, 2).Interior.ColorIndex = 6
        Cells(myrow, 3).Interior.ColorIndex = 6
    End If
```

동작 4 세수비교 프로시저의 실행을 위해 단추를 H3:H4에 위치시키고 단추의 텍스트는 **세수비교**로 하여 단추를 실행한다.

◎ **세수비교** 프로시저가 실행된 결과는 〈그림 3.7〉과 같다.

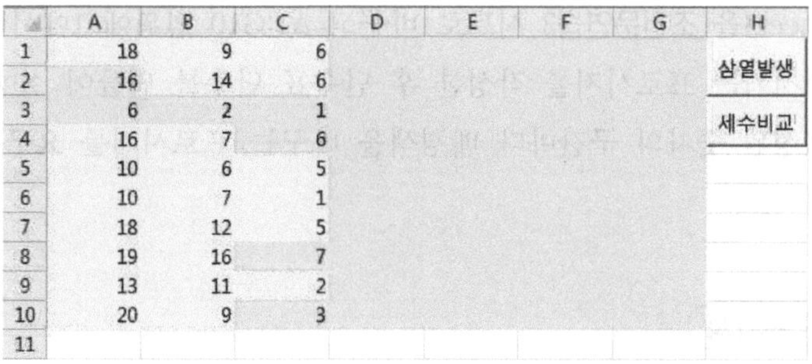

〈그림 3.7〉 세수비교 프로시저 실행 결과

[혼자하기 3.3.1] Module2에 A1:C10 셀의 값을 지우고 배경색을 황록색 강조 3 60% 더 밝게로 지정하는 **초기화2** 프로시저를 작성한 후 실행은 **양식 컨트롤의 단추**를 H5:H6에 위치시키고 단추의 텍스트는 **초기화**로 하여 실행시킨다.

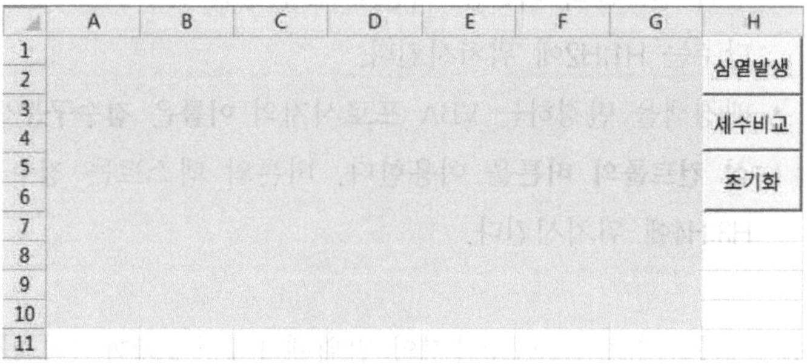

〈그림 3.8〉 초기화 실행 결과

3.4 Select...Case 문

블록 If 문인 If...Then...Else 문은 여러 개의 If 문을 중첩하여 사용할 수 있으나 프로그래밍에 익숙하지 않은 사용자는 다소 어렵게 느껴 질 수 있다. 만약 세 가지 또는 그 이상의 옵션 사항이 있는 경우에는 Select...Case 문이 보다 적절한 선택일 수 있다.

[예제3] Sheet3을 **조건문연습3** 시트로 바꾸고 A1:G10 범위에 1에서 100까지의 난수를 발생시키는 프로시저를 작성한 후 난수표 단추를 만들어 실행하고 A1:G10 범위에 생성된 숫자의 구간마다 배경색을 바꾸는 프로시저를 **요구사항**을 참조하여 완성하시오.

요구사항

◎ Sheet3을 **조건문연습3** 시트로 바꾸고 A1:G10 범위에 1에서 100까지의 난수를 발생 시켜 발생한 숫자에 따라 90 ~ 100은 ColorIndex를 4로 80 ~ 89은 ColorIndex를 6으로 70 ~ 79는 ColorIndex를 5로 60 ~ 69는 ColorIndex를 6으로 0 ~ 59는 19로 배경색을 지정하는 프로시저를 작성하시오.

- 난수를 발생시키는 VBA 프로시저의 **이름**은 **난수표**로 하고 매크로 실행은 **양식 컨트롤의 버튼**을 이용하여 실행한다. 버튼의 텍스트는 **난수표**로 하고 단추는 H1:H2에 위치시킨다.
- 배경색을 변경하는 VBA 프로시저의 **이름**은 **점수구분색**으로 하고 실행은 **양식 컨트롤의 버튼**을 이용한다. 버튼의 텍스트는 **점수구분**으로 하고 단추는 H3:H4에 위치시킨다.

다음 [따라하기]는 A1:G10까지의 범위에 1에서 100까지의 난수를 발생하는 **난수표** 프로시저를 작성하고 실행하는 실습이다.

따라하기

동작 1 Sheet3을 **조건문연습3** 시트으로 변경한다.

동작 2 **조건문연습3** 시트의 A1:G10 범위에 난수를 발생시키는 **난수표** 프로시저를 Module3에 작성한 후 실행시키는 양식 컨트롤의 단추는 H1:H2에 위치시켜 텍스트는 **난수표**로 하여 실행한다.

```
Public Sub 난수표()
    Dim myrow As Integer
    Dim mycolumn As Integer
    For myrow = 1 To 10 Step 1
        For mycolumn = 1 To 7
            Worksheets("조건문연습3").Cells(myrow, mycolumn).Value = _
            Int(Rnd * 100 + 1)
        Next
   Next
End Sub
```

◎ **난수표** 프로시저가 실행된 결과는 〈그림 3.9〉와 같다.

	A	B	C	D	E	F	G	H
1	71	54	58	29	31	78	2	난수표
2	77	82	71	5	42	87	80	
3	38	97	88	6	95	37	53	
4	77	6	60	47	30	63	65	
5	27	28	83	83	59	99	92	
6	23	70	99	25	54	11	100	
7	68	2	58	11	11	80	29	
8	5	30	39	31	95	98	41	
9	28	17	17	65	42	42	72	
10	33	64	21	19	59	9	46	
11								

〈그림 3.9〉 난수표 프로시저 실행 결과

다음 [따라하기]는 A1:G10까지의 범위에 발생된 1에서 100까지의 숫자를 비교하여 90 ~ 100은 ColorIndex를 4로 80 ~ 89은 ColorIndex를 6으로 70 ~ 79는 ColorIndex를 5로 60 ~ 69는 ColorIndex를 6으로 0 ~ 59는 19로 배경색을 지정하는 프로시저를 작성하고 실행하는 실습이다.

따라하기

동작 1 Module3에 **점수구분색** 프로시저를 삽입한다.

동작 2 다음 코드로 **점수구분색** 프로시저를 작성한다.

```
Public Sub 점수구분색()
    Dim myrow As Integer
    Dim mycolumn As Integer
    For myrow = 1 To 10 Step 1
        For mycolumn = 1 To 7
            Select Case Cells(myrow, mycolumn)
                Case 0 To 59
                    Cells(myrow, mycolumn).Interior.ColorIndex = 3
                Case 60 To 69
                    Cells(myrow, mycolumn).Interior.ColorIndex = 6
                Case 70 To 79
                    Cells(myrow, mycolumn).Interior.ColorIndex = 5
                Case 80 To 89
                    Cells(myrow, mycolumn).Interior.ColorIndex = 8
                Case 90 To 100
                    Cells(myrow, mycolumn).Interior.ColorIndex = 4
        Next
    Next
End Sub
```

◎ 다음 코드는 For...Next 문의 myrow(행 지정), mycolumn(열 지정) 변수를 이용하여 A1:G10 범위의 셀을 선택하는 코드이다.

```
For myrow = 1 To 10 Step 1
    For mycolumn = 1 To 7
    ...
    Next
Next
```

◎ 다음 코드는 Select...Case 구문을 이용하여 **A1:G10까지의 범위에 발생된 숫자를 비교하여** 90 ~ 100은 ColorIndex를 4로 80 ~ 89은 ColorIndex를 6으로 70 ~ 79는 ColorIndex를 5로 60 ~ 69는

ColorIndex를 6으로 0 ~ 59는 3으로 배경색을 지정하는 코드이다.

```
Select Case Cells(myrow, mycolumn)
  Case 0 To 59
    Cells(myrow, mycolumn).Interior.ColorIndex = 3
  Case 60 To 69
    Cells(myrow, mycolumn).Interior.ColorIndex = 6
  Case 70 To 79
    Cells(myrow, mycolumn).Interior.ColorIndex = 5
  Case 80 To 89
    Cells(myrow, mycolumn).Interior.ColorIndex = 8
  Case 90 To 100
    Cells(myrow, mycolumn).Interior.ColorIndex = 4
End Select
```

동작 3 **점수구분색** 프로시저를 실행하는 양식 컨트롤의 단추를 H3:H4에 위치시키고 텍스트는 **점수구분**으로 하여 실행한다.

◎ **점수구분색** 프로시저가 실행된 결과는 〈그림 3.10〉과 같다.

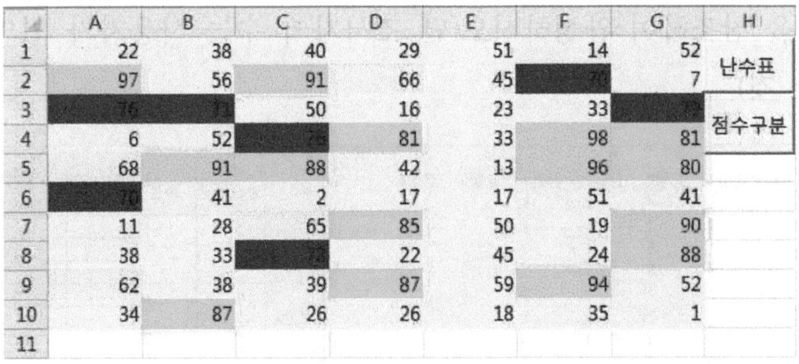

	A	B	C	D	E	F	G	H
1	22	38	40	29	51	14	52	난수표
2	97	56	91	66	45	70	7	
3	76	[illegible]	50	16	23	33	[illegible]	점수구분
4	6	52	[illegible]	81	33	98	81	
5	68	91	88	42	13	96	80	
6	70	41	2	17	17	51	41	
7	11	28	65	85	50	19	90	
8	38	33	[illegible]	22	45	24	88	
9	62	38	39	87	59	94	52	
10	34	87	26	26	18	35	1	
11								

〈그림 3.10〉 점수구분색 프로시저 실행 결과

[혼자하기 3.4.1] Module3에 A1:G10 셀의 값을 지우고 배경색의 Pattern = xlNone (채우기 없음)으로 지정하고 셀의 값을 모두 공백으로 처리하는 **초기화3** 프로시저를 작성한 후 실행은 **양식 컨트롤의 단추**를 H5:H6에 위치시키고 단추의 텍스트는 **초기화**로 하여 실행시킨다.

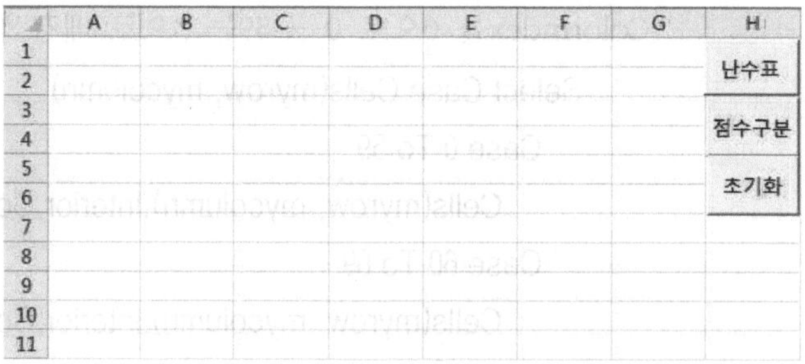

〈그림 3.11〉 초기화3 프로시저 실행 결과

3.5 조건문의 활용

If...Then을 비롯한 If...End, If...Else...End If, Select...Case 등의 조건문은 여러 상황에 맞도록 다양하게 활용될 수 있다. 예를 들어 설문지 빈도 계산은 워크시트에서 countif 함수를 이용하여 계산할 수도 있지만 VBA코드로 프로시저를 만들어 계산할 수도 있다.

[예제4] Sheet4를 **조건문응용** 시트로 바꾸고 〈그림 3.12〉와 같은 5점 척도 6개 문항이 있는 설문 결과(A1:G21)를 이용하여 빈도 평균을 통계 분석하는 프로시저를 **요구사항**을 참조하여 완성하시오(단 조사자의 수는 사용자가 임의로 추가할 수 있도록 할 것).

No	문항1	문항2	문항3	문항4	문항5	문항6
1	3	4	2	3	2	5
2	1	1	5	2	3	2
3	1	5	1	3	2	1
4	3	5	5	5	2	1
5	2	1	3	5	3	3
6	5	1	3	1	2	1
7	5	1	4	3	5	2
8	5	1	3	5	4	3
9	4	3	2	3	1	1
10	5	4	5	1	5	4
11	2	1	4	5	2	5
12	1	5	4	5	2	1
13	4	5	4	3	4	5
14	3	4	4	4	1	5
15	5	2	1	3	3	5
16	5	1	5	3	4	4
17	4	4	4	4	1	1
18	2	4	1	2	5	1
19	1	1	4	4	2	5
20	1	1	5	1	4	2

	응답인원	총점	매우불만 1점	불만 2점	보통 3점	만족 4점	매우만족 5점	평균
문항1								
문항2								
문항3								
문항4								
문항5								
문항6								

〈그림 3.12〉 설문 조사 자료와 빈도 평균 계산표

(요구사항)

◎ Sheet4를 **조건문응용** 시트로 바꾸고 A1:G20범위에 5점 척도의 20문항 설문 자료를 입력하고 I1:Q20에 빈도 평균을 계산하기 위한 표를 작성하고 다음 프로시저를 작성하시오(조사자 수는 사용자가 임의로 추가하여 처리할 수 있도록 할 것).

- 사용자가 조사자의 수를 추가로 입력할 수 있도록 하는 **자료추가** 프로시저를 작성하고 실행은 **양식 컨트롤의 버튼**을 이용하여 실행한다. 버튼의 텍스트는 **자료추가**로 하고 단추는 H1:H4에 위치시킨다.
- 문항별 전체 응답인원과 항목별 응답인원을 계산하는 **빈도계산** 프로시저를 작성하고 실행은 **양식 컨트롤의 버튼**을 이용하여 실행한다. 버튼의 텍스트는 **빈도계산**으로 하고 단추는 H5:H8에 위치시킨다.

다음 [따라하기]는 Sheet4를 **조건문응용** 시트로 바꾸고 A1:G20범위에 5점 척도의 20문항 설문 자료를 입력하고 I1:Q20에 빈도 평균을 계산하기 위한 표를 작성한 후 조사자의 수를 사용자가 임의로 추가할 수 있도록 하는 **자료추가** 프로시저를 작성하고 실행하는 실습이다.

> **Help!!**
>
> **입력되어 있는 데이터에 데이터를 추가하기 위한 문제 해결 방법**
>
> 워크시트 상에서 직접 데이터를 입력해도 되지만 데이터 추가를 위한 프로시저를 작성하려면 다음의 절차를 따라 문제를 해결 한다. 1) 이미 입력되어 있는 마지막 자료의 위치와 자료 일련번호(No)를 구한다. 2) 추가할 데이터의 개수를 입력받는다. 3) 마지막 자료의 위치와 자료 일련번호(No) 이용하여 데이터를 추가해야 하는 행과 열의 위치를 결정하여 일련번호를 추가하고 항목의 데이터를 입력 받는다. 4) 입력받은 데이터가 1~5의 값이 아니면 재입력을 요구하는 메시지 표시하고 재입력 받는다. 5) 입력받은 추가 데이터 수만큼 항목의 값과 조사자 수만큼의 데이터를 반복하여 입력한다.

따라하기

동작 1 Sheet4를 **조건문응용** 시트로 변경한다.

동작 2 〈그림 3.12〉를 참조하여 A1:G20범위에 5점 척도의 20문항 설문 자료를 입력하고 I1:Q20에 빈도 평균을 계산하기 위한 표를 작성한다.

동작 3 Module3에 VBA **자료추가** 프로시저를 삽입한다.

동작 4 다음의 **자료추가** VBA 프로시저를 작성한다.

```
Public Sub 자료추가()
    Dim mylast, myrow, mycolumn As Integer
    Dim myaddition As String
    If Cells(2, 1) = "" Then
        Cells(2, 1) = 1
        mylast = 1
    Else
        Range("A1").Select
        Selection.End(xlDown).Select
        mylast = Selection.Cells.Row
    End If
    myaddition = InputBox("추가로 입력할 데이터 개수를 입력하세요.", "데이터 입력")
    If myaddition = "" Then
        Exit Sub
    End If
    For myrow = mylast + 1 To mylast + myaddition
        Cells(myrow, 1).Value = Cells(myrow - 1, 1).Value + 1
        For mycolumn = 2 To 7
```

```
mm:     Cells(myrow, mycolumn).Select
        myimsi = InputBox(Cells(myrow, 1) & "번째 " & Cells(1, mycolumn) _
        & " 데이터를 입력하세요", Cells(myrow, mycolumn))
        If myimsi = -9 Then
            GoTo nn
        End If
        If myimsi = -99 Then
            Exit Sub
        End If
        Selection.Value = myimsi
        If Selection.Value = "" Then
        ElseIf Selection.Value > 5 Or Selection.Value < 1 Then
            MsgBox (Cells(myrow, 1) & "번째 " & Cells(1, mycolumn) & _
            "데이터 값이 범위를 벗어 났습니다")
            GoTo mm
        End If
    Next mycolumn
nn: Next myrow
End Sub
```

◎ 다음 코드는 첫 행의 행 제목만 입력되어 있으면 2행의 1열에 1을 넣고 mylast에 1을 입력한다. 아니면 A1셀을 선택한 후 A열의 마지막 행을 찾아 선택하고 mylast에 해당 행의 행 번호를 입력한다.

```
If Cells(2, 1) = "" Then
  Cells(2, 1) = 1
  mylast = 1
Else
  Range("A1").Select
  Selection.End(xlDown).Select
  mylast = Selection.Cells.Row
End If
```

◎ 다음 코드는 추가할 myaddition 변수에 추가할 데이터의 개수를 입력 받아 myaddition 변수의 값이 공백 이면 추가할 데이터가 없으므

로 **자료추가** 프로시저를 종료한다.

```
myaddition = InputBox("추가로 입력할 데이터 개수를 입력하세요.", "데이
터 입력")
If myaddition = "" Then
  Exit Sub
End If
```

◎ 다음 코드는 마지막 행의 값 다음 행(mymylast + 1)부터 추가할 데이터 개수(mylast + myaddition)만큼 For myrow…Next myrow 블록을 반복하여 데이터를 입력한다.

```
For myrow = mylast + 1 To mylast + myaddition
...
Next myrow
```

◎ 다음 코드는 마지막 데이터가 있는 행의 번호 항목의 값에 1을 추가하여 마지막 셀의 다음 셀에 번호를 입력하는 코드이다.

```
Cells(myrow, 1).Value = Cells(myrow - 1, 1).Value + 1
```

◎ 다음 코드는 myrow 행의 mycolumn 열의 2열에서 7열까지의 N번째 데이터를 InputBox를 통해 반복하여 입력받는 코드이다. 셀을 선택한 후 myimsi 변수에 InputBox를 통해 임시 값을 입력받아 -9이면 GoTo nn으로 다음 행 데이터를 입력하고 -99이면 **자료추가** 프로시저를 종료하고 데이터를 직접 입력하도록 한다.

```
For mycolumn = 2 To 7
mm:     Cells(myrow, mycolumn).Select
        myimsi = InputBox(Cells(myrow, 1) & "번째 " & Cells(1, mycolumn) _
        & " 데이터를 입력하세요", Cells(myrow, mycolumn))
        If myimsi = -9 Then
          GoTo nn
        End If
        If myimsi = -99 Then
          Exit Sub
```

```
        End If
        Selection.Value = myimsi
        ...
    Next mycolumn
```

◎ 다음 코드는 myimsi의 값을 선택된 셀에 입력하고 그 값이 공백이거나 취소 버튼을 클릭하였다면 해당 셀에 공백 데이터를 그대로 두고 For mycolumn…Next mycolumn 블록을 벗어나 다음 항목의 값을 입력받는다. 만약 셀의 값이 숫자로 입력되어 5보다 크거나 1보다 적으면 N번째 데이터의 값이 범위를 벗어났음을 알리는 MsgBox를 실행하고 데이터를 다시 입력받기 위해 GoTo mm 문을 실행하여 mm: 코드로 이동한다.

```
Selection.Value = myimsi
If Selection.Value = "" Then
ElseIf Selection.Value > 5 Or Selection.Value < 1 Then
    MsgBox (Cells(myrow, 1) & "번째 " & Cells(1, mycolumn) & _
    "데이터 값이 범위를 벗어 났습니다")
    GoTo mm
End If
```

◎ nn: Next myrow 코드는 For myrow와 블록을 구성하여 다음 행의 입력을 반복하기 위한 코드이다. 이 코드에서 nn:은 GoTo nn으로 다음 행을 증가 시키는 블록 지점으로 이동하기 위한 지점을 표시한다.

동작 5 양식 컨트롤의 단추를 H1:H5**셀 범위**에 위치시키고 텍스트는 **자료추가**로 하여 **자료추가** 프로시저를 실행시키는 단추를 삽입한다.

◎ **자료추가** 실행 단추가 삽입된 실행된 결과는 〈그림 3.13〉과 같다.

No	문항1	문항2	문항3	문항4	문항5	문항6
1	3	4	2	3	2	5
2	1	1	5	2	3	2
3	1	5	1	3	2	1
4	3	5	5	5	2	1
5	2	1	3	5	3	3
6	5	1	3	1	2	1
7	5	1	4	3	5	2
8	5	1	3	5	4	3
9	4	3	2	3	1	1
10	5	4	5	1	5	4
11	2	1	4	5	2	5
12	1	5	4	5	2	1
13	4	5	4	3	4	5
14	3	4	4	4	1	5
15	5	2	1	3	3	5
16	5	1	5	3	4	4
17	4	4	4	4	1	1
18	2	4	1	2	5	1
19	1	1	4	4	2	5
20	1	1	5	1	4	2

	응답인원	총점	매우불만	불만	보통	만족	매우만족	평균
			1점	2점	3점	4점	5점	
문항1								
문항2								
문항3								
문항4								
문항5								
문항6								

〈그림 3.13〉 자료추가 단추가 삽입된 결과

다음 [따라하기]는 만들어진 **자료추가** 프로시저를 이용하여 설문지 조사 자료를 추가로 입력하는 실습이다.

따라하기

동작 1 자료추가 단추를 클릭한다.

◎ 〈그림 3.14〉와 같은 데이터 입력 대화상자가 열린다.

◎ 취소 단추를 클릭하면 시트 상에서 직접 데이터를 입력할 수 있다.

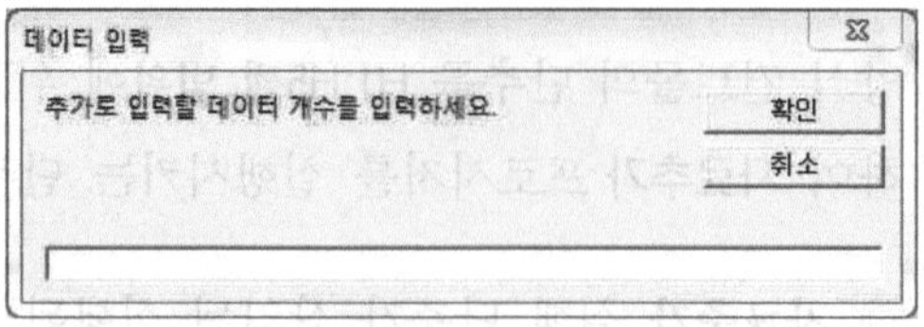

〈그림 3.14〉

동작 2 추가할 데이터 개수로 2를 입력하고 확인 단추를 클릭한다.

◎ 자동으로 추가할 위치의 행인 A22셀에 일련번호 22가 부여되고 B22셀이 선택되고 〈그림 3.15〉와 같이 **항목1**의 데이터 입력을 요구하는 대화상자가 열린다.

◎ 행의 데이터 입력을 원하지 않으면 -9를 남은 데이터 전체의 입력을 원하지 않으면 -99를 입력한다.

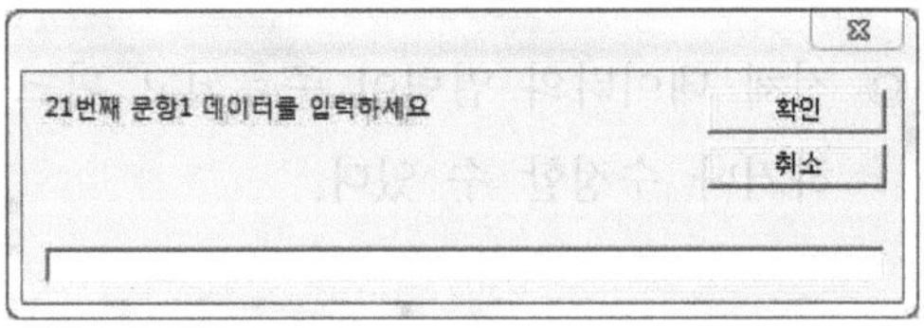

〈그림 3.15〉 항목1 데이터 입력 대화상자

동작 3 **문항1**의 데이터로 4를 입력하고 Enter 키 또는 확인 단추를 클릭한다.

◎ 문항1 데이터가 4로 입력되고 〈그림 3.16〉과 같이 문항2 입력을 요구하는 대화상자가 열린다.

◎ 행의 데이터 입력을 원하지 않으면 -9를 남은 데이터 전체의 입력을 원하지 않으면 -99를 입력한다.

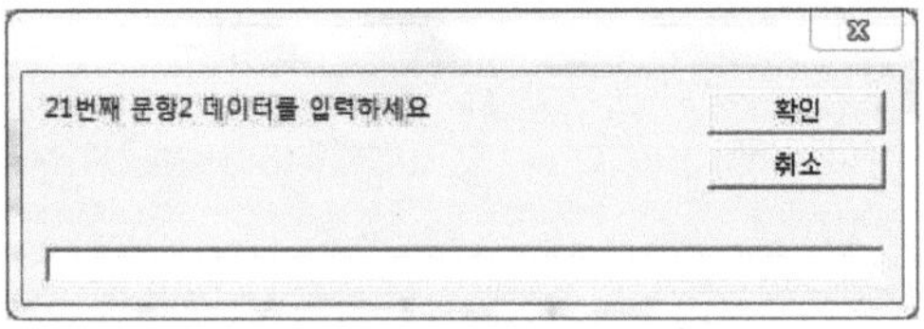

〈그림 3.16〉 항목2 데이터 입력 대화상자

동작 4 **문항2**의 데이터로 -9를 입력하고 Enter 키 또는 확인 단추를 클릭한다.

◎ 21번째 행의 데이터 입력이 종료되고 〈그림 3.17〉과 같이 22번째 문항1 데이터 입력을 요구하는 대화상자가 열린다.

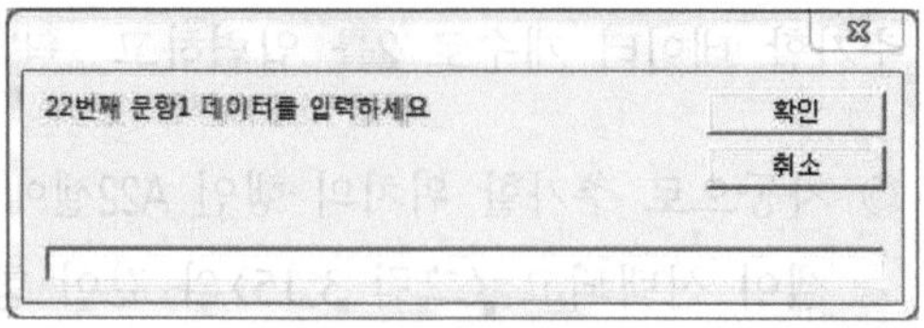

〈그림 3.17〉 22번째 항목1 데이터 입력 대화상자

동작 5 **22번째 문항1**의 데이터로 -99를 입력하고 Enter 키 또는 확인 단추를 클릭한다.

◎ 전체 데이터의 입력이 종료되고 워크시트에서 직접 데이터를 입력하거나 수정할 수 있다.

동작 6 **21번째 행**의 데이터를 삭제한다.

◎ 조사 자료를 20개만 유지되도록 한다.

다음 [따라하기]는 문항별 전체 응답인원과 항목별 응답인원을 계산하는 **빈도계산** 프로시저를 작성한 후 양식 컨트롤의 단추를 H5:H8에 위치시키고 단추의 텍스트를 빈도계산으로 하여 **빈도계산** 프로시저를 실행하는 실습이다.

따라하기

동작 1 Module3에 VBA **빈도계산** 프로시저를 삽입한다.

동작 2 다음의 **빈도계산** VBA 프로시저를 작성한다.

```
Public Sub 빈도계산()
    Dim mylast, myrow, mycolumn As Integer
    Range("A1").Select
```

```
    Selection.End(xlDown).Select
    mylast = Selection.Cells.Row
    For myrow = 2 To mylast
        For mycolumn = 2 To 7
            Select Case Cells(myrow, mycolumn)
                Case 1
                    Cells(mycolumn * 3 - 3, 12) = Cells(mycolumn _
                    * 3 - 3, 12) + 1
                Case 2
                    Cells(mycolumn * 3 - 3, 13) = Cells(mycolumn _
                    * 3 - 3, 13) + 1
                Case 3
                    Cells(mycolumn * 3 - 3, 14) = Cells(mycolumn _
                    * 3 - 3, 14) + 1
                Case 4
                    Cells(mycolumn * 3 - 3, 15) = Cells(mycolumn _
                    * 3 - 3, 15) + 1
                Case 5
                    Cells(mycolumn * 3 - 3, 16) = Cells(mycolumn _
                    * 3 - 3, 16) + 1
            End Select
        Next mycolumn
    Next myrow
End Sub
```

◎ 다음 코드는 mylast 변수에 데이터가 입력되어 있는 마지막 행의 위치를 구해 넣는다.

```
Range("A1").Select
Selection.End(xlDown).Select
mylast = Selection.Cells.Row
```

◎ 다음 코드는 myrow의 값이 2행에서 마지막 행(mylast)까지 반복하면서 mycolumn의 값이 2열에서 7열까지의 데이터를 대상으로 조건에 맞는 빈도(…)를 반복하여 계산한다.

```
For myrow = 2 To mylast
   For mycolumn = 2 To 7
              ...
   Next mycolumn
Next myrow
```

◎ 다음 코드는 Select Case … End Select 블록의 조건을 이용하여 Cells(myrow, mycolumn) 셀의 값에 따라 1이면 1의 빈도에 해당하는 항목 L3셀(Cells(mycolumn * 3 – 3, 12))에 1을 증가 시키고 2이면 2의 빈도에 해당하는 항목 M3셀(Cells(mycolumn * 3 – 3, 13))에 1을 증가 시키고 3이면 3의 빈도에 해당하는 항목 N3셀(Cells(mycolumn * 3 – 3, 14))에 1을 증가 시키고 4이면 4의 빈도에 해당하는 항목 O3 셀(Cells(mycolumn * 3 – 3, 14))에 1을 증가 시키고 5이면 5의 빈도에 해당하는 항목 P3셀(Cells(mycolumn * 3 – 3, 15))에 1을 증가 시킨다.

```
Select Case Cells(myrow, mycolumn)
    Case 1
      Cells(mycolumn * 3 – 3, 12) = Cells(mycolumn * 3 – 3, 12) _
           + 1
    Case 2
      Cells(mycolumn * 3 – 3, 13) = Cells(mycolumn * 3 – 3, 13) _
           + 1
    Case 3
      Cells(mycolumn * 3 – 3, 14) = Cells(mycolumn * 3 – 3, 14) _
           + 1
    Case 4
      Cells(mycolumn * 3 – 3, 15) = Cells(mycolumn * 3 – 3, 15) _
           + 1
    Case 5
      Cells(mycolumn * 3 – 3, 16) = Cells(mycolumn * 3 – 3, 16) _
           + 1
End Select
```

동작 3 양식 컨트롤의 단추를 H6:H10**셀 범위**에 위치시키고 텍스트는 **빈도계산**으로 하여 **빈도계산** 프로시저를 실행시키는 단추를 삽입한다.

◎ **빈도계산** 실행 단추가 삽입된다.

동작 4 **빈도계산** 실행 단추를 클릭하여 빈도를 계산한다.

◎ 빈도계산이 완료된 실행된 결과는 〈그림 3.18〉과 같다.

	A	B	C	D	E	F	G	H
1	No	문항1	문항2	문항3	문항4	문항5	문항6	
2	1	3	4	2	3	2	5	
3	2	1	1	5	2	3	2	자료추가
4	3	1	5	1	3	2	1	
5	4	3	5	5	5	2	1	
6	5	2	1	3	5	3	3	
7	6	5	1	3	1	2	1	
8	7	5	1	4	3	5	2	빈도계산
9	8	5	1	3	5	4	3	
10	9	4	3	2	3	1	1	
11	10	5	4	5	1	5	4	
12	11	2	1	4	5	2	5	
13	12	1	5	4	5	2	1	
14	13	4	5	4	3	4	5	
15	14	3	4	4	4	1	5	
16	15	5	2	1	3	3	5	
17	16	5	1	5	3	4	4	
18	17	4	4	4	4	1	1	
19	18	2	4	1	2	5	1	
20	19	1	1	4	4	2	5	
21	20	1	1	5	1	4	2	

I	J	K	L	M	N	O	P	Q
	응답인원	총점	매우불만	불만	보통	만족	매우만족	평균
			1점	2점	3점	4점	5점	
문항1			5	3	3	3	6	
문항2			9	1	1	5	4	
문항3			3	2	3	7	5	
문항4			3	2	7	3	5	
문항5			3	7	3	4	3	
문항6			7	3	2	2	6	

〈그림 3.18〉 빈도계산 프로시저를 실행한 결과

다음 [따라하기]는 빈도 값으로 아래의 식을 참조하여 필요한 통계를 계산하는 **빈도평균** 프로시저를 작성한 후 양식 컨트롤의 단추를 H11:H15에 위치시키고 단추의 텍스트를 빈도평균으로 하여 빈도평균 프로시저를 실행하는 실습이다.

- 문항의 응답인원 계산(예: J4셀 등) : 각 항목의 빈도를 모두 합한 값
- 항목점수(예: L4셀 등) : 항목별 빈도 * 항목별 점수(예: 빈도가 2이고, 항목 점수가 1인 경우의 항목점수는 1*2 = 2가 됨)
- 항목점수의 백분율(예: L5셀 등) : 항목별 빈도수 / 응답인원
- 총점(예: K4셀 등) : 각 항목의 항목 점수를 모두 합한 값
- 평균(예: Q3셀 등) : 총점 / 응답인원

Help!!

프로시저에서 워크시트 수식 및 함수의 이용

워크시트 상에서 직접 사용하는 수식 및 함수를 이용하면 쉽게 문제를 해결할 수 있다.
1) SUM 함수와 복사 기능을 사용하여 응답인원을 계산 한다. 2) 반복문을 이용하여 항목점수를 계산한다. 3) 반복문을 이용하여 함목 점수의 백분율을 계산한다. 4) SUM 함수와 복사 기능을 사용하여 총점을 계산 한다. 5) 수식과 복사 기능을 사용하여 평균을 계산 한다.

따라하기

동작 1 Module3에 VBA **빈도평균** 프로시저를 삽입한다.

동작 2 다음의 **빈도평균** VBA 프로시저를 작성한다.

```
Public Sub 빈도평균()
    Dim myrow, mycolumn As Integer
    If Cells(3, 12) = "" Then Exit Sub

    Range("J3").Select
    ActiveCell.FormulaR1C1 = "=SUM(RC[2]:RC[6])"
    Selection.AutoFill Destination:=Range("J3:J20"), Type:=xlFillDefault

    For myrow = 4 To 19 Step 3
        For mycolumn = 1 To 5
            Cells(myrow, mycolumn + 11) = Cells(myrow - 1, mycolumn _
            + 11) * mycolumn
        Next mycolumn
    Next myrow

    For myrow = 5 To 20 Step 3
```

```
        For mycolumn = 1 To 5
            Cells(myrow, mycolumn + 11) = Cells(myrow - 2, mycolumn _
            + 11) / Cells(myrow - 2, 10)
            Cells(myrow, mycolumn + 11).NumberFormatLocal = "0%"
        Next mycolumn
    Next myrow

    Range("k3").Select
    ActiveCell.FormulaR1C1 = "=SUM(R[1]C[1]:R[1]C[5])"
    Selection.AutoFill Destination:=Range("K3:K20"), Type:=xlFillDefault

    Range("Q3").Select
    ActiveCell.FormulaR1C1 = "=RC[-6]/RC[-7]"
    Selection.AutoFill Destination:=Range("Q3:Q20"), Type:=xlFillDefault
End Sub
```

◎ 다음 코드는 L2(Cells(3, 12)) 셀의 값이 공백이면 빈도계산이 수행되지 않은 것으로 보고 **빈도평균** 프로시저를 종료하는 코드이다. Exit Sub 코드는 해당 프로시저의 블록을 벗어나 프로시저를 종료한다.

```
If Cells(3, 12) = "" Then Exit Sub
```

◎ 다음 코드는 문항별 응답인원을 계산하는 코드이다. J3 셀 선택한 후 해당 셀의 수식을 R1C1방식의 수식으로 SUM 함수를 이용하여 L3:P3 셀 범위의 총계를 계산 한다(=SUM(RC[2]:RC[6])). 다음으로 J3 셀의 수식을 J3:J20 셀에 복사한다. R1C1 주소 지정 방식은 VBA 프로그래밍에서 수식을 워크시트 방식으로 계산할 수 있는 셀 지정 방식이다. R1C1 주소 지정 방식은 선택된 셀을 기준으로 대괄호([]) 내의 값에 따라 해당 셀의 위치를 상대적으로 표시한다. 예를 들어 현재 셀 J3을 기준으로 RC[2]의 셀 주소는 L3이 된다. 따라서 RC[2]:RC[6]은 L3:P3의 범위를 지정한 것과 같다.

```
Range("J3").Select
ActiveCell.FormulaR1C1 = "=SUM(RC[2]:RC[6])"
Selection.AutoFill Destination:=Range("J3:J20"), Type:=xlFillDefault
```

◎ 다음 코드는 빈도에 항복의 값을 곱해 빈도 값을 계산하는 코드로 행은 4행에서 19행까지 3행씩 증가시키고 열은 1부터 5까지 1씩 증가시키면서 11을 더해 L4에서 P4까지의 셀을 반복적으로 지정하여 해당 빈도의 항목 값을 곱한다.

```
For myrow = 4 To 19 Step 3
    For mycolumn = 1 To 5
        Cells(myrow, mycolumn + 11) = Cells(myrow - 1, mycolumn + 11) _
                * mycolumn
    Next mycolumn
Next myrow
```

◎ 다음 코드는 항목별 빈도에 응답인원을 나누어 응답인원에 따른 빈도의 백분율을 계산하는 코드로 행은 5행에서 20행까지 3행씩 증가시키고 열은 1부터 5까지 1씩 증가시키면서 11을 더해 L5에서 P5까지의 셀을 반복적으로 지정하여 해당 빈도의 응답인원에 따른 백분율을 계산하고 셀의 표시 형식을 %로 지정한다.

```
For myrow = 5 To 20 Step 3
   For mycolumn = 1 To 5
       Cells(myrow, mycolumn + 11) = Cells(myrow - 2, mycolumn + 11) _
       / Cells(myrow - 2, 10)
       Cells(myrow, mycolumn + 11).NumberFormatLocal = "0%"
   Next mycolumn
Next myrow
```

◎ 다음 코드는 빈도의 총점을 계산하는 코드이다. K3 셀 선택한 후 선택된 셀을 기준으로 수식을 R1C1방식으로 수식 =SUM(R[1]C[1]:R[1]C[5])을 이용하여 L4:P4 셀 범위의 총계를 계산 한다. 다음으로 K3 셀의 수식을 K3:K20 셀에 복사한다.

```
Range("k3").Select
ActiveCell.FormulaR1C1 = "=SUM(R[1]C[1]:R[1]C[5])"
Selection.AutoFill Destination:=Range("K3:K20"), Type:=xlFillDefault
```

◎ 다음 코드는 빈도의 총점에 응답인원을 나누어 평균을 계산하는 코드이다. Q3 셀을 선택한 후 선택된 셀을 기준으로 수식을 R1C1방식으로 총점/응답인원(=RC[-6]/RC[-7])으로 평균을 계산한 다음 Q3:Q20 셀에 복사한다.

```
Range("Q3").Select
ActiveCell.FormulaR1C1 = "=RC[-6]/RC[-7]"
Selection.AutoFill Destination:=Range("Q3:Q20"), Type:=xlFillDefault
```

동작 3 양식 컨트롤의 단추를 **H11:H15 셀 범위**에 위치시키고 텍스트는 **빈도평균**으로 하여 **빈도평균** 프로시저를 실행시키는 단추를 삽입한다.

◎ **빈도평균** 실행 단추가 삽입된다.

동작 4 **빈도평균** 실행 단추를 클릭하여 각 항목에 필요한 계산을 수행한다.

◎ 빈도평균 프로시저가 실행된 결과는 〈그림 3.19〉와 같다.

	A	B	C	D	E	F	G	H	I	J	K	L	M	N	O	P	Q
1	No	문항1	문항2	문항3	문항4	문항5	문항6			응답인원	총점	매우불만	불만	보통	만족	매우만족	평균
2	1	3	4	2	3	2	5					1점	2점	3점	4점	5점	
3	2	1	1	5	2	3	2	자료추가				5	3	3	3	6	
4	3	1	5	1	3	2	1		문항1	20	62	5	6	9	12	30	3.1
5	4	3	5	5	5	2	1					25%	15%	15%	15%	30%	
6	5	2	1	3	5	3	3					9	1	1	5	4	
7	6	5	1	3	1	2	1		문항2	20	54	9	2	3	20	20	2.7
8	7	5	1	4	3	5	2	빈도계산				45%	5%	5%	25%	20%	
9	8	5	1	3	5	4	3					3	2	3	7	5	
10	9	4	3	2	3	1	1		문항3	20	69	3	4	9	28	25	3.45
11	10	5	4	5	1	5	4					15%	10%	15%	35%	25%	
12	11	2	1	4	5	2	5					3	2	7	3	5	
13	12	1	5	4	5	2	1	빈도평균	문항4	20	65	3	4	21	12	25	3.25
14	13	4	5	4	3	4	5					15%	10%	35%	15%	25%	
15	14	3	4	4	4	1	5					3	7	3	4	3	
16	15	5	2	1	3	3	5		문항5	20	57	3	14	9	16	15	2.85
17	16	5	1	5	3	4	4					15%	35%	15%	20%	15%	
18	17	4	4	4	4	1	1					7	3	2	2	6	
19	18	2	4	1	2	5	1		문항6	20	57	7	6	6	8	30	2.85
20	19	1	1	4	4	2	5					35%	15%	10%	10%	30%	
21	20	1	1	5	1	4	2										

〈그림 3.19〉 빈도평균 프로시저를 실행한 결과

다음 [따라하기]는 계산된 빈도계산 및 빈도평균을 초기화 시키는 **빈도초기화** 프로시저를 작성한 후 양식 컨트롤의 단추를 H16:H20에 위치시키고 단추의 텍스트를 초기화로 하여 빈도초기화 프로시저를 실행하는 실습이다.

Help!!

빈도초기화 프로시저 작성

빈도가 계산된 J3:Q20 셀 범위의 모든 값을 한꺼번에 간단히 초기화 할 수 있으나 반복문을 이용한 단계별 초기화를 수행하는 코드로 작성한다. 1) 반복문을 이용하여 빈도를 모두 0으로 초기화 한다. 2) 반복문을 이용하여 빈도평균으로 계산된 모든 항목의 값을 0으로 초기화 한다.

따라하기

동작 1 Module3에 VBA **빈도초기화** 프로시저를 삽입한다.

동작 2 다음의 **빈도초기화** VBA 프로시저를 작성한다.

```
Public Sub 빈도초기화()
    Dim myrow, mycolumn As Integer
    For myrow = 2 To 7
        For mycolumn = 12 To 16
            Cells(myrow * 3 - 3, mycolumn) = 0
        Next mycolumn
    Next myrow
    For myrow = 4 To 19 Step 3
        Cells(myrow - 1, 10) = 0
        Cells(myrow - 1, 11) = 0
        Cells(myrow - 1, 17) = 0
        For mycolumn = 1 To 5
            Cells(myrow, mycolumn + 11) = 0
            Cells(myrow + 1, mycolumn + 11) = 0
        Next mycolumn
    Next myrow
End Sub
```

◎ 다음 코드는 반복문을 이용하여 **빈도계산** 프로시저로 계산된 빈도를 0으로 초기화하는 코드이다.

```
For myrow = 2 To 7
    For mycolumn = 12 To 16
        Cells(myrow * 3 - 3, mycolumn) = 0
    Next mycolumn
Next myrow
```

◎ 다음 코드는 반복문을 이용하여 **빈도평균** 프로시저로 계산된 모든 계산 항목의 값을 0으로 초기화하는 코드이다.

```
For myrow = 2 To 7
    For mycolumn = 12 To 16
        Cells(myrow * 3 - 3, mycolumn) = 0
    Next mycolumn
Next myrow
```

Help!!

간단한초기화 프로시저 작성

다음 **간단한초기화** 프로시저를 이용하면 빈도가 계산된 J3:Q20 셀 범위의 모든 값을 한꺼번에 간단히 초기화 할 수 있다.

```
Public Sub 간단한초기화()
    Range("J3:Q20").Select
    Selection.Value = 0
End Sub
```

동작 3 양식 컨트롤의 단추를 **H16:H20셀 범위**에 위치시키고 텍스트는 **초기화**로 하여 **빈도초기화** 프로시저를 실행시키는 단추를 삽입한다.

◎ **빈도초기화** 실행 단추가 삽입된다.

동작 4 **초기화** 실행 단추를 클릭하여 초기화 한다.

◎ 초기화가 완료된 실행된 결과는 〈그림 3.20〉과 같다.

	A	B	C	D	E	F	G	H	I	J	K	L	M	N	O	P	Q
1	No	문항1	문항2	문항3	문항4	문항5	문항6			응답인원	총점	매우불만	불만	보통	만족	매우만족	평균
2	1	3	4	2	3	2	5					1점	2점	3점	4점	5점	
3	2	1	1	5	2	3	2	자료추가				0	0	0	0	0	
4	3	1	5	1	3	2	1		문항1	0	0	0	0	0	0	0	0.00
5	4	3	5	5	5	2	1					0%	0%	0%	0%	0%	
6	5	2	1	3	5	3	3					0	0	0	0	0	
7	6	5	1	3	1	2	1		문항2	0	0	0	0	0	0	0	0.00
8	7	5	1	4	3	5	2	빈도계산				0%	0%	0%	0%	0%	
9	8	5	1	3	5	4	3					0	0	0	0	0	
10	9	4	3	2	3	1	1		문항3	0	0	0	0	0	0	0	0.00
11	10	5	4	5	1	5	4					0%	0%	0%	0%	0%	
12	11	2	1	4	5	2	5					0	0	0	0	0	
13	12	1	5	4	5	2	1	빈도평균	문항4	0	0	0	0	0	0	0	0.00
14	13	4	5	4	3	4	5					0%	0%	0%	0%	0%	
15	14	3	4	4	4	1	5					0	0	0	0	0	
16	15	5	2	1	3	3	5		문항5	0	0	0	0	0	0	0	0.00
17	16	5	1	5	3	4	4					0%	0%	0%	0%	0%	
18	17	4	4	4	4	1	1	초기화				0	0	0	0	0	
19	18	2	4	1	2	5	1		문항6	0	0	0	0	0	0	0	0.00
20	19	1	1	4	4	2	5					0%	0%	0%	0%	0%	
21	20	1	1	5	1	4	2										

〈그림 3.20〉 빈도초기화 프로시저를 실행한 결과

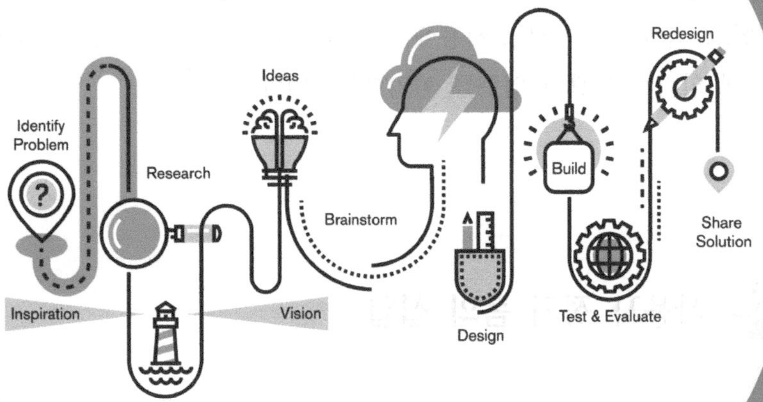

CHAPTER

4

사용자 정의 폼

사용자 정의 폼은 윈도우 프로그램에서 가장 중요한 사용자 인터페이스의 한 요소인 대화상자를 사용자가 원하는 형태로 작성한 폼을 말한다. 사용자 정의 폼은 폼에 다양한 기능을 제어하는 컨트롤을 배치하여 사용자의 편리성 및 가시성을 높일 수 있고 엑셀의 워크시트 사용에 익숙하지 않은 사용자도 폼을 이용하여 데이터를 손쉽게 입력하고 관련 업무를 처리할 수 있다.

4.1 사용자 정의 폼의 삽입

사용자 정의 폼을 만들려면 비주얼 베이직 편집기를 실행하고 프로젝트 창에서 워크북의 프로젝트를 선택한 후 메뉴에서 **삽입(I) - 사용자 정의 폼(U)**을 클릭하면 된다. 사용자 정의 폼은 기본적으로 UserForm1, UserForm2, …와 같은 이름을 부여받는다. 부여된 이름은 사용자의 필요에 따라 이름을 변경할 수 있다.

다음 [따라하기]는 사용자 정의 폼 작성을 위해 비주얼 베이직 편집기(VBE, visual basic editor)에서 원하는 현재 통합 문서에 사용자 정의 폼을 삽입한 후 폼의 이름을 **내가만든폼**으로 수정하고 폼 제목을 **내가 만든 폼**으로 변경하는 실습이다.

따라하기

동작 1 새 통합 문서의 Sheet1에서 개발 도구 리본 메뉴에서 코드 그룹의 Visual Basic ( )을 클릭하고 VB 편집기 메뉴의 삽입(I)을 클릭하여 표시된 부 메뉴에서 사용자 정의 폼(U) 을 클릭한다.

◎ 〈그림 4.1〉과 같이 사용자 정의 폼 작성 창이 열린다.

◎ UserForm1이 프로젝트 탐색기에 표시되고 프로젝트 탐색기 오른쪽에 UserForm1이 활성화되어 생성된다.

◎ 사용자 정의 폼에 사용할 수 있는 도구 상자도 함께 표시된다.

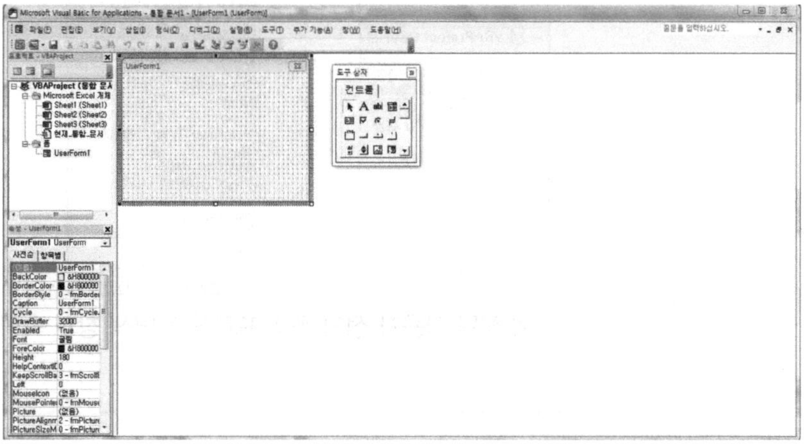

〈그림 4.1〉 사용자 정의 폼 삽입 실행 창

Help!!

컨트롤 도구 상자

사용자 정의 폼을 삽입하면 폼에 사용할 수 있는 ActiveX 컨트롤을 표시하는 도구상자(toolbox)도 함께 표시된다. 도구 상자가 화면에 보이지 않을 경우 보기 - 도구 상자 메뉴를 차례로 클릭하면 도구 상자가 화면에 표시된다. 사용자 정의 폼에는 도구상자에 표시된 컨트롤 외에 다른 ActiveX 컨트롤을 추가하여 사용할 수 있다.

동작 2 좌측 하단의 속성 - UserForm1 창에서 (이름) 항목의 UserForm1을 **내가만든폼**으로 수정하고 Caption 항목의 UserForm1을 **내가 만든 폼**으로 수정한다.

◎ 사용자 정의 폼 이름이 **내가만든폼**으로 바뀌어 좌측 상단의 프로젝트 탐색 창과 속성 창에 사용자 정의 폼 이름으로 **내가만든폼**이 표시된다.

◎ 사용자 정의 폼의 제목(Caption)이 **내가 만든 폼**으로 수정된다.

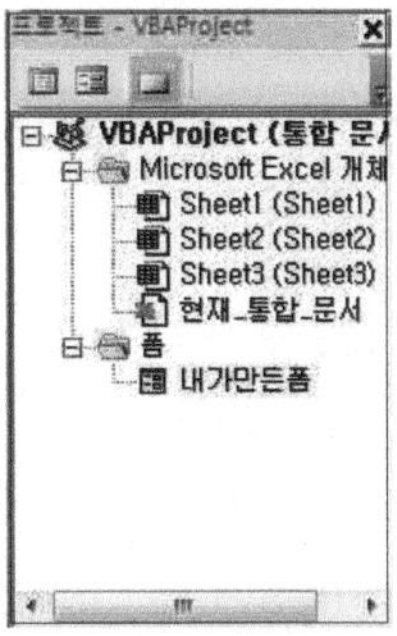

〈그림 4.2〉 수정된 사용자 정의 폼의 프로젝트 탐색 창과 속성 창

Help!!

속성의 항목 표시

사용자 정의 폼의 속성을 표시하는 방법은 사전순, 항목별 두 가지 방법이 있다. 사전순을 속성의 순서를 알파벳 순서로 나열한 것이고 항목별 순은 그림, 글꼴, 기타, 동작, 모양, 스크롤, 위치 등의 항목으로 나누어 나열한 것이다. 사용자의 편리에 따라 원하는 순서를 선택하여 사용한다. 속성 창이 열려 있지 않으면 **F4** 함수 키를 누른다.

4.2 사용자 정의 폼 실행

사용자 정의 폼을 화면에 표시하려면 사용자 정의 폼 개체의 Show 메서드를 사용한다. 사용자 정의 폼이 나타나면 폼을 닫기 전까지는 화면에 계속 표시되므로 폼을 닫을 때는 우측 상단의 닫기 단추를 이용하여 폼을 닫는다. 일반적으로 사용자 정의 폼을 닫는 프로시저를 실행시키기 위해 명령 실행 단추를 폼에 추가한다.

다음 [따라하기]는 새 통합 문서의 Sheet1에 **내가만든폼**을 실행시키기 위해 **내가만든폼실행** 프로시저를 Module1에 작성하고 이를 실행하기 위한 양식 단추를 H1:I2 범위에 만들어 텍스트는 **마이 폼 실행**으로 하여 사용자 정의 폼을 실행시키는 실습이다.

따라하기

동작 1 사용자 정의 폼이 있는 VBE 창에서 삽입(I) 를 클릭하여 표시된 메뉴에서 모듈(M) 을 클릭한다.

◎ 모듈 폴더 아래에 Module1이 생기고 우측에 프로시저를 입력할 수 있는 공간이 열린다.

동작 2 우측의 프로시저 입력 공간에 다음의 **내가만든폼실행** 프로시저를 작성한다.

```
Public Sub 내가만든폼실행()
    내가만든폼.Show
End Sub
```

◎ 사용자 정의 폼을 화면에 표시하려면 사용자 정의 폼 개체의 Show 메서드를 사용한다.

◎ **내가만든폼.Show**는 사용자 정의 폼 내가만든폼을 화면에 표시하는 코드이다.

동작 3 양식 컨트롤 단추를 Sheet1의 **H1:I2 셀 범위**에 위치시키고 텍스트는 **마이 폼 실행**으로 하여 **내가만든폼실행** 프로시저를 실행시키는 단추를 삽입한다.

◎ **내가만든폼실행** 실행 단추가 삽입된다.

동작 4 **마이 폼 실행** 단추를 클릭하여 **내가만든폼**을 실행한다.

◎ 사용자 정의 폼 **내가만든폼**이 실행된 결과는 〈그림 4.3〉과 같다.

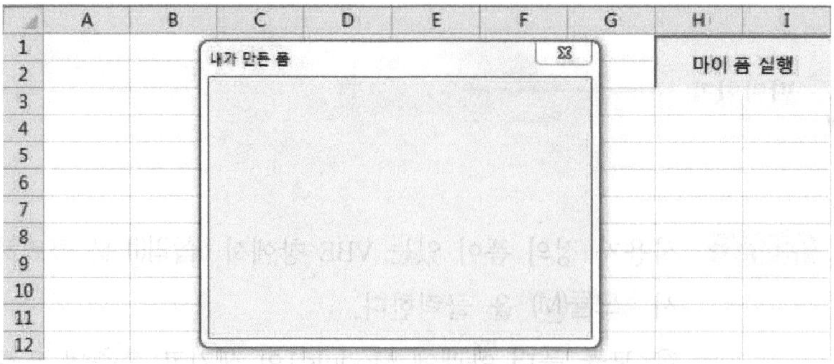

〈그림 4.3〉 내가만든폼의 실행

동작 5 닫기 단추를 클릭하여 **내가만든폼**을 닫는다.

4.3 컨트롤 도구 상자의 사용

사용자 정의 폼에 컨트롤들을 추가하려면 비주얼 베이직 편집기을 실행한 후 사용자 정의 폼의 디자인 상태에서 표시된 도구 상자를 사용한다. 만약 도구 상자가 화면에 표시되지 않으면 **보기**를 클릭해 표시된 메뉴에서 **도구 상자**를 선택하여 표시한다.

4.3.1 컨트롤 도구 상자

사용자 정의 폼에 컨트롤을 추가하려면 도구 상자에서 추가하고자 하는 컨트롤을 클릭하여 사용자 정의 폼 내에서 클릭하거나 드래그하여 컨트롤을 삽입한다. 사용자 정의 폼에 사용할 수 있는 표준 컨트롤을 간략히 설명하면 다음과 같다.

① 개체 선택

개체 선택 컨트롤은 폼에 삽입된 컨트롤을 선택하여 컨트롤의 크기를 재조정하거나 위치를 이동시킬 때 사용하는 컨트롤이다.

② 레이블(Label)

레이블은 사용자 정의 폼에 단순히 문자열을 표시하는 컨트롤로 제목이나 설명 등 수정할 수 없는 문자열을 표시하는 컨트롤이다.

③ 텍스트 상자(TextBox)

텍스트 상자는 사용자가 사용자 정의 폼에서 텍스트를 입력할 수 있도록 하는 컨트롤이다.

④ 콤보 상자(ComboBox)

콤보 상자는 목록 상자(ListBox)와 유사하지만 콤보 박스는 드롭-다운(drop-down) 상자로 표시된 목록에서 원하는 목록을 선택하여 입력할 수 있다. 속성의 지정에 따라 항목에 없는 값을 입력하도록 할 수도 있고 목록에 표시된 값만을 입력하도록 할 수 있다.

⑤ 목록 상자(ListBox)

목록 상자는 사용자가 선택할 수 있는 여러 내용을 목록으로 표시하는 컨트롤이다.

⑥ 확인란(CheckBox)

확인란은 여러 선택 사항 중에서 사용자가 원하는 항목을 다중 선택할 수 있게 하는 컨트롤로 체크 박스에 체크되어 있으면 참(True)으로 선택을 나타내고 아니면 거짓(False)으로 선택 되지 않았음을 나타낸다.

⑦ 옵션 단추(CommendButton)

옵션 단추는 여러 개(두개 이상)의 항목을 가지는 그룹에서 하나의 항목만을 선택하는 컨트롤이다.

⑧ 토글 단추(ToggleButton)

토글 단추는 ON과 OFF 두 가지 상태를 갖는데 단추를 클릭하면 ON에서 OFF 또는 OFF에서 ON으로 전환되는 컨트롤이다.

⑨ 명령 단추(CommendButton)

명령 단추는 사용자가 원하는 명령을 수행할 수 있도록 이벤트 코드를 실행시키는 컨트롤이다.

⑩ 연속 탭(TabStrip)

연속 탭은 다중 선택사항을 폴더 형태로 표시하는 컨트롤이다.

⑪ 다중 페이지(MultiPage)

연속 페이지 컨트롤은 탭이 달린 대화 상자를 만들 수 있게 해준다. 기본적으로 다중 페이지 컨트롤은 두 개의 페이지를 가지고 페이지를 추가하고 싶으면 삽입된 페이지의 탭에서 우측 단추를 클릭하여 표시된 메뉴에서 새 페이지를 선택한다.

⑫ 스크롤 막대(ScrollBar)

스크롤 막대 컨트롤은 스핀 단추와 유사하게 컨트롤의 값을 증가시키거나 감소시킬 수 있으나 스크롤 막대는 컨트롤의 값을 크게 변화시킬 수 있고 스크롤 막대를 드래그하여 값을 바꿀 수 있다.

⑬ 스핀 단추(SpinButton)

스핀 단추는 단추에 표시된 두 개의 단추 중 하나를 눌러 값을 변화시킬 수 있는 컨트롤로 텍스트 상자 또는 레이블과 연결되어 사용된다.

⑭ 이미지(Image)

이미지 컨트롤은 파일이나 클립보드에서 가져온 그래픽 이미지를 표시할 때 사용된다. 이때 사용된 그래픽 이미지는 워크북에 포함되어 저장된다.

4.3.2 레이블과 텍스트 상자, 프레임 컨트롤

[예제1] 새 통합 문서에서 Sheet1을 **진료예약** 시트로 변경하고 1행에 접수번호, 접수일, 성명, 전화번호, 진료예약과, 진료예약일, 진료예약시간 항목을 차례로 입력하고 텍스트 상자와 레이블 컨트롤을 이용하여 〈그림 4.4〉와 같은 사용자 정의 폼으로 **진료예약폼**을 작성하고 폼을 이용하여 데이터가 입력되도록 하시오.

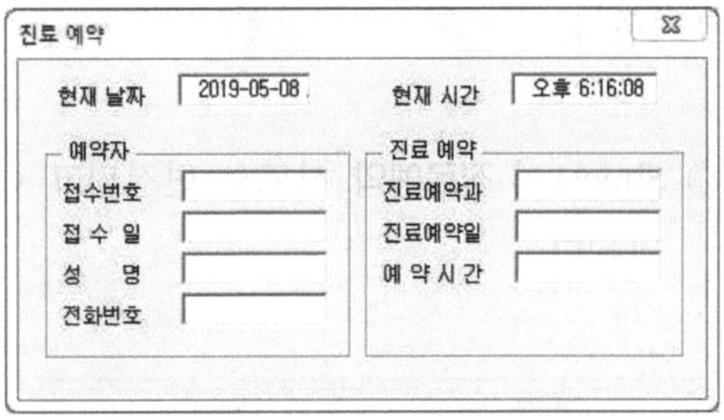

〈그림 4.4〉 사용자 정의 진료예약폼

요구사항

◎ Sheet1을 **진료예약** 시트로 바꾸고 〈그림 4.5〉와 같이 A1:G1 범위의 배경색을 흰색, 배경1, 15% 더 어둡게로 지정하고 진료예약폼을 이용하여 데이터가 입력되도록 하시오.

- 사용자 정의 폼 이름은 **진료예약폼**으로 하고 대화 상자의 제목은 **진료 예약**으로 한다.
- **진료예약폼**을 실행하면 현재 날짜와 현재 시간으로 **시스템 날짜와 시간**이 표시되도록 한다.
- **진료예약폼**을 실행시키는 명령 단추를 진료예약 시트의 **H1:I2**에 위치시키고 텍스트는 **진료 예약**으로 한다.

다음 [따라하기]는 **새 통합 문서**에서 Sheet1의 이름을 **진료예약**으로 변경하고 항목을 추가한 후 사용자 정의 폼 작성을 위해 비주얼 베이직 편집기(VBE, visual basic editor)를 실행하고 원하는 사용자 정의 폼을 삽입한 후 폼의 이름을 **진료예약폼**으로 수정한 다음 폼 제목을 **진료 예약**으로 변경하는 실습이다.

따라하기

동작 1 새 통합 문서에서 Sheet1을 **진료예약** 시트로 바꾸고 〈그림 4.5〉와 같이 **A1:G1** 범위의 배경색을 **흰색, 배경1, 15% 더 어둡게**로 지정하고 항목명을 추가한다.

◎ Sheet1이 **진료예약** 시트로 변경되고 〈그림 4.5〉와 같이 항목명이 추가된다.

A
B
C
D
E
F
G
H
I
1 접수번호
접수일
성명
전화번호
진료예약과
진료예약일
진료예약시간
2
3
4
5
6
7
8
9
10

〈그림 4.5〉 진료예약 시트

동작 2 **진료예약** 시트에서 개발 도구 리본 메뉴에서 코드 그룹의 Visual Basic ( )을 클릭하고 VB 편집기 메뉴의 삽입(I) 을 클릭하여 표시된 부 메뉴에서 사용자 정의 폼(U) 을 클릭한다.

◎ UserForm1이 프로젝트 탐색기에 표시되고 프로젝트 탐색기 오른쪽에 UserForm1이 활성화되어 생성된다.

동작 3 좌측 하단의 속성 - UserForm1 창에서 (이름) 항목의 UserForm1을 **진료예약폼**으로 수정하고 Caption 항목의 UserForm1을 **진료 예약**으로 수정한다.

◎ 사용자 정의 폼 이름이 **진료예약폼**으로 바뀌어 좌측 상단의 프로젝트 탐색 창과 속성 창에 사용자 정의 폼 이름으로 **진료예약폼**이 표시된다.

◎ 사용자 정의 폼의 제목(Caption)이 **진료 예약**으로 수정된다.

다음 [따라하기]는 **진료예약** 시트에서 **진료예약폼**을 실행시키기 위해 **진료예약실행** 프로시저를 Module1에 작성하고 이를 실행하기 위한 양식 단추를 H1:I2 범위에 만들어 텍스트는 **진료 예약**으로 하여 사용자 정의 폼을 실행시키는 실습이다.

따라하기

동작 1 사용자 정의 폼이 있는 VBE 창에서 삽입(I) 를 클릭하여 표시된 메뉴에서 모듈(M) 을 클릭한다.

◎ 모듈 폴더 아래에 Module1이 생기고 우측에 프로시저를 입력할 수 있는 공간이 열린다.

동작 2 우측의 프로시저 입력 공간에 다음의 **진료예약폼실행** 프로시저를 작성한다.

```
Public Sub 진료예약폼실행()
    진료예약폼.Show
End Sub
```

◎ 사용자 정의 폼을 화면에 표시하려면 사용자 정의 폼 개체의 Show 메서드를 사용한다.

◎ **진료예약폼.Show**는 사용자 정의 폼 진료예약폼을 화면에 표시하는 코드이다.

동작 3 양식 컨트롤 단추를 **진료예약** 시트의 **H1:I2셀 범위**에 위치시키고 텍스트는 **진료 예약**으로 하여 **진료예약폼실행** 프로시저를 실행시키는 단추를 삽입한다.

◎ 진료예약폼을 실행시키는 **진료 예약** 실행 단추가 삽입된다.

동작 4 **진료 예약** 단추를 클릭하여 **진료예약폼**을 실행한다.

◎ 사용자 정의 폼 **진료예약폼**이 실행된 결과는 〈그림 4.6〉과 같다.

〈그림 4.6〉 진료예약폼의 실행

동작 5 닫기 단추를 클릭하여 **진료예약폼**을 닫는다.

동작 6 다른 이름으로 저장 을 클릭하여 파일 형식은 **Excel 매크로 사용 통합문서**로 파일명은 **KM병원관리**로 저장한다.

다음 [따라하기]는 **진료예약폼**에 1)**현재 날짜**와 **현재 시간**을 나타내는 레이블 컨트롤과 텍스트 상자 컨트롤을 추가한다. 2)**예약자** 프레임을 추가하고 **예약자** 프레임 내에 레이블 (A) 컨트롤과 텍스트 상자 (abl) 컨트롤을 이용하여 **접수번호**, **접수일**, **성명**, **전화번호** 컨트롤을 삽입하고 각 컨트롤의 이름을 변경한다. 3)**진료 예약** 프레임을 추가하고 **진료 예약** 프레임 내에 레이블 (A) 컨트롤과 텍스트 상자 (abl) 컨트롤을 이용하여 **진료예약과**, **진료예약일**, **예약시간** 컨트롤을 삽입하고 각 컨트롤의 이름을 변경하는 실습이다.

따라하기

동작 1 개발 도구 리본 메뉴에서 코드 그룹의 Visual Basic ( )을 클릭하여 실행한다.

◎ 비주얼 베이직 편집기 창이 열린다.

동작 2 프로젝트 영역의 폼 폴더에서 **진료예약폼**을 더블 클릭한다.

◎ **진료예약폼**의 디자인 창이 열리고 도구 상자가 표시된다.

동작 3 도구 상자에서 레이블 (**A**) 컨트롤을 선택하고 〈그림 4.7〉과 같이 **진료예약폼**의 적당한 위치에 드래그 한 후 Caption 을 **현재 시간**으로 변경한다.

◎ 〈그림 4.7〉과 같이 레이블 컨트롤이 추가되고 캡션이 **현재 시간**으로 변경된다.

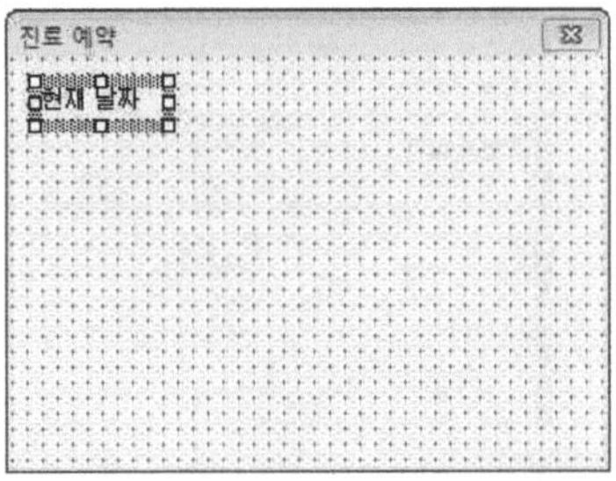

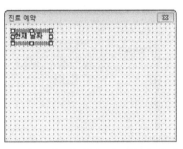

〈그림 4.7〉 레이블 컨트롤의 추가

동작 4 도구 상자에서 텍스트 상자 (abl) 컨트롤을 선택하고 〈그림 4.8〉과 같이 **진료예약폼**의 적당한 위치에 드래그 하여 크기를 조절하고 이름을 **폼현재날짜**로 변경한다.

◎ 이름은 속성 창의 이름 항목에서 TextBox1을 **폼현재날짜**로 변경한다.
◎ 〈그림 4.8〉과 같이 텍스트 상자 컨트롤이 추가되고 컨트롤의 이름이 **폼현재날짜**로 변경된다.

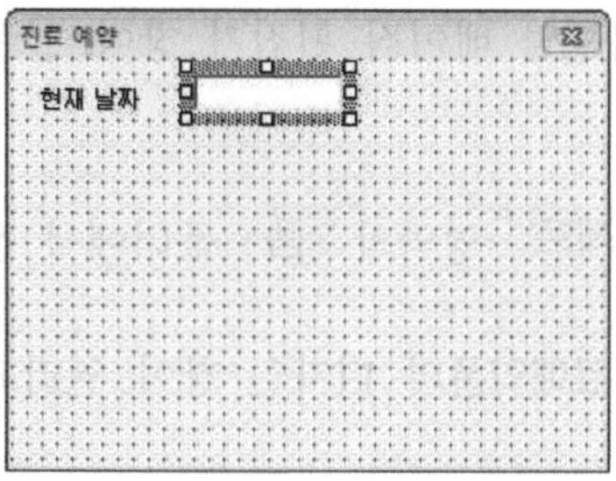

〈그림 4.8〉 텍스트 상자 컨트롤의 추가

동작 5 개체 선택 ( ) 컨트롤을 선택하여 **진료예약폼**을 선택하고 표시된 조절점의 우측 점을 오른쪽으로 드래그하여 〈그림 4.9〉와 같이 폼의 크기를 조절한다.

◎ **진료예약폼**의 크기가 〈그림 4.9〉와 같이 조절된다.

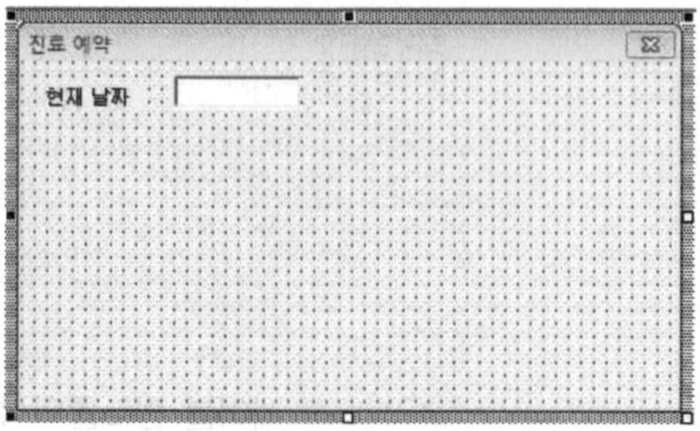

〈그림 4.9〉 폼 크기 조절

동작 6 도구 상자에서 텍스트 상자 (abl) 컨트롤을 선택하고 〈그림 4.10〉과 같이 **진료예약폼**의 적당한 위치에 드래그 하여 크기를 조절하고 이름을 **폼현재시간**으로 변경한다.

◎ 이름은 속성 창의 이름 항목에서 TextBox2을 **폼현재시간**으로 변경한다.

◎ 〈그림 4.10〉과 같이 텍스트 상자 컨트롤이 추가되고 컨트롤의 이름이 **폼현재시간**으로 변경된다.

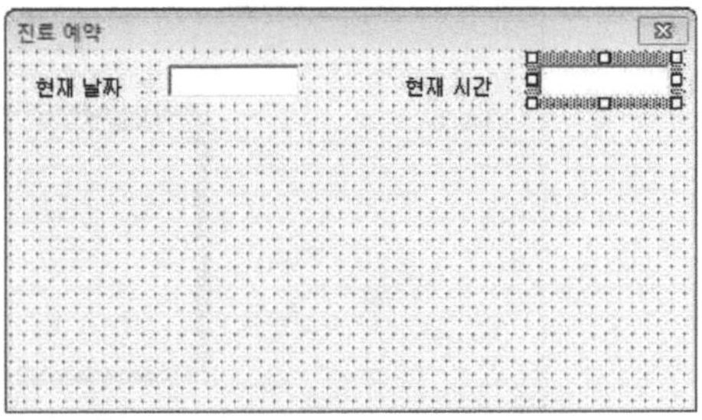

〈그림 4.10〉 현재 시간 레이블과 텍스트 상자 컨트롤의 추가

동작 7 도구 상자에서 **프레임** (□) 컨트롤을 선택하고 〈그림 4.11〉과 같이 **현재 날짜** 아래의 적당한 위치에 드래그 하여 크기를 조절하고 **이름**은 **예약자프레임**으로 Caption은 **예약자**로 변경한다.

◎ 이름은 속성 창의 **이름** 항목에서 Frame1을 **예약자프레임**으로 변경하고 Caption을 **예약자**로 변경한다.

◎ 〈그림 4.11〉과 같이 프레임 컨트롤이 추가되고 컨트롤의 이름이 **예약자프레임**으로 변경되고 Caption은 **예약자**로 변경된다.

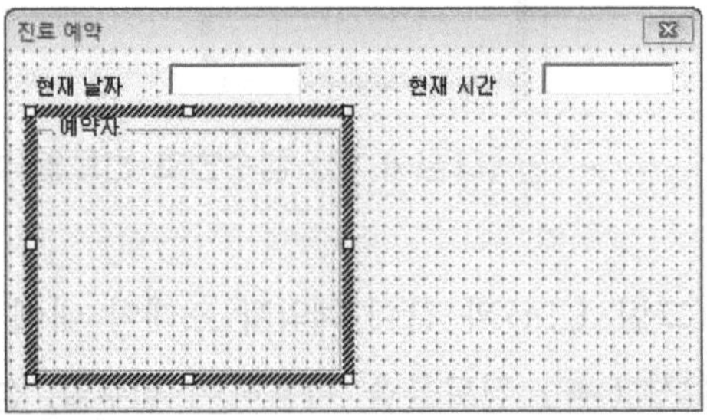

〈그림 4.11〉 예약자 프레임 컨트롤의 추가

동작 8 동일한 방법으로 도구 상자에서 **프레임** (□) 컨트롤을 선택하고 〈그림 4.12〉와 같이 **예약자** 프레임 우측의 적당한 위치에 드래그 하여 크기를 조절하고 **이름**은 **진료예약프레임**으로 Caption은 **진료 예약**으로 변경한다.

◎ 〈그림 4.12〉과 같이 프레임 컨트롤이 추가되고 컨트롤의 이름이 **예약예약프레임**으로 변경되고 Caption은 **진료 예약**으로 변경된다.

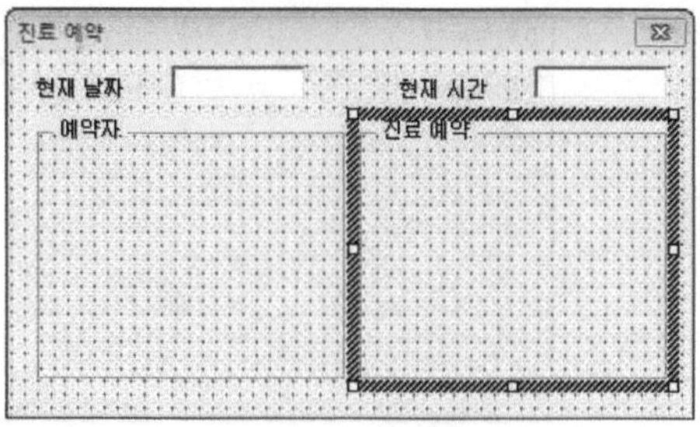

〈그림 4.12〉 진료예약 프레임 컨트롤의 추가

동작 9 〈그림 4.13〉을 참조하여 **예약자** 프레임 내에 레이블(A) 컨트롤을 이용하여 삽입한 후 Caption을 **접수번호**로 변경하고, 텍스트 상자(abl) 컨트롤을 이용하여 텍스트 상자를 삽입한 후 이름을 **폼접수번호**로 변경한다.

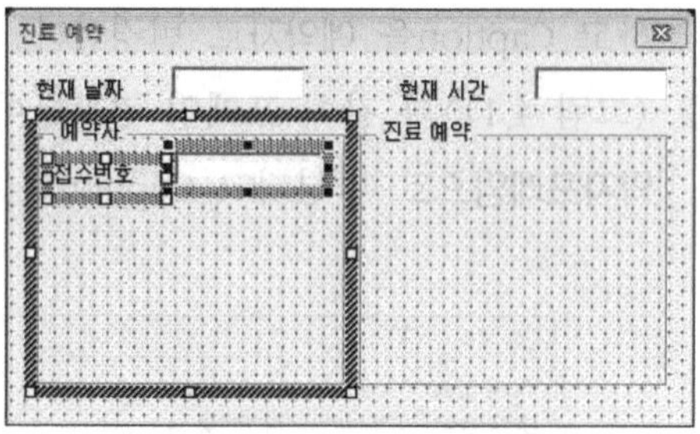

〈그림 4.13〉 접수번호 컨트롤의 추가

동작 10 〈그림 4.14〉과 같이 **예약자** 프레임 내에 레이블(A) 컨트롤과 텍스트 상자(abl) 컨트롤을 이용하여 **접수일**, **성명**, **전화번호** 컨트롤을 삽입하고 각 컨트롤의 이름을 변경한 후 **예약자** 프레임과 **진료 예약** 프레임의 크기와 폼의 크기를 조절한다.

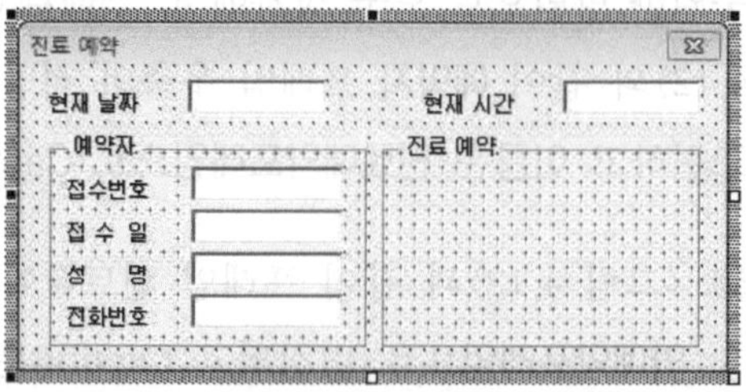

〈그림 4.14〉 접수일, 성명, 전화번호 컨트롤의 추가

동작 11 〈그림 4.15〉와 같이 **진료 예약** 프레임 내에 레이블 (**A**) 컨트롤과 텍스트 상자 (abl) 컨트롤을 이용하여 **진료예약과**, **진료예약일**, **예약시간** 컨트롤을 삽입하고 각 컨트롤의 이름을 변경한 후 **예약자** 프레임과 **진료 예약** 프레임의 크기와 폼의 크기를 조절한다.

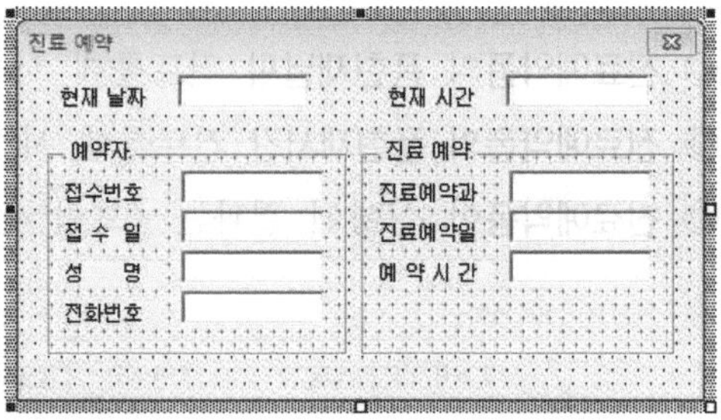

〈그림 4.15〉 진료 예약 프레임의 추가

4.3.3 날짜와 시간 표시 프로시저

다음 [따라하기]는 **폼현재날짜**에 컨트롤에 현재 날짜를 표시하는 프로시저를 작성하고 **폼현재시간** 컨트롤에 현재 시간을 표시하는 프로시저를 작성하는 실습이다.

따라하기

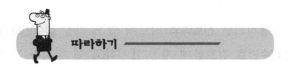

동작 1 사용자 정의 폼이 있는 VBE의 프로젝트 창에서 모듈(M) 을 클릭하고 Module1을 선택한다.

◎ 모듈 폴더 아래에 Module1이 열리고 우측의 프로시저 입력 공간에 **진료예약폼실행** 프로시저가 표시된다.

동작 2 **진료예약폼실행** 프로시저를 아래의 내용을 추가하여 수정한다.

```
Public Sub 진료예약폼실행()
    진료예약폼.폼현재날짜 = Date
    진료예약폼.폼현재시간 = Time()
    진료예약폼.Show
End Sub
```

◎ **진료예약폼**의 **폼현재날짜** 컨트롤에 시스템 날짜(Date)가 표시된다.

◎ **진료예약폼**의 **폼현재시간** 컨트롤에 시스템 시간(Time())이 표시된다.

◎ **진료예약폼**이 실행된 결과는 〈그림 4.16〉과 같다.

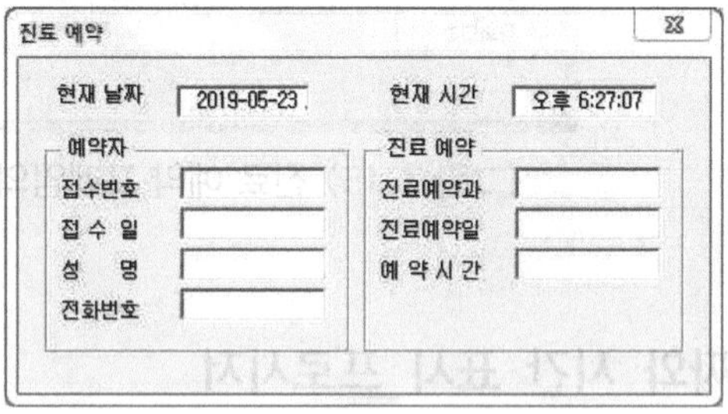

〈그림 4.16〉 현재 날짜와 현재 시간

4.3.4 접수번호 증가 프로시저

다음 [따라하기]는 **진료예약폼**을 실행시키면 **진료예약** 시트에 있는 최종 **접수번호**의 값에 1을 증가시켜 텍스트 상자 **폼접수번호** 컨트롤에 자동 표시하고 탭 정지가 되지 않도록 한다. 만약 행 제목 이외 다른 데이터가 추가 되지 않았다면 **폼접수번호**의 값을 1로 넣는다. 또 **폼접수일** 컨트롤의 값에도 현재 날짜가 자동 입력되고 탭 정지하지 않도록 하는 실습이다.

따라하기

동작 1 개발 도구 리본 메뉴에서 코드 그룹의 Visual Basic ( )을 클릭하여 실행한다.

◎ 비주얼 베이직 편집기 창이 열린다.

동작 2 프로젝트 영역의 폼 폴더에서 **진료예약폼**을 더블 클릭한다.

◎ **진료예약폼**의 디자인 창이 열리고 도구 상자가 표시된다.

동작 3 **진료예약폼**의 **폼접수번호** 컨트롤을 클릭하고 속성 창에서 TabStop 의 True를 False로 변경한다.

◎ 폼을 실행시켜 Tab 키를 눌러도 **진료예약폼**의 **폼접수번호**에 탭 정지 되지 않는다.

동작 4 **진료예약폼**의 **폼접수일** 컨트롤을 클릭하고 속성 창에서 TabStop 의 True를 False로 변경한다.

◎ 폼을 실행시켜 Tab 키를 눌러도 **진료예약폼**의 **폼접수일**에 탭 정지 되지 않는다.

동작 5 **진료예약폼실행** 프로시저에 다음의 내용으로 수정하여 진료예약 시트의 접수번호에 1을 증가시킨 값으로 **폼접수번호**가 자동 처리되도록 수정한다.

```
Public mylast As Integer

Public Sub 진료예약폼실행()
    진료예약폼.폼현재날짜 = Date
    진료예약폼.폼현재시간 = Time()
    If Cells(2, 1) = "" Then
        mylast = 1
        진료예약폼.폼접수번호 = 1
    Else
        Range("A1").Select
        Selection.End(xlDown).Select
```

```
            mylast = Selection.Cells.Row
            진료예약폼.폼접수번호 = Cells(mylast, 1) + 1
        End If
        진료예약폼.폼접수일 = 진료예약폼.폼현재날짜
        진료예약폼.Show
    End Sub
```

◎ Public mylast As Integer 코드의 mylast 변수는 데이터의 마지막 행의 값을 저장하는 **전역 변수**로 선언되어 **진료예약폼**에서 결정한 mylast의 값을 다른 프로시저에서도 공통으로 사용할 수 있는 변수이다.

Help!!

전역 변수 선언

프로시저 밖에서 선언된 **Public mylast As Integer**는 전체 프로시저에서 공통으로 사용할 수 있는 전역 변수로 선언되어 전체 프로젝트에서 공통으로 사용할 수 있다. 특정 프로시저 내에서만 사용되는 지역 변수와 달리 전역 변수는 특정 프로시저에서 처리된 결과 값을 다른 프로시저에 전달하는 역할을 한다. 예를 들어 본 프로젝트에서는 **진료예약** 시트의 마지막 데이터가 입력되어 있는 행의 값을 구해서 **mylast** 변수에 넣고 **예약등록단추**를 클릭하면 작동하는 이벤트 프로시저에서 **mylast** 변수의 값을 이용하여 데이터 등록에 활용한다.

◎ **진료예약폼**의 **폼현재날짜** 컨트롤에 시스템 날짜(Date)가 표시된다.

◎ **진료예약폼**의 **폼현재시간** 컨트롤에 시스템 시간(Time())이 표시된다.

◎ 다음 코드는 2행 1열의 값이 공백이면 입력된 데이터가 없으므로 mylast 변수의 값을 1로 하고 **진료예약폼.폼접수번호**의 값을 1로 입력한다. 아니면 A열의 마지막 데이터가 있는 행의 위치를 mylast 변수에 입력하고 해당 셀의 값에 1을 더해 **진료예약폼.폼접수번호**의 값으로 입력한다.

```
If Cells(2, 1) = "" Then
    mylast = 1
    진료예약폼.폼접수번호 = 1
```

```
Else
   Range("A1").Select
   Selection.End(xlDown).Select
   mylast = Selection.Cells.Row
   진료예약폼.폼접수번호 = Cells(mylast, 1) + 1
End If
```

◎ 다음 코드는 **진료예약폼**의 **폼접수일**에 **진료예약폼**의 **폼현재날짜**를 입력하는 코드이다.

진료예약폼.폼접수일 = 진료예약폼.폼현재날짜

동작 6 진료예약폼을 실행한다.

◎ **진료예약폼**을 실행시킨 결과는 〈그림 4.17〉과 같이 **접수번호**에 1이 입력되고 **접수일**에는 **현재날짜**가 입력되고 탭 정지하지 않는다.

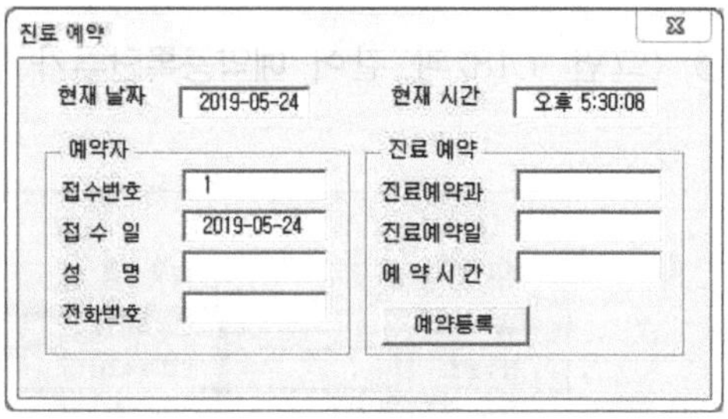

〈그림 4.17〉 접수번호와 접수일 처리 결과

4.3.5 사용자 정의 폼 내용의 시트 입력

사용자 정의 폼에서 입력한 내용은 시트에 저장해야 한다. 만약 폼의 내용을 시트에 저장하지 않으면 폼의 내용은 폼을 닫는 순간 사라지게 되므로 반드시 저장해야 할 필요가 있다.

다음 [따라하기]는 **진료예약폼**에 **예약등록** 단추를 만들고 클릭하면 **예약자**와 **진료 예약** 내용이 **진료예약** 시트의 해당 셀에 입력되도록 하는 실습이다.

따라하기

동작 1 개발 도구 리본 메뉴에서 코드 그룹의 Visual Basic ( )을 클릭하여 실행한다.

◎ 비주얼 베이직 편집기 창이 열린다.

동작 2 프로젝트 영역의 폼 폴더에서 **진료예약폼**을 더블 클릭한다.

◎ **진료예약폼**의 디자인 창이 열리고 도구 상자가 표시된다.

동작 3 도구 상자에서 명령 단추 ( ) 컨트롤을 선택하고 〈그림 4.17〉과 같이 **진료 예약** 프레임의 하단에 드래그 한 후 Caption 을 **예약등록**으로 변경하고 컨트롤의 이름을 **예약등록단추**로 변경한다.

◎ 〈그림 4.18〉과 같이 **예약등록단추**가 삽입된다.

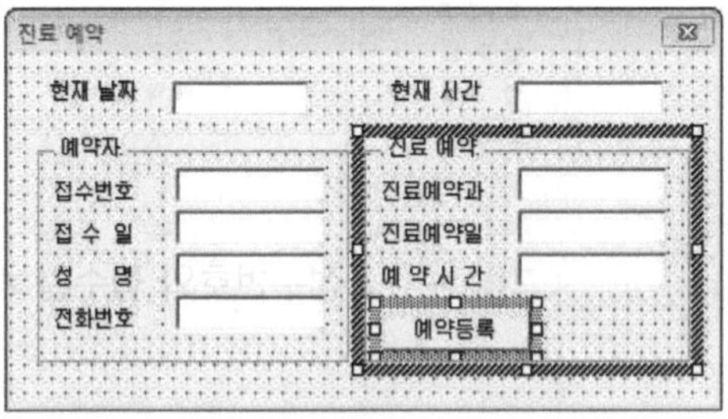

〈그림 4.18〉 예약등록 단추의 추가

동작 4 삽입된 **예약등록단추**에서 우측 버튼을 클릭하여 표시된 메뉴에서 코드 보기(O) 를 클릭한다.

◎ **예약등록단추**를 클릭했을 때 실행되는 Private 프로시저 코드를 작성할 수 있는 프로시저 블록이 생성된다.

```
Private Sub 예약등록단추_Click()

End Sub
```

Help!!

Private Sub 프로시저

Private Sub 프로시저는 특정 컨트롤에서만 동작하는 이벤트 프로시저로 해당 버튼을 클릭했을 때 동작하는 이벤트 코드를 입력할 수 있다. **Private Sub 예약등록단추_Click()** 프로시저는 예약등록단추를 클릭했을 때 컨트롤에 있는 값을 **예약시트**의 해당 셀에 입력하는 이벤트 코드를 작성한다.

동작 5 **예약등록단추** 프로시저를 다음의 내용으로 수정하여 폼에서 입력한 내용이 시트에 입력되도록 한다.

```
Private Sub 예약등록단추_Click()
    mylast = mylast + 1
    Cells(mylast, 1) = 폼접수번호.Value
    Cells(mylast, 2) = 폼현재날짜.Value
    Cells(mylast, 3) = 폼성명.Value
    Cells(mylast, 4) = 폼전화번호.Value
    Cells(mylast, 5) = 폼진료예약과.Value
    Cells(mylast, 6) = 폼진료예약일.Value
    Cells(mylast, 7) = 폼예약시간.Value
End Sub
```

◎ mylast 변수는 앞서 **진료예약폼실행** 프로시저에서 선언한 전역 변수로 **진료예약** 시트에 입력된 데이터의 마지막 행의 값을 전달 받으므로 프로시저 내에서 지역 변수를 선언하지 않는다.

◎ mylast = mylast + 1 코드는 **진료예약** 시트의 마지막 데이터의 행이

입력된 mylast 변수를 1증가 시켜 다음 데이터가 입력될 행을 지정한다.

◎ 다음 코드는 폼에서 입력한 내용을 시트에 추가하는 프로시저로 **폼접수번호**.Value의 값은 mylast 행의 1열(A열)에 입력하고 **폼현재날짜**.Value의 값은 2열(B열)…로 입력한다.

```
Cells(mylast, 1) = 폼접수번호.Value
Cells(mylast, 2) = 폼현재날짜.Value
Cells(mylast, 3) = 폼성명.Value
Cells(mylast, 4) = 폼전화번호.Value
Cells(mylast, 5) = 폼진료예약과.Value
Cells(mylast, 6) = 폼진료예약일.Value
Cells(mylast, 7) = 폼예약시간.Value
```

동작 6 **진료예약폼**을 실행하여 성명, 전화번호, 진료예약과, 진료예약일, 예약시간에 아래의 데이터를 입력한 후 **예약등록** 단추를 클릭하여 **진료예약** 시트의 데이터 입력을 확인한다.

◎ **진료예약폼**을 실행하면 진료예약 시트의 데이터를 참조하여 **접수번호**가 자동으로 표시되고 현재 날짜가 **접수일**에 자동으로 표시되므로 해당 항목의 데이터만 입력한다.

홍문수 010-1111-1111 내과 2020-5-28 오전 11:00

Help!!

데이터를 추가로 입력하려면?

진료예약폼을 실행하여 데이터를 입력하고 **예약등록**을 한 뒤 추가 데이터를 입력하려면 **진료예약폼**에 있는 해당 항목의 내용을 모두 삭제하고 새로운 데이터를 넣은 후 **예약등록**을 클릭하거나 **진료예약폼**을 닫고 다시 실행하면 된다. 그러나 이 방법은 데이터 입력이 많은 경우 불편하므로 **추가입력** 단추를 클릭하여 초기화 되도록 하면 편리하다.

4.3.6 폼 컨트롤 초기화

다음 [따라하기]는 **진료예약폼**에 **추가입력** 단추를 만들고 클릭하면 접수 번호가 자동 증가하고 **예약자**와 **진료 예약** 내용이 초기화 되도록 하는 실습이다.

따라하기

동작 1 개발 도구 리본 메뉴에서 코드 그룹의 Visual Basic ( )을 클릭하여 실행한다.

◎ 비주얼 베이직 편집기 창이 열린다.

동작 2 프로젝트 영역의 폼 폴더에서 **진료예약폼**을 더블 클릭한다.

◎ **진료예약폼**의 디자인 창이 열리고 도구 상자가 표시된다.

동작 3 도구 상자에서 명령 단추 ( ) 컨트롤을 선택하고 〈그림 4.19〉와 같이 **진료 예약** 프레임의 하단에 드래그 한 후 Caption 을 **추가입력**으로 변경하고 컨트롤의 이름을 **추가입력단추**로 변경한다.

◎ 〈그림 4.19〉과 같이 **추가입력단추**가 삽입된다.

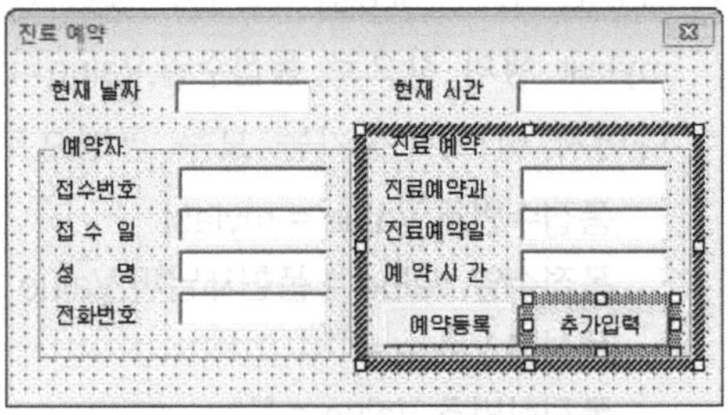

〈그림 4.19〉 추가입력 단추의 추가

동작 4 삽입된 **추가입력단추**에서 우측 버튼을 클릭하여 표시된 메뉴에서 코드 보기(O) 를 클릭한다.

◎ **추가입력단추**를 클릭했을 때 실행되는 Private 프로시저 코드를 작성할 수 있는 프로시저 블록이 생성된다.

```
Private Sub 추가입력단추_Click()

End Sub
```

동작 5 **추가입력단추** 프로시저를 다음의 내용으로 수정하여 폼접수번호와 폼현재날짜를 초기화하고 폼성명, 폼전화번호, 폼진료예약과, 폼진료예약일, 폼예약시간은 공백으로 초기화 한다.

```
Private Sub 예약등록단추_Click()
    폼접수번호.Value = mylast
    폼현재날짜.Value = 폼현재날짜.Value
    폼성명.Value = ""
    폼전화번호.Value = ""
    폼진료예약과.Value = ""
    폼진료예약일.Value = ""
    폼예약시간.Value = ""
End Sub
```

◎ 다음은 폼의 내용을 초기화 하는 코드로 **폼접수번호.Value**의 값은 mylast 행의 값으로 **폼접수일.Value**의 값은 **폼현재날짜.Value**로 하고 나머지 텍스트 상자는 모두 공백으로 처리하는 코드이다.

```
폼접수번호.Value = mylast
폼접수일.Value = 폼현재날짜.Value
폼성명.Value = ""
폼전화번호.Value = ""
폼진료예약과.Value = ""
폼진료예약일.Value = ""
폼예약시간.Value = ""
```

동작 6 **진료예약폼**을 실행하여 성명, 전화번호, 진료예약과, 진료예약일, 예약시간에 다음 데이터를 입력한 후 **예약등록**을 클릭하여 **진료예약** 시트에 내용을 등록한다.

이상두 010-2222-2222 소아과 2020-6-2 오후 2:30

동작 7 데이터를 추가하기 위해 **추가입력** 단추를 클릭한다.

◎ **진료예약폼**에 있는 항목의 내용이 모두 초기화 된다.

동작 8 다음 데이터를 입력한 후 **예약등록**을 클릭하여 **진료예약** 시트에 내용을 등록한다.

심청이 010-3333-3333 피부과 2020-6-3 오후 3:20

동작 9 **진료예약폼**을 종료한다.

동작 10 완성된 내용은 다른 이름으로 저장 을 이용하여 파일 형식 을 **Excel 매크로 사용 통합문서**로 하고 **KM병원관리**로 저장한다.

4.4 콤보 상자와 옵션 단추 컨트롤

사용자 정의 폼인 진료예약폼은 주로 레이블과 텍스트 상자를 이용하여 작성하였다. 그러나 텍스트 상자를 이용하여 데이터를 입력하거나 표시하는 방법은 사용자 정의 폼을 쉽게 작성할 수 있지만 폼을 이용하는 사용자의 편리성과 데이터 입력의 일관성을 떨어뜨릴 수 있다. 따라서 사용자가 보다 편리하게 사용자 정의 폼을 사용할 수 있도록 하기위해서는 콤보 상자, 확인란, 옵션 단추 등 다양한 컨트롤을 추가하여 사용자 정의 폼을 작성한다.

4.4.1 사용자 정의 폼의 삽입과 실행

[예제2] **Excel 매크로 사용 통합문서**인 **KM병원관리**에서 Sheet2를 **직원관리** 시트로 변경하고 1행에 직원코드, 성명, 직위, 성별, 근무처, 입사일, 면허및자격 항목을 차례로 입력하고 〈그림 4.20〉과 같은 **직원관리폼**을 작성하고 폼을 이용하여 데이터가 입력되도록 하시오.

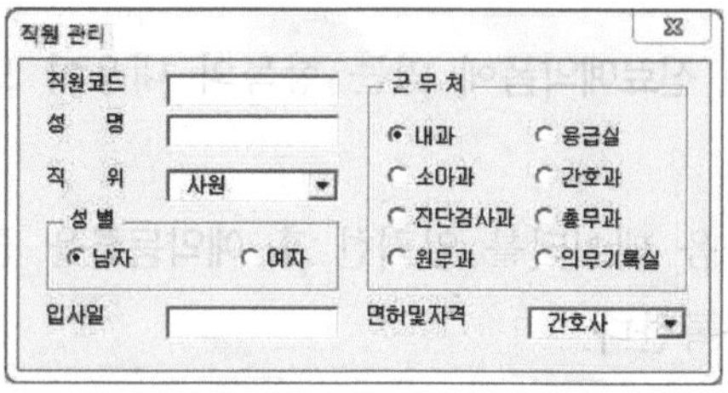

〈그림 4.20〉 사용자 정의 직원관리폼

요구사항

◎ Sheet2을 **직원관리** 시트로 바꾸고 〈그림 4.21〉과 같이 A1:G1 범위의 배경색을 흰색, 배경1, 15% 더 어둡게로 지정하고 직원관리폼을 이용하여 데이터가 입력되도록 하시오.

- 사용자 정의 폼 이름은 **직원관리폼**으로 하고 대화 상자의 제목은 **직원 관리**로 한다.
- **직원관리폼**의 직위, 근무처, 면허및자격은 콤보 상자를 이용하여 처리한다.
- **성별**은 옵션 단추를 이용하여 처리한다.
- **직원관리폼**을 실행시키는 명령 단추를 직원관리 시트의 **H1:I2**에 위치시키고 텍스트는 **직원 관리**로 한다.

다음 [따라하기]는 **Excel 매크로 사용 통합문서**인 **KM병원관리**의 Sheet2의 이름을 **직원관리**로 변경하고 해당 항목을 추가한 후 사용자 정의 폼 작성을 위해 비주얼 베이직 편집기(VBE, visual basic editor)에서 원하는 사용자 정의 폼을 삽입하고 폼의 이름을 **직원등록폼**으로 작성하는 실습이다.

따라하기

동작 1 Excel 매크로 사용 통합문서인 KM병원관리에서 Sheet2를 **직원관리** 시트로 바꾸고 〈그림 4.21〉과 같이 A1:G1 범위의 배경색을 **흰색, 배경1, 15% 더 어둡게**로 지정하고 항목명을 추가한다.

◎ Sheet2가 **직원관리** 시트로 변경되고 〈그림 4.21〉과 같이 항목명이 추가된다.

〈그림 4.21〉 직원관리 시트

동작 2 **직원관리** 시트에서 개발 도구 리본 코드 그룹의 Visual Basic ( )을 클릭하고 VB 편집기 메뉴의 삽입(I) 을 클릭하여 표시된 부 메뉴에서 사용자 정의 폼(U) 을 클릭한다.

◎ UserForm1이 프로젝트 탐색기에 표시되고 프로젝트 탐색기 오른쪽에 UserForm1이 활성화되어 생성된다.

동작 3 좌측 하단의 속성 - UserForm1 창에서 (이름) 항목의 UserForm1을 **직원관리폼**으로 수정하고 Caption 항목의 UserForm1을 **직원 관리**로 수정한다.

◎ 사용자 정의 폼 이름이 **직원관리폼**으로 바뀌어 좌측 상단의 프로젝트 탐색 창과 속성 창에 사용자 정의 폼 이름으로 **직원관리폼**이 표시된다.

◎ 사용자 정의 폼의 제목(Caption)이 **직원 관리**로 수정된다.

다음 [따라하기]는 **Excel 매크로 사용 통합문서**인 **KM병원관리**의 직원관리 시트에서 직원관리폼을 실행시키기 위해 직원관리폼실행 프로시저를 Module1에 작성하고 이를 실행하기 위한 양식 단추를 H1:I2 범위에 만들어 텍스트는 **직원 관리**로 하여 사용자 정의 폼을 실행시키는 실습이다.

따라하기

동작 1 사용자 정의 폼이 있는 VBE의 프로젝트 탐색 창에서 Module1을 더블 클릭한다.

◎ 프로젝트 탐색 창 우측에 Module1 입력 공간이 열린다.

◎ 앞서 작성한 프로시저가 표시되어 있다.

동작 2 우측의 프로시저 입력 공간에 다음과 같이 **직원관리폼실행** 프로시저를 추가하여 작성한다.

```
Public Sub 직원관리폼실행()
    직원관리폼.Show
End Sub
```

◎ Show 메서드를 사용하여 **직원관리폼**을 화면에 표시한다.

◎ **직원관리폼.Show**는 사용자 정의 폼인 **직원관리폼**을 화면에 표시하는 코드이다.

동작 3 양식 컨트롤 단추를 **직원관리** 시트의 **H1:I2셀 범위**에 위치시키고 텍스트는 **직원 관리**로 하여 **직원관리폼실행** 프로시저를 실행시키는 단추를 삽입한다.

◎ **직원관리폼**을 실행시키는 **직원 관리** 실행 단추가 삽입된다.

동작 4 **직원 관리** 단추를 클릭하여 **직원관리폼**을 실행한다.

◎ 사용자 정의 폼 **직원관리폼**이 실행된 결과는 〈그림 4.22〉과 같다.

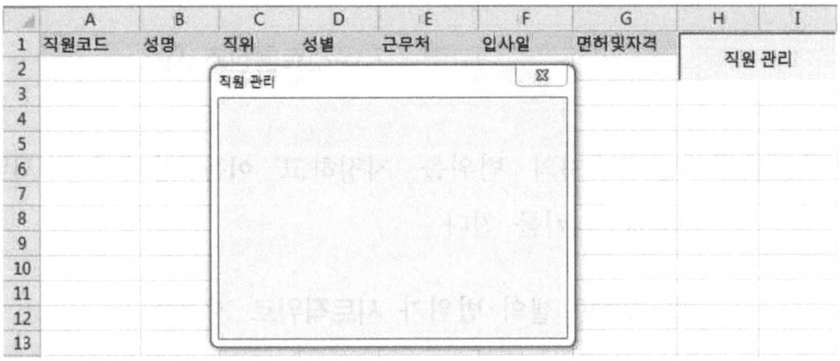

〈그림 4.22〉 직원관리폼의 실행

동작 5 닫기 단추를 클릭하여 **직원관리폼**을 닫는다.

4.4.2 콤보 상자 컨트롤 삽입

다음 [따라하기]는 **직원관리폼**의 콤보 상자에 이용될 데이터를 **컨트롤참조** 시트에 작성하고 해당 셀 범위의 이름을 **시트직위**와 **시트면허및자격**으로 지정하는 실습이다.

따라하기

동작 1 워크시트 창에서 Sheet3의 이름을 컨트롤참조 시트로 변경하고 〈그림 4.23〉과 같이 직위와 면허및자격 데이터를 입력한다.

◎ 〈그림 4.23〉과 같이 직위와 면허및자격 데이터가 입력된다.

	A	B	C	D
1	직위		면허및자격	
2	사원		의사	
3	팀장		간호사	
4	과장		임상병리사	
5	부장		의무기록사	
6	원장		OA산업기사	
7	이사		방사선사	
8	간호사		물리치료사	
9	의사		병원행정사	
10				

〈그림 4.23〉 컨트롤참조 시트

동작 2 A2:A9까지의 범위를 지정하고 **이름 상자**에서 **시트직위**를 입력하고 〈Enter〉 키를 친다.

◎ A2:A9 셀의 범위가 **시트직위**로 지정된다.

동작 3 C2:C9까지의 범위를 지정하고 **이름 상자**에서 **시트면허및자격**을 입력하고 〈Enter〉 키를 친다.

◎ C2:C9 셀의 범위가 **시트면허및자격**으로 지정된다.

Help!!

셀 또는 셀 범위의 이름을 변경하려면?

이름 상자에서 지정한 셀 또는 셀 범위의 이름은 현재 사용 중인 통합 시트의 모든 워크시트에서 유일한 이름으로 사용되며 절대 참조 셀로 참조된다. 만약 이름과 관련한 내용을 변경하거나 삭제하려면 **수식** 리본 메뉴의 **정의된 이름** 그룹의 **이름 관리자**를 통해 이름과 관련된 내용을 편집하거나 삭제할 수 있다.

다음 [따라하기]는 **직원관리폼**에 **텍스트 상자**를 이용하여 **직원코드**와 **성명**을 입력하고 **콤보상자**를 이용하여 **직위**를 입력할 수 있도록 하는 실습이다.

따라하기

동작 1 개발 도구 리본 메뉴에서 코드 그룹의 Visual Basic ( )을 클릭하여 실행한다.

◎ 비주얼 베이직 편집기 창이 열린다.

동작 2 프로젝트 영역의 폼 폴더에서 **직원관리폼**을 더블 클릭한다.

◎ **직원관리폼**의 디자인 창이 열리고 도구 상자가 표시된다.

동작 3 〈그림 4.24〉와 같이 **직원관리폼**의 크기를 조절하고 도구 상자에서 레이블 (**A**) 컨트롤과 텍스트 상자 (abl) 컨트롤을 이용하여 해당 위치에 **직원코드**와 **성명** 텍스트 상자를 삽입한다.

◎ 〈그림 4.24〉와 같이 **직원코드**와 **성명** 텍스트 상자가 삽입된다.

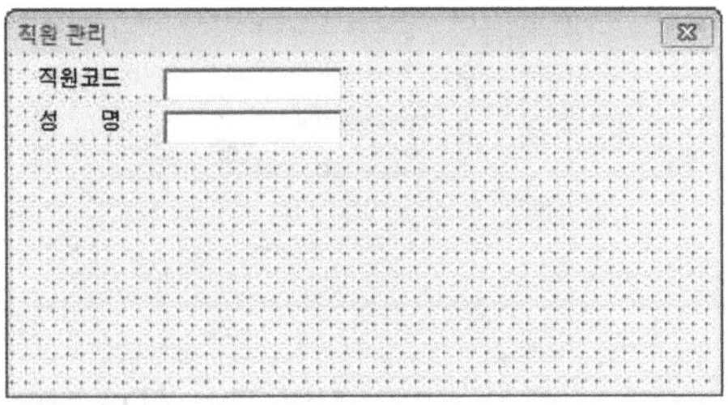

〈그림 4.24〉 레이블 컨트롤의 추가

동작 4 **직원코드** 텍스트 상자의 이름을 **폼직원코드**로 변경하고 **성명** 텍스트 상자의 이름을 **폼성명**으로 변경한다.

◎ 텍스트 상자의 이름이 **폼직원코드**과 **폼성명**으로 변경된다.

동작 5 개체 선택 ( ) 컨트롤을 선택하여 **직원관리폼**을 선택하고 표시된 조절점의 우측 점을 드래그하여 〈그림 4.25〉와 같이 폼의 크기를 조절한다.

◎ **직원관리폼**의 크기가 〈그림 4.25〉과 같이 조절된다.

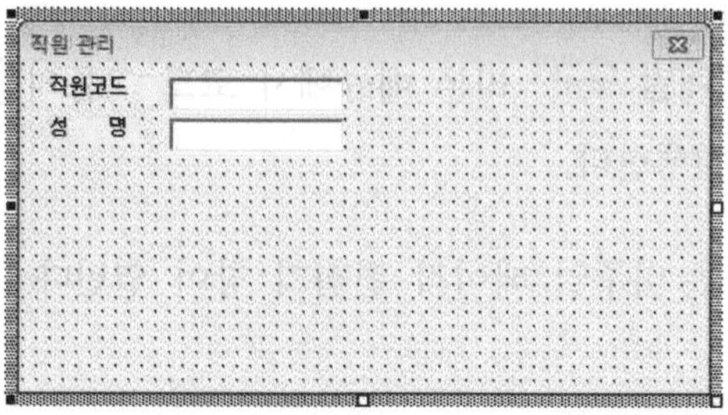

〈그림 4.25〉 폼 크기 조절

동작 6 도구 상자에서 콤보 상자 ( ) 컨트롤을 선택하고 〈그림 4.26〉과 같이 **직원관리폼**의 적당한 위치에 드래그 하여 크기를 조절하고 이름을 **폼직위**로 변경한다.

◎ 〈그림 4.26〉과 같이 **직위** 콤보 상자가 만들어지고 이름은 **폼직위**로 변경된다.

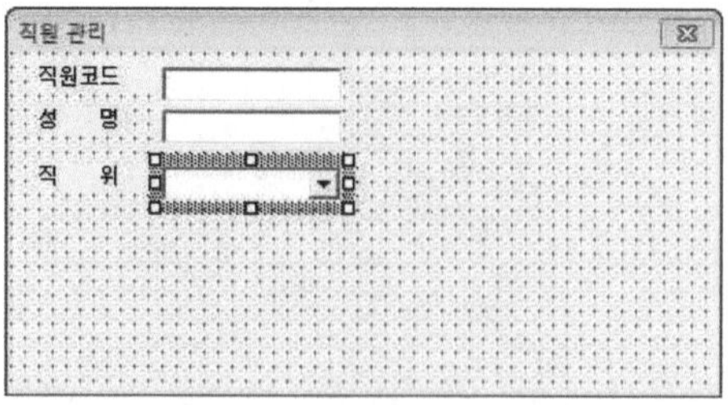

〈그림 4.26〉 직위 콤보 상자 컨트롤의 추가

동작 7 **직위** 콤보 상자의 속성 창에서 RowSource의 속성으로 **컨트롤참조** 시트에서 작성한 범위 이름 **시트직위**를 입력하고 Text의 속성으로 **사원**을 입력한다.

◎ 콤보 상자의 RowSource의 속성으로 컨트롤시트에서 작성된 **시트직위** 범위의 값이 지정된다.

◎ 콤보 상자의 Text의 속성으로 **사원**이 지정되어 폼을 실행했을 때 기본 값으로 표시된다.

동작 8 **직원 관리** 단추를 클릭하여 **직원관리폼**을 실행한다.

◎ **직위** 콤보 상자의 기본값으로 **사원**이 표시된다.

동작 9 **직위** 콤보 상자의 선택 단추를 클릭한다.

◎ 〈그림 4.27〉과 같이 콤보 상자에서 선택 가능한 직위가 표시된다.

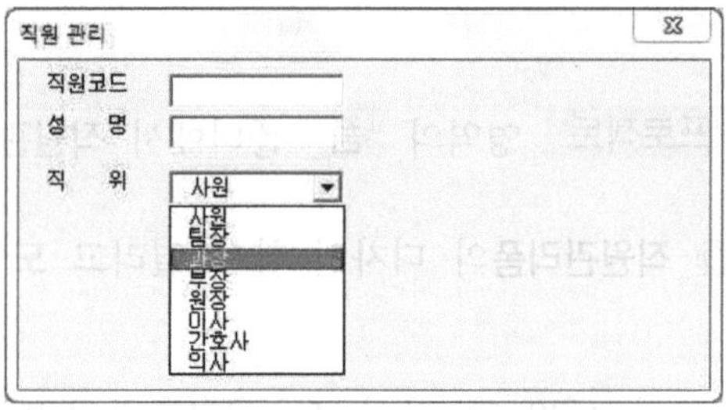

〈그림 4.27〉 직위 콤보 상자의 선택 데이터

동작 10 **직원관리폼**을 닫는다.

4.4.3 옵션 단추 컨트롤 삽입

다음 [따라하기]는 **직원관리폼**에 **옵션 단추**를 이용하여 **성별**과 **근무처**를 선택할 수 있도록 작성하는 실습이다.

따라하기

동작 1 개발 도구 리본 메뉴에서 코드 그룹의 Visual Basic ( )을 클릭하여 실행한다.

◎ 비주얼 베이직 편집기 창이 열린다.

동작 2 프로젝트 영역의 폼 폴더에서 **직원관리폼**을 더블 클릭한다.

◎ **직원관리폼**의 디자인 창이 열리고 도구 상자가 표시된다.

동작 3 〈그림 4.28〉과 같이 **직원관리폼**에 **성별** 프레임을 삽입하고 프레임의 Caption 속성으로 **성 별**을 입력한다.

◎ 〈그림 4.28〉와 같이 **성별** 프레임이 삽입된다.

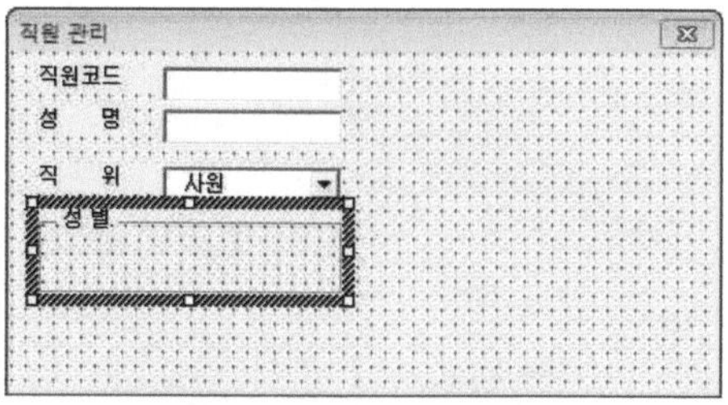

〈그림 4.28〉 성별 프레임 삽입

동작 4 〈그림 4.29〉과 같이 **성별** 프레임에서 남자 또는 여자를 선택할 수 있도록 옵션 단추를 성별 프레임 내에 삽입하고 **남자** 옵션 단추의 이름은 **폼성별1**로 **여자** 옵션 단추의 이름은 **폼성별2**로 바꾼 후 **남자** 옵션 단추의 Value 속성을 True로 입력한다.

◎ 〈그림 4.29〉와 같이 **성별** 프레임 내에 **남자** 또는 **여자**를 선택할 수 있는 옵션 단추가 삽입된다.

◎ **성별** 프레임 내의 **남자** 옵션 단추가 기본적으로 선택되어 있다.

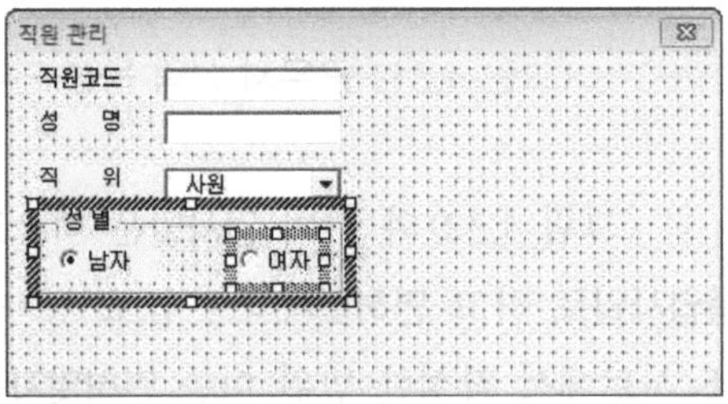

〈그림 4.29〉 성별 선택 옵션 단추의 삽입

동작 5 〈그림 4.30〉과 같이 **직원관리폼**에 **근무처** 프레임을 삽입하고 Caption 속성으로 **근 무 처**를 입력한다.

◎ 〈그림 4.30〉과 같이 **근무처** 프레임이 삽입된다.

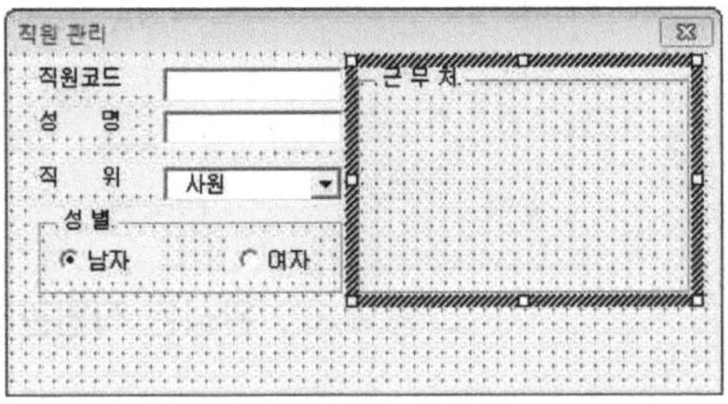

〈그림 4.30〉 근무처 프레임 삽입

동작 6 〈그림 4.31〉과 같이 **근무처** 프레임 내에 선택할 수 있는 근무처를 삽입하고 각 옵션 단추의 이름을 **내과**는 **폼근무처1**, **소아과**는 폼근무처2, … 로 이름을 정한 후 **내과** 옵션 단추의 Value 속성을 True로 입력한다.

◎ 〈그림 4.31〉과 같이 **근무처** 프레임 내에 선택할 수 있는 근무처 옵션 단추가 삽입된다.

◎ **근무처** 프레임 내의 **내과** 옵션 단추가 기본적으로 선택되어 있다.

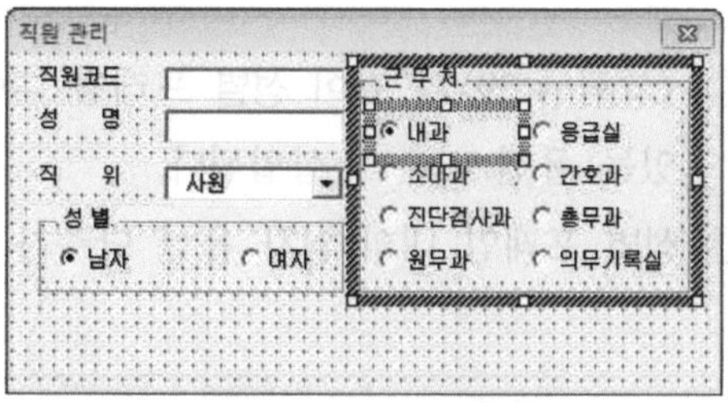

〈그림 4.31〉 근무처 선택 옵션 단추의 삽입

[혼자하기 4.4.1] 〈그림 4.32〉와 같이 **입사일**은 텍스트 상자 컨트롤로 만든 후 컨트롤 이름은 **폼입사일**로 하고 **면허및자격**은 콤보 상자로 만든 후 RowSource의 속성은 **컨트롤참조** 시트에서 작성한 범위 이름 **면허및자격**으로 입력하고 컨트롤 이름은 **폼면허및자**격으로 Text의 속성은 **내과**로 입력하여 완성한다.

◎ 텍스트 상자, 옵션 단추, 콤보 상자 등의 컨트롤로 완성된 직원관리 폼은 〈그림 4.32〉와 같다.

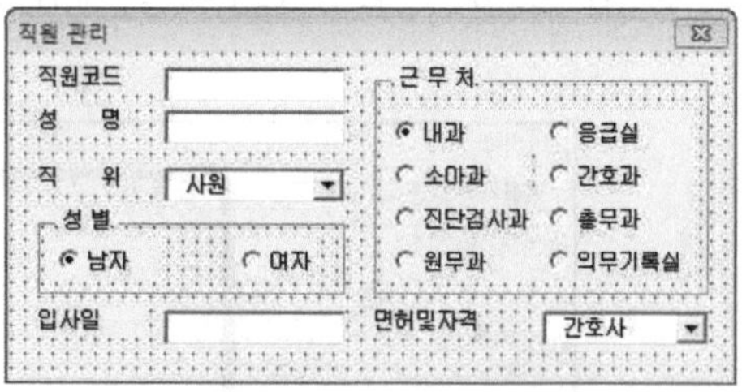

〈그림 4.32〉 완성된 직원관리폼

4.4.4 사용자 정의 폼 내용의 시트 입력

다음 [따라하기]는 **직원관리폼**에 **직원등록** 단추를 만들고 클릭하면 **직원관리폼**의 자료가 **직원등록** 시트 마지막 행의 해당 셀에 입력되도록 하는 실습이다.

따라하기

동작 1 개발 도구 리본 메뉴에서 코드 그룹의 Visual Basic ( )을 클릭하여 실행한다.

◎ 비주얼 베이직 편집기 창이 열린다.

동작 2 Module1에 **직원관리폼실행** 프로시저에서 사용할 전역 변수 mylast2를 추가하고 **직원관리폼실행** 프로시저를 아래의 코드로 수정하여 **직원관리** 시트에 입력된 마지막 데이터의 행이 mylast2에 저장되도록 수정한다.

```
Public mylast2 As Integer
```

◎ Public mylast2 As Integer 코드는 변수 선언 코드이므로 Module1의 최상단에 있는 Public mylast As Integer 코드 다음에 입력한다. mylast2 변수는 데이터의 마지막 행의 값을 저장하는 **전역 변수**로 **직원관리폼**에서 결정한 mylast2의 값을 다른 프로시저에서도 공통으로 사용할 수 있도록 한다.

```
Public Sub 직원관리폼실행()
    If Cells(2, 1) = "" Then
        mylast2 = 1
    Else
        Range("A1").Select
        Selection.End(xlDown).Select
        mylast2 = Selection.Cells.Row
    End If
    직원관리폼.Show
End Sub
```

◎ 다음 코드는 2행 1열의 값이 공백이면 입력된 데이터가 없으므로 mylast2 변수의 값을 1로 하고 아니면 A열의 마지막 데이터가 있는 행의 위치를 mylast2 변수에 입력한다.

```
If Cells(2, 1) = "" Then
    mylast2 = 1
Else
    Range("A1").Select
    Selection.End(xlDown).Select
    mylast2 = Selection.Cells.Row
End If
```

동작 3 프로젝트 영역의 폼 폴더에서 **직원관리폼**을 더블 클릭한다.

◎ **직원관리폼**의 디자인 창이 열리고 도구 상자가 표시된다.

동작 4 〈그림 4.33〉과 같이 폼의 크기를 조절하고 도구 상자에서 명령 단추(▭) 컨트롤을 선택하여 폼의 하단에 드래그 하여 명령 단추를 삽입한 후 Caption 을 **직원등록**으로 변경하고 컨트롤의 이름을 **직원등록단추**로 변경한다.

◎ 〈그림 4.33〉과 같이 **직원등록단추**가 삽입된다.

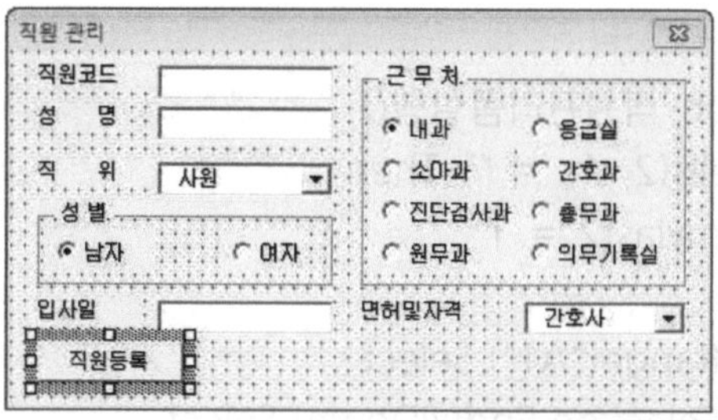

〈그림 4.33〉 직원등록 단추의 추가

동작 5 삽입된 **직원등록단추**에서 우측 버튼을 클릭하여 표시된 메뉴에서 코드 보기(O) 를 클릭한다.

◎ **직원등록단추**를 클릭했을 때 실행되는 Private 프로시저 코드를 작성할 수 있는 프로시저 블록이 생성된다.

```
Private Sub 직원등록단추_Click()

End Sub
```

동작 6 **직원등록단추** 프로시저를 다음의 내용으로 수정하여 폼에서 입력한 내용이 시트에 입력되도록 한다.

```
Private Sub 직원등록단추_Click()
    mylast2 = mylast2 + 1
    Cells(mylast2, 1) = 폼직원코드.Value
    Cells(mylast2, 2) = 폼성명.Value
    Cells(mylast2, 3) = 폼직위.Value
    If 폼성별1 = True Then Cells(mylast2, 4) = "남자"
    If 폼성별2 = True Then Cells(mylast2, 4) = "여자"
    If 폼근무처1 = True Then Cells(mylast2, 5) = "내과"
    If 폼근무처2 = True Then Cells(mylast2, 5) = "소아과"
    If 폼근무처3 = True Then Cells(mylast2, 5) = "진단검사과"
    If 폼근무처4 = True Then Cells(mylast2, 5) = "원무과"
    If 폼근무처5 = True Then Cells(mylast2, 5) = "응급실"
    If 폼근무처6 = True Then Cells(mylast2, 5) = "간호과"
    If 폼근무처7 = True Then Cells(mylast2, 5) = "총무과"
    If 폼근무처8 = True Then Cells(mylast2, 5) = "의무기록실"
    Cells(mylast2, 6) = 폼입사일.Value
    Cells(mylast2, 7) = 폼면허및자격.Value
End Sub
```

◎ mylast2 변수는 앞서 **직원관리폼실행** 프로시저에서 선언한 전역 변수로 **직원관리** 시트에 입력된 데이터의 마지막 행의 값을 전달 받으므로 프로시저 내에서 지역 변수로 선언하지 않는다.

◎ mylast2 = mylast2 + 1 코드는 **직원관리** 시트의 마지막 데이터의 행이 입력된 mylast 변수를 1증가 시켜 다음 데이터가 입력될 행을 지정한다.

◎ 다음 코드는 텍스트 상자 또는 콤보 상자에서 입력한 내용을 시트에 입력하는 프로시저로 **폼직원코드**.Value의 값은 mylast2 행의 1열(A열)에 입력하고 **폼성명**.Value의 값은 2열(B열)로 입력하고 **폼직위**.Value의 값은 3열(C열)에 입력한다.

```
Cells(mylast2, 1) = 폼직원코드.Value
Cells(mylast2, 2) = 폼성명.Value
Cells(mylast2, 3) = 폼직위.Value
```

◎ 다음 코드는 **성별** 프레임에서 옵션 단추로 선택한 결과에 따라 해당 내용을 **직원관리** 시트에 입력하는 프로시저로 **폼성별1**이 선택(True) 되었다면 **남자**를 mylast2 행의 4열(D열)에 입력하고 **폼성별2**이 선택(True) 되었다면 **여자**를 mylast2 행의 4열(D열)에 입력한다.

```
If 폼성별1 = True Then Cells(mylast2, 4) = "남자"
If 폼성별2 = True Then Cells(mylast2, 4) = "여자"
```

◎ 다음 코드는 **근무처** 프레임에서 옵션 단추로 선택한 결과에 따라 해당 내용을 **직원관리** 시트에 입력하는 프로시저로 **폼근무처1**이 선택(True) 되었다면 **내과**를 mylast2 행의 5열(E열)에 입력하고 **폼근무처2**가 선택(True) 되었다면 **소아과**를 mylast2 행의 5열(E열)에 입력하여 선택된 옵션 단추에 따라 해당 내용을 셀에 입력하는 코드 이다.

```
If 폼근무처1 = True Then Cells(mylast2, 5) = "내과"
If 폼근무처2 = True Then Cells(mylast2, 5) = "소아과"
If 폼근무처3 = True Then Cells(mylast2, 5) = "진단검사과"
If 폼근무처4 = True Then Cells(mylast2, 5) = "원무과"
If 폼근무처5 = True Then Cells(mylast2, 5) = "응급실"
If 폼근무처6 = True Then Cells(mylast2, 5) = "간호과"
If 폼근무처7 = True Then Cells(mylast2, 5) = "총무과"
If 폼근무처8 = True Then Cells(mylast2, 5) = "의무기록실"
```

◎ 다음 코드는 텍스트 상자 또는 콤보 상자에서 입력한 내용을 시트에 입력하는 프로시저로 **폼입사일**.Value의 값은 mylast2 행의 6열(F열)에 입력하고 **폼자격및면허**.Value의 값은 mylast2 행의 7열(G열)에 입력한다.

Cells(mylast2, 6) = 폼입사일.Value
Cells(mylast2, 7) = 폼면허및자격.Value

동작 7 **직원관리폼**을 실행하여 직원코드, 성명, 직위, 성별, 근무처, 입사일, 면허및자격 데이터를 입력한 후 **직원등록** 단추를 클릭하여 **직원관리** 시트의 데이터 입력을 확인한다.

MK1230 박문수 팀장 남자 원무과 2020-3-15 병원행정사

동작 8 **직원관리폼**을 닫는다.

4.4.5 폼 컨트롤 초기화

다음 [따라하기]는 **직원관리폼**에 **추가등록** 단추를 만들고 클릭하면 추가 직원을 등록할 수 있도록 직원관리폼을 **초기화**하는 실습이다.

따라하기

동작 1 개발 도구 리본 메뉴에서 코드 그룹의 Visual Basic ( )을 클릭하여 실행한다.

◎ 비주얼 베이직 편집기 창이 열린다.

동작 2 프로젝트 영역의 폼 폴더에서 **직원관리폼**을 더블 클릭한다.

◎ **직원관리폼**의 디자인 창이 열리고 도구 상자가 표시된다.

동작 3 도구 상자에서 명령 단추 ( ) 컨트롤을 선택하고 〈그림 4.34〉와 같이 컨트롤을 삽입 한 후 Caption 을 **추가등록**으로 변경하고 컨트롤의 이름을 **추가등록단추**로 변경한다.

◎ 〈그림 4.34〉와 같이 **추가등록단추**가 삽입된다.

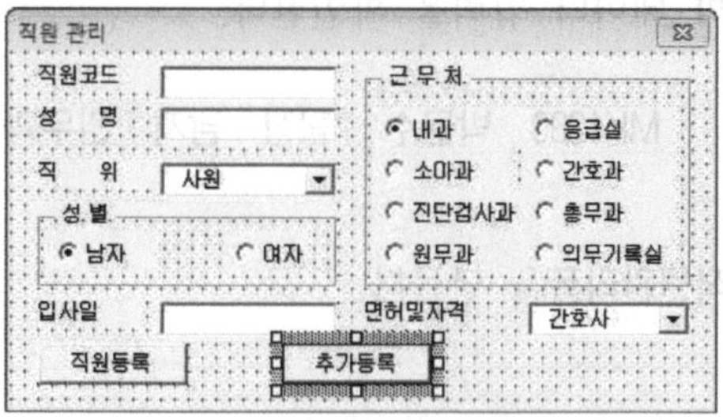

〈그림 4.34〉 추가등록 단추의 추가

동작 4 삽입된 **추가등록단추**에서 우측 버튼을 클릭하여 표시된 메뉴에서 코드 보기(O) 를 클릭한다.

◎ **추가등록단추**를 클릭했을 때 실행되는 Private 프로시저 코드를 작성할 수 있는 프로시저 블록이 생성된다.

```
Private Sub 추가등록단추_Click()

End Sub
```

동작 5 **추가등록단추** 프로시저에 다음 내용을 추가하여 **직원관리폼**의 컨트롤을 초기화한다.

```
Private Sub 추가등록단추_Click()
    Dim a
    For Each a In 직원관리폼.Controls
        If TypeName(a) = "TextBox" Then a.Text = ""
        If TypeName(a) = "OptionButton" Then a.Value = False
        If a.Name = "폼직위" Then a.Text = "사원"
        If a.Name = "폼면허및자격" Then a.Text = "간호사"
        If a.Name = "폼성별1" Then a.Value = True
        If a.Name = "폼근무처1" Then a.Value = True
    Next
End Sub
```

◎ 지역 변수 선언 코드인 Dim a는 컨트롤 선택을 위한 Variant 형 변수 a를 선언하는 코드이다.

◎ 다음 코드는 **직원관리폼**에 있는 각각의 컨트롤에 대해 만약 컨트롤이 TextBox이면 공백 처리하고 OptionButton이면 Value 속성을 False(비선택)으로 처리한다. 컨트롤이 **품직위** ComboBox이면 Text 속성은 **사원**으로 처리한다. 컨트롤이 **품면허및자격** ComboBox이면 Text 속성은 **간호사**로 처리한다. 만약 컨트롤이 **품성별1** OptionButton이면 Value 속성은 True(선택)로 처리하고 **폼근무처1** OptionButton이면 Value 속성은 True(선택)로 처리한다.

```
For Each a In 직원관리폼.Controls
    If TypeName(a) = "TextBox" Then a.Text = ""
    If TypeName(a) = "OptionButton" Then a.Value = False
    If a.Name = "폼직위" Then a.Text = "사원"
    If a.Name = "폼면허및자격" Then a.Text = "간호사"
    If a.Name = "폼성별1" Then a.Value = True
    If a.Name = "폼근무처1" Then a.Value = True
Next
```

동작 6 **직원관리폼**을 실행하여 직원코드, 성명, 직위, 성별, 근무처, 입사일, 면허및자격에 다음 데이터를 입력한 후 **직원등록**을 클릭하여 **직원관리** 시트에 내용을 등록한다.

MK1231 이문순 과장 여자 간호과 2020-5-11 간호사

동작 7 데이터를 추가하기 위해 **추가등록** 단추를 클릭한다.

◎ **직원관리폼**에 있는 항목의 내용이 모두 초기화 된다.

동작 8 다음 데이터를 입력한 후 **직원등록**을 클릭하여 **직원관리** 시트에 내용을 등록한다.

MK1232 이도령 팀장 남자 총무과 2020-5-11 OA산업기사

동작 9 **직원관리폼**을 종료한다.

다음 [따라하기]는 **직원관리폼**에 **닫기** 단추를 만들고 클릭하면 직원관리폼을 **종료**하는 실습이다.

따라하기

동작 1 개발 도구 리본 메뉴에서 코드 그룹의 Visual Basic ( )을 클릭하여 실행한다.

◎ 비주얼 베이직 편집기 창이 열린다.

동작 2 프로젝트 영역의 폼 폴더에서 **직원관리폼**을 더블 클릭한다.

◎ **직원관리폼**의 디자인 창이 열리고 도구 상자가 표시된다.

동작 3 도구 상자에서 명령 단추(⌴) 컨트롤을 선택하고 〈그림 4.35〉와 같이 컨트롤을 삽입 한 후 Caption을 **닫 기**로 변경하고 컨트롤의 이름을 **닫기단추**로 변경한다.

◎ 〈그림 4.35〉와 같이 **닫기단추**가 삽입된다.

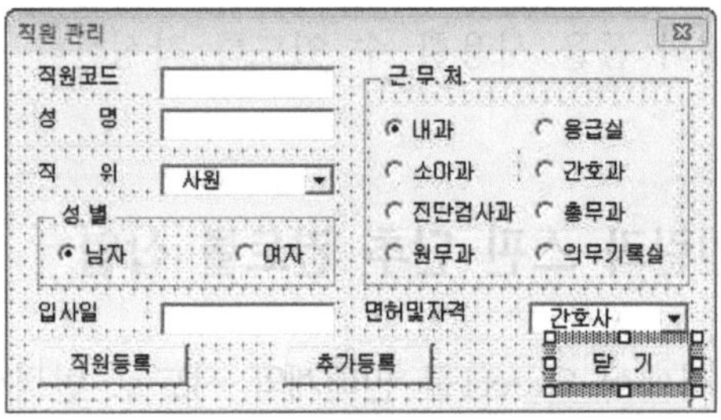

〈그림 4.35〉 닫기 단추의 추가

동작 4 삽입된 **닫기단추**에서 우측 버튼을 클릭하여 표시된 메뉴에서 코드 보기(O)를 클릭하고 다음 코드를 입력한다.

```
Private Sub 닫기단추_Click()
    Unload Me
End Sub
```

◎ Unload Me 코드는 현재 사용 중인 폼을 종료하는 코드이다.

동작 5 **직원관리폼**을 실행하고 **닫기단추**를 클릭하여 폼을 닫는다.

동작 6 다른 이름으로 저장을 클릭하여 파일 형식은 **Excel 매크로 사용 통합문서**로 파일명은 **KM병원관리**로 재 저장한다.

4.5 확인란과 스핀 단추 컨트롤

사용자 정의 폼인 진료예약폼과 직원관리폼은 레이블과 텍스트 상자, 옵션 단추, 콤보 상자 컨트롤을 이용하여 폼을 작성하였다. 본 절에서는 새로운 예제로 앞서 사용한 컨트롤에 더해 스핀 단추, 확인란 등의 컨트롤을 추가하여 사용자가 보다 편리하게 사용자 정의 폼을 사용할 수 있도록 작성한다.

4.5.1 확인란과 스핀 단추 컨트롤 삽입

[예제3] 새 통합 문서에서 Sheet1를 **판매계약** 시트로 변경한 후 1행에 일련번호, 고객명, 계약일, 제품명, 색상, 판매총액, 할인율, 판매가격 항목을 차례로 입력하고 〈그림 4.36〉과 같은 **판매계약폼**을 작성한 후 폼을 이용하여 데이터가 입력되도록 하시오.

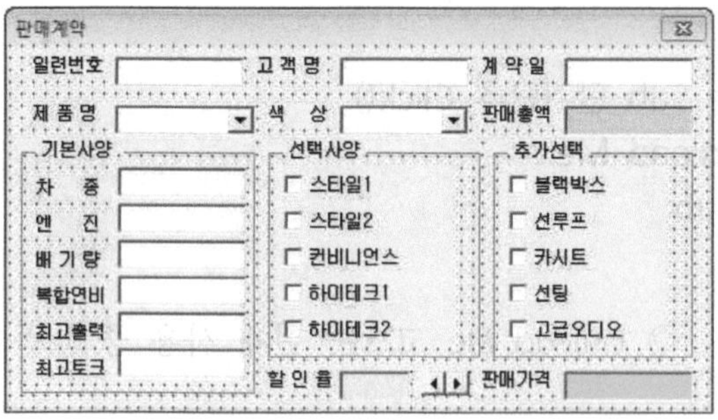

〈그림 4.36〉 사용자 정의 판매계약폼

요구사항

◎ Sheet1을 **판매계약** 시트로 바꾸고 〈그림 4.37〉과 같이 A1:H1 범위의 배경색을 흰색, 배경1, 15% 더 어둡게로 지정하고 판매계약폼을 이용하여 데이터가 입력되도록 하시오.

- 사용자 정의 폼 이름은 **판매계약폼**으로 하고 대화 상자의 제목은 **판매계약**으로 한다.

- **일련번호**는 1부터 차례로 1씩 증가하여 자동 부여되도록 한다.
- **계약일**은 시스템 날짜가 자동으로 표시되도록 하고 필요에 따라 변경할 수 있도록 처리한다.
- **제품명**, **색상**은 **콤보 상자** 컨트롤을 이용하여 작성한다.
- **선택사항**과 **추가선택**은 **프레임** 컨트롤과 **확인란** 컨트롤을 이용하여 작성한다.
- **할인율**은 **스핀 단추** 컨트롤을 이용하여 값이 표시 되도록 한다.
- **판매계약폼**을 실행시키는 명령 단추를 직원관리 시트의 I1:J2에 위치시키고 텍스트는 **판매계약**으로 한다.

다음 [따라하기]는 **새 통합 문서**에서 Sheet1의 이름을 **판매계약**으로 변경하고 항목을 추가한 후 비주얼 베이직 편집기(VBE, visual basic editor)에서 사용자 정의 폼 **판매계약폼**을 만드는 실습이다.

따라하기

동작 1 새 통합 문서에서 Sheet1을 **판매계약** 시트로 바꾸고 〈그림 4.37〉와 같이 A1:H1 범위의 배경색을 **흰색, 배경1, 15% 더 어둡게**로 지정하고 항목명을 추가한다.

◎ Sheet1이 **판매계약** 시트로 변경되고 〈그림 4.37〉과 같이 항목명이 추가된다.

	A	B	C	D	E	F	G	H	I	J
1	일련번호	고객명	계약일	제품명	색상	판매총액	할인율	판매가격		
2										
3										
4										
5										
6										
7										
8										
9										
10										

〈그림 4.37〉 판매계약 시트

동작 2 **판매계약** 시트에서 개발 도구 리본 메뉴에서 코드 그룹의 Visual Basic ( )을 클릭하고 VB 편집기 메뉴의 삽입(I)을 클릭하여 표시된 부메뉴에서 사용자 정의 폼(U) 을 클릭한다.

◎ UserForm1이 프로젝트 탐색기에 표시되고 프로젝트 탐색기 오른쪽에 UserForm1이 활성화되어 생성된다.

동작 3 좌측 하단의 속성 - UserForm1 창에서 (이름) 항목의 UserForm1을 **판매계약폼**으로 수정하고 Caption 항목의 UserForm1을 **판매계약**으로 수정한다.

◎ 사용자 정의 폼 이름이 **판매계약폼**으로 바뀌어 좌측 상단의 프로젝트 탐색 창과 속성 창에 사용자 정의 폼 이름으로 **판매계약폼**이 표시된다.

◎ 사용자 정의 폼의 제목(Caption)이 **판매계약**으로 수정된다.

동작 4 사용자 정의 폼이 있는 VBE 창에서 삽입(I) 를 클릭하여 표시된 메뉴에서 모듈(M) 을 클릭한다.

◎ 모듈 폴더 아래에 Module1이 생기고 우측에 프로시저를 입력할 수 있는 공간이 열린다.

동작 5 우측의 프로시저 입력 공간에 다음의 **판매계약폼실행** 프로시저를 작성한다.

```
Public Sub 판매계약폼실행()
    판매계약폼.Show
End Sub
```

◎ 사용자 정의 폼을 화면에 표시하려면 사용자 정의 폼 개체의 Show 메서드를 사용한다.

◎ **판매계약폼.Show**는 사용자 정의 폼 판매계약폼을 화면에 표시하는

코드이다.

동작 6 양식 컨트롤 단추를 **판매계약** 시트의 **I1:J2셀 범위**에 위치시키고 텍스트는 **판매계약**으로 하여 **판매계약폼실행** 프로시저를 실행시키는 단추를 삽입한다.

◎ 판매계약폼을 실행시키는 **판매계약** 실행 단추가 삽입된다.

동작 7 **판매계약** 단추를 클릭하여 **판매계약폼**을 실행한다.

◎ 사용자 정의 폼 **판매계약폼**이 실행된 결과는 〈그림 4.38〉과 같다.

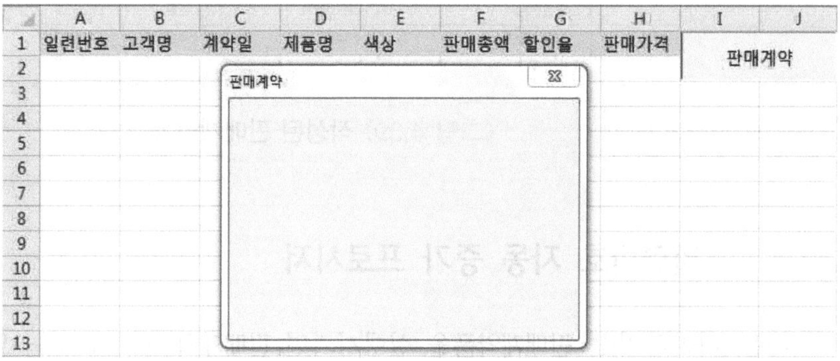

〈그림 4.38〉 판매계약폼의 실행

동작 8 닫기 단추를 클릭하여 **판매계약폼**을 닫는다.

동작 9 다른 이름으로 저장 을 클릭하여 파일 형식은 **Excel 매크로 사용 통합문서**로 파일명은 **BW카판매관리**로 저장한다.

[혼자하기 4.5.1] **판매계약폼**을 레이블, 텍스트 상자, 콤보 상자, 프레임, 확인란, 스핀 단추 컨트롤을 이용하여 〈그림 4.39〉와 같이 작성한다.

- **제품명**, **색상**은 **콤보 상자** 컨트롤을 이용하여 작성한다.
- **선택사항**과 **추가선택**은 **프레임** 컨트롤과 **확인란** 컨트롤을 이용하여 작성한다.

- **할인율** 텍스트 상자의 오른쪽에 **스핀 단추** 컨트롤을 만든다.
- 판매총액, 판매가격 텍스트 상자의 배경색은 연한 연두색으로 **할인율**은 연한 노랑색으로 지정한다.
- 레이블 컨트롤을 제외한 모든 컨트롤의 이름을 **폼일련번호**, **폼고객명**, **폼계약일**,… 과 같이 변경한다.
- 할인율 오른쪽에 있는 스핀 단추 컨트롤의 이름은 **폼할인율스핀**으로 변경한다.

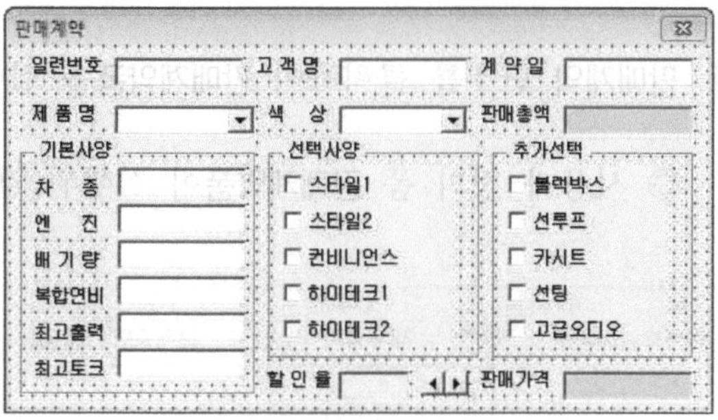

〈그림 4.39〉 작성된 판매계약폼

4.5.2 일련번호 자동 증가 프로시저

다음 [따라하기]는 **판매계약폼**을 실행시키면 **판매계약** 시트에 있는 **일련번호**의 최종값에 1을 증가시켜 텍스트 상자 **폼일련번호** 컨트롤에 자동 표시하고 탭 정지가 되지 않도록 한다. 만약 행 제목 이외 다른 데이터가 추가 되지 않았다면 **폼일련번호**의 값을 1로 자동 입력되고 탭 정지하지 않도록 한다. **폼계약일**에는 시스템 날짜가 폼 실행 시 표시되도록 한 후 사용자가 필요에 따라 수정할 수 있도록 하는 실습이다.

따라하기

동작 1 개발 도구 리본 메뉴에서 코드 그룹의 Visual Basic ( )을 클릭하여 실행한다.

◎ 비주얼 베이직 편집기 창이 열린다.

동작 2 프로젝트 영역의 폼 폴더에서 **판매계약폼**을 더블 클릭한다.

◎ **판매계약폼**의 디자인 창이 열리고 도구 상자가 표시된다.

동작 3 **판매계약폼**의 **폼일련번호** 컨트롤을 클릭하고 속성 창에서 TabStop 의 True를 False로 변경한다.

◎ 폼을 실행시켜 Tab 키를 눌러도 **판매계약폼**의 **폼일련번호**에 탭 정지되지 않는다.

동작 4 **판매계약폼실행** 프로시저에 다음의 내용으로 수정하여 판매계약 시트의 일련번호에 1을 증가시킨 값으로 **폼일련번호**가 자동 처리되도록 수정한다.

```
Public mylast As Integer

Public Sub 판매계약폼실행()
    판매계약폼.폼계약일 = Date
    If Cells(2, 1) = "" Then
        mylast = 1
        판매계약폼.폼일련번호 = 1
    Else
        Range("A1").Select
        Selection.End(xlDown).Select
        mylast = Selection.Cells.Row
        판매계약폼.폼일련번호 = Cells(mylast, 1) + 1
    End If
    판매계약폼.Show
End Sub
```

◎ Public mylast As Integer 코드의 mylast 변수는 데이터의 마지막 행의 값을 저장하는 **전역 변수**로 선언되어 **판매계약폼**에서 결정한

mylast의 값을 다른 프로시저에서도 공통으로 사용할 수 있는 변수로 최종 저장된 일련번호를 저장한다.

4.5.3 콤보 상자 컨트롤 속성

다음 [따라하기]는 **판매계약폼**의 **제품명** 콤보 상자에 이용될 데이터를 **기본사양** 시트에 작성한 후 해당 셀 범위의 이름을 **차종**으로 하고 **제품명** 콤보 상자의 RowSource의 속성으로 지정하는 실습이다.

따라하기

동작 1 워크시트 창에서 Sheet2의 이름을 **기본사양** 시트로 변경하고 〈그림 4.40〉을 참조하여 작성한다.

◎ 〈그림 4.40〉과 같이 기본사양 시트가 작성된다.

	A	B	C	D	E	F	G
1	차종	엔진	배기량	복합연비	최고출력	최고토크	가격
2	타보레 A6	감마1.6GDI	1591cc	11.5	184/4000	41/2500	₩ 22,220,000
3	타보레 A8	감마1.6GDI	1591cc	11.5	184/4000	41/2500	₩ 25,220,000
4	타보레 A10	1.6VGT	1850cc	14.1	261/6000	37/2000	₩ 26,220,000
5	슈렌트 KM01	R2.0EVGT	1980cc	13.1	186/4000	41/1750	₩ 30,500,000
6	슈렌트 KM05	R2.1EVGT	2200cc	12.8	202/3800	45/1750	₩ 32,840,000

〈그림 4.40〉 기본사양 시트

동작 2 A2:A6까지의 범위를 지정하고 **이름 상자**에서 **차종**를 입력하고 〈Enter〉 키를 친다.

◎ A2:A6 셀의 범위가 **시트직위**로 지정된다.

동작 3 개발 도구 리본 메뉴에서 코드 그룹의 Visual Basic ( )을 클릭하여 실행한다.

◎ 비주얼 베이직 편집기 창이 열린다.

동작 4 프로젝트 영역의 폼 폴더에서 **판매계약폼**을 더블 클릭한다.

◎ **판매계약폼**의 디자인 창이 열리고 도구 상자가 표시된다.

동작 5 **판매계약폼**의 디자인 창에서 **제품명** 콤보 상자를 선택한 후 속성 창에서 RowSource의 속성으로 **기본사양** 시트에서 작성한 범위 이름 **차종**을 입력하고 Text의 속성으로 **타보레 A6**을 입력한다.

◎ 콤보 상자의 RowSource의 속성으로 기본사양 시트의 **차종** 범위가 지정된다.

◎ 콤보 상자의 Text의 속성으로 **타보레 A6**이 지정되어 폼을 실행했을 때 기본 값으로 표시된다.

동작 6 **판매계약** 단추를 클릭하여 **판매계약폼**을 실행한다.

◎ **제품명** 콤보 상자의 기본값으로 **타보레A6**이 표시된다.

동작 7 **제품명** 콤보 상자의 선택 단추를 클릭한다.

◎ 〈그림 4.41〉과 같이 콤보 상자에서 선택 가능한 차종이 표시된다.

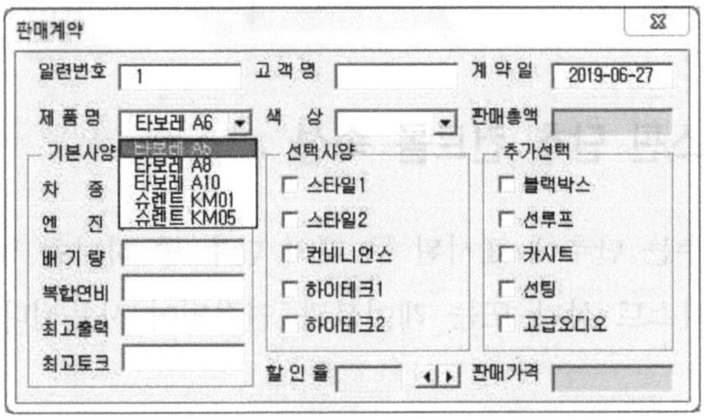

〈그림 4.41〉 제품명 콤보 상자의 선택 데이터

동작 8 **판매계약폼**을 닫는다.

[혼자하기 4.5.2] Sheet3의 이름을 **선택사양**으로 변경하고 〈그림 4.42〉를 참조하여 선택사양과 관련한 데이터를 입력한 후 G2:G9의 범위 이름을 **색상목록**으로 지정한다. **판매계약폼**의 **색상** 콤보 상자의 RowSource의 속성으로 **색상목록**을 지정하고 Text의 속성으로 **흰색**을 입력한다.

◎ 완성된 결과는 〈그림 4.43〉과 같다.

	A	B	C	D	E	F	G
1	선택사양	판매가격		추가선택	판매가격		색상목록
2	스타일1	650,000		블랙박스	270,000		흰색
3	스타일2	700,000		선루프	1,020,000		검정색
4	컨비니언스	760,000		카시트	67,000		진은색
5	하이테크1	1,001,000		선팅	250,000		연옥색
6	하이테크2	1,320,000		고급오디오	750,000		감홍색
7							파랑색
8							붉은색
9							금색

〈그림 4.42〉 선택사양 시트

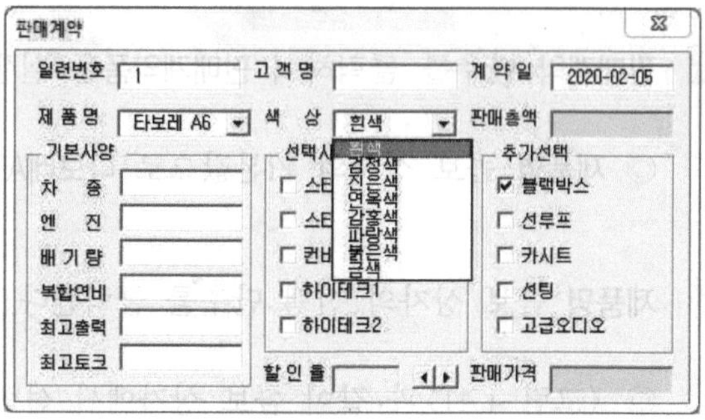

〈그림 4.43〉 색상 콤보 상자의 선택 데이터

4.5.4 스핀 단추 컨트롤 속성

스핀 단추는 단추에 표시된 두 개의 단추 중 하나를 눌러 값을 변화시킬 수 있는 컨트롤로 텍스트 상자 또는 레이블과 연결되어 사용된다.

다음 [따라하기]는 **판매계약폼**에서 **할인율** 텍스트 상자의 오른쪽에 있는 스핀 단추 컨트롤인 **폼할인율스핀**의 속성을 변경하여 할인율의 값을 0%에서 50%까지 1%씩 증가 또는 감소시켜 표시하도록 하는 실습이다.

따라하기

동작 1 개발 도구 리본 메뉴에서 코드 그룹의 Visual Basic ( )을 클릭하여 실행한다.

◎ 비주얼 베이직 편집기 창이 열린다.

동작 2 프로젝트 영역의 폼 폴더에서 **판매계약폼**을 더블 클릭한다.

◎ **판매계약폼**의 디자인 창이 열리고 도구 상자가 표시된다.

동작 3 **판매계약폼**의 디자인 창에서 **할인율** 텍스트 상자를 선택하고 속성 창의 Value를 0으로 설정한다.

◎ **판매계약폼**의 할인율 초기 값이 0%로 된다.

동작 4 **판매계약폼**의 디자인 창에서 **할인율** 텍스트 상자의 오른쪽에 있는 **폼할인율스핀** 컨트롤을 선택한 후 속성 창에서 Min는 0 Max는 50 SmallChange는 1로 변경한다.

◎ 스핀 단추의 화살표를 누르면 0에서 50까지 1씩 변화하도록 설정된다.

동작 5 **판매계약폼**의 **폼할인율스핀** 컨트롤에서 우측 버튼을 클릭하여 표시된 메뉴에서 **코드보기**를 클릭하여 아래의 코드를 입력한다.

```
Private Sub 폼할인율스핀_Change()
    폼할인율.Value = 폼할인율스핀.Value & "%"
End Sub
```

◎ 스핀 단추를 클릭하여 스핀 단추의 값이 변동되면 **폼할인율스핀**의 값이 % 기호를 붙여 **폼할인율** 값으로 입력한다.

동작 6 **판매계약폼**을 실행시켜 **스핀 단추**를 클릭하여 **할인율**의 값이 0%에서 50%까지 변화하는지를 확인한다.

다음 [따라하기]는 **판매계약폼**에서 **할인율** 텍스트 상자의 오른쪽에 있는 스핀 단추 컨트롤인 **폼할인율스핀**의 할인율 값이 10% 이하이면 할인율의 배경색이 흰색으로 노랑색10%를 넘어서면 할인율의 배경색이 노랑색으로 바뀌고 20%를 넘어서면 빨강색으로 바뀌어 사용자에게 과도한 할인율을 경고하는 실습이다.

따라하기

동작 1 개발 도구 리본 메뉴에서 코드 그룹의 Visual Basic ()을 클릭하여 실행한다.

◎ 비주얼 베이직 편집기 창이 열린다.

동작 2 프로젝트 영역의 폼 폴더에서 **판매계약폼**을 더블 클릭한다.

◎ **판매계약폼**의 디자인 창이 열리고 도구 상자가 표시된다.

동작 3 **판매계약폼**의 **폼할인율스핀** 컨트롤에서 우측 버튼을 클릭하여 표시된 메뉴의 **코드보기**를 클릭하여 아래의 코드로 수정하여 입력한다.

```
Private Sub 폼할인율스핀_Change()
    폼할인율.Value = 폼할인율스핀.Value & "%"
    If 폼할인율스핀.Value <= 10 Then 폼할인율.BackColor = vbWhite
    If 폼할인율스핀.Value > 10 Then 폼할인율.BackColor = vbYellow
    If 폼할인율스핀.Value > 20 Then 폼할인율.BackColor = vbRed
End Sub
```

◎ 만약 **폼할인율스핀**의 값이 10 이하이면 폼할인율의 배경색을 **흰색**으로 **노랑색**10을 넘어서면 폼할인율의 배경색을 **노랑색**으로 20를 넘어서면 **빨강색**으로 변경한다.

Help!!

VBA 코드에서 칼라(Color)를 지정하는 방법

VBA 코드에서 칼라를 지정하는 방법에는 칼라 상수, 내장 상수, RGB 함수 사용이 있다. 예를 들어 칼라 상수를 지정하는 방법은 컨트롤.BackColor = 0과 같이 직접적으로 칼라에 부여된 값(0: 검정색)과 같이 색을 지정하는 방법이다. 내장 상수는 대표적으로 사용되는 8가지의 색을 vbWhite, vbYellow, vbRed는 이외에 vbBlack, vbGreen, vbBlue, vbMagenta, vbCyan 등으로 지정하는 방법이다. RGB 함수는 인수로 주어지는 세 가지의 기본색 계열을 조합하여 색을 만든다. RGB 함수의 형식은 RGB(빨강색, 초록색, 파란색)으로 표현하되 세 가지 색마다 0에서 255까지의 값을 부여할 수 있다. 예를 들어 컨트롤.BackColor =RGB(255,0,0)은 빨강색을 지정하는 RGB 함수 방법이다.

4.5.5 콤보 상자 컨트롤 ListIndex

콤보 상자에서 ListIndex 값은 콤보 상자에서 표시된 목록에서 선택한 항목의 위치를 나타낸다. 예를 들어 콤보 상자에서 표시된 목록에서 첫 번째 목록을 클릭하면 ListIndex 값은 0으로 두 번째 목록을 클릭하면 1로 세 번째 목록을 클릭하면 2 … 으로 지정된다. ListIndex 값을 이용하면 시트에서 콤보 상자에 이용한 목록의 우측에 있는 값을 이용할 수 있다.

다음 [따라하기]는 **판매계약폼**의 **제품명** 콤보 상자에서 선택한 제품명에 따라 **기본사양** 시트에 작성되어 있는 해당 차종과 엔진, 배기량, 복합연비, 최고출력, 최고토크를 폼의 해당 텍스트 상자에 각각 표시하는 실습이다.

따라하기

동작 1 개발 도구 리본 메뉴에서 코드 그룹의 Visual Basic ( )을 클릭하여 실행한다.

◎ 비주얼 베이직 편집기 창이 열린다.

동작 2 프로젝트 영역의 폼 폴더에서 **판매계약폼**을 더블 클릭한다.

◎ **판매계약폼**의 디자인 창이 열리고 도구 상자가 표시된다.

동작 3 **판매계약폼**의 **폼제품명** 컨트롤에서 우측 버튼을 클릭하여 표시된 메뉴의 **코드보기**를 클릭하여 아래의 코드를 입력한다.

```
Private Sub 폼제품명_Change()
    Dim myindex As Integer
    myindex = 폼제품명.ListIndex + 2
    판매계약폼.폼차종 = Sheets("기본사양").Cells(myindex, 1)
    판매계약폼.폼엔진 = Sheets("기본사양").Cells(myindex, 2)
    판매계약폼.폼배기량 = Sheets("기본사양").Cells(myindex, 3)
    판매계약폼.폼복합연비 = Sheets("기본사양").Cells(myindex, 4)
    판매계약폼.폼최고출력 = Sheets("기본사양").Cells(myindex, 5)
    판매계약폼.폼최고토크 = Sheets("기본사양").Cells(myindex, 6)
End Sub
```

◎ **폼제품명_Change**는 콤보 상자의 목록을 선택했을 때 동작하는 프로시저로 목록의 값이 변경되지 않으면 작동되지 않는다.

◎ myindex는 폼제품명 콤보 상자의 목록을 선택하면 선택된 목록의 인덱스 값을 저장하는 사용자 정의 변수이다.

◎ **폼제품명**.ListIndex는 콤보 상자의 목록을 선택하면 선택된 목록의 인덱스 값을 구한다. **폼제품명**.ListIndex는 첫 번째 목록을 선택하면 0, 두 번째 목록을 선택하면 1 … 이 된다. **기본사양** 시트는 2번째 행에서 데이터가 시작되므로 **폼제품명**.ListIndex + 2로 myindex 값을 계산한다. 예를 들어 두 번째 목록을 선택하면 **ListIndex**는 1이되고 **myindex**는 3이 된다.

◎ 판매계약폼.폼차종 = Sheets("기본사양").Cells(myindex, 1) 코드는 기본사양 시트에서 myindex 행의 1열(차종)의 값을 **판매계약폼**의 **폼차종** 컨트롤에 입력한다. 아래의 코드는 동일한 방법으로 2열에서 6열까지의 값들을 판매계약폼의 해당 컨트롤에 입력한다.

동작 4 **판매계약폼**을 실행하고 제품명에서 **두 번째 목록(타보레 A8)**을 선택하여 기본사양이 입력되는지 확인한다.

◎ 〈그림 4.44〉는 **제품명**에서 두 번째 목록(타보레 A8)을 선택한 결과이다.

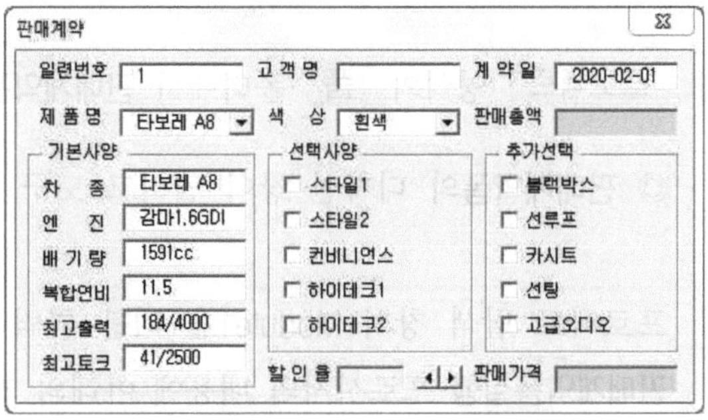

〈그림 4.44〉 제품명 콤보 상자의 목록 선택 결과

Help!!

판매계약폼 실행 시 초기값으로 설정되어 있는 제품명의 표시 방법

폼제품명_Change는 콤보 상자의 목록을 선택했을 때 동작하는 프로시저로 목록의 값이 변경되지 않으면 작동되지 않는다. 그러므로 판매계약폼을 실행하면 제품명은 표시되어 있으나 기본사양은 표시되지 않는다. 이를 해결하려면 판매계약폼을 실행하는 프로시저의 수정을 통해 할 수 있다.

다음 [따라하기]는 **판매계약폼**을 실행한 후 **제품명** 콤보 상자의 목록을 선택하지 않고 텍스트로 표시된 초기 값에 따라 **기본사양** 시트에 작성되어 있는 해당 차종과 엔진, 배기량, 복합연비, 최고출력, 최고토크를 폼의 해당 텍스트 상자에 각각 표시하는 실습이다.

따라하기

동작 1 개발 도구 리본 메뉴에서 코드 그룹의 Visual Basic ( )을 클릭하여 실행한다.

◎ 비주얼 베이직 편집기 창이 열린다.

동작 2 프로젝트 영역의 폼 폴더에서 **판매계약폼**을 더블 클릭한다.

◎ **판매계약폼**의 디자인 창이 열리고 도구 상자가 표시된다.

동작 3 프로젝트 탐색 창의 Module1을 더블 클릭하고 프로시저 입력 창에서 **판매계약폼실행** 프로시저의 내용에 아래의 **진하게 처리된 코드**를 추가하여 수정한다.

```
Public Sub 판매계약폼실행()
    판매계약폼.폼계약일 = Date
    If Cells(2, 1) = "" Then
        mylast = 1
        판매계약폼.폼일련번호 = 1
    Else
        Range("A1").Select
        Selection.End(xlDown).Select
        mylast = Selection.Cells.Row
        판매계약폼.폼일련번호 = Cells(mylast, 1) + 1
    End If

    myindex = 2
    판매계약폼.폼차종 = Sheets("기본사양").Cells(myindex, 1)
    판매계약폼.폼엔진 = Sheets("기본사양").Cells(myindex, 2)
    판매계약폼.폼배기량 = Sheets("기본사양").Cells(myindex, 3)
    판매계약폼.폼복합연비 = Sheets("기본사양").Cells(myindex, 4)
    판매계약폼.폼최고출력 = Sheets("기본사양").Cells(myindex, 5)
    판매계약폼.폼최고토크 = Sheets("기본사양").Cells(myindex, 6)

    판매계약폼.Show
End Sub
```

◎ **판매계약폼**의 **제품명**은 첫 번째 목록(타보레 A6)가 초기 값이므로 myindex의 값을 2로 설정한다.

◎ **판매계약폼.폼차종 = Sheets("기본사양").Cells(myindex, 1)** 코드는 **기본사양** 시트에서 myindex 행의 1열(차종)의 값을 **판매계약폼**의 **폼차종** 컨트롤에 입력하고 동일한 방법으로 2열에서 6열까지의 값을 폼의 해당 컨트롤에 입력한다.

동작 4 **판매계약폼**을 실행하고 초기 화면이 목록 값에 표시된 초기 값으로 기본사양이 표시되었는지를 확인한다.

◎ 〈그림 4.45〉는 판매계약폼을 실행한 초기 화면이다.

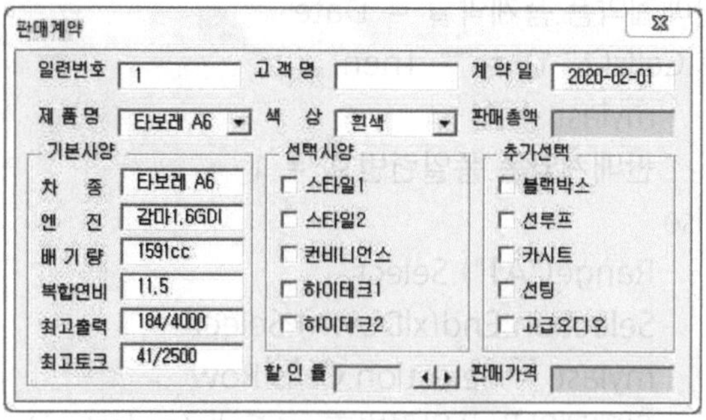

〈그림 4.45〉 판매계약폼 실행 초기 화면

4.5.6 콤보 상자 선택 목록의 계산 반영

콤보 상자의 RowSource 속성에 지정된 시트의 범위 목록에서 선택한 항목의 값을 사용자 정의 폼에서 원하는 식에 반영하려면 ListIndex로 검색된 행의 해당 값을 필요한 계산에 반영하면 된다.

다음 [따라하기]는 **판매계약폼**을 실행한 후 **제품명** 콤보 상자의 목록을 선택하면 **기본사양** 시트에 있는 제품의 **가격**을 폼의 **판매총액**에 반영하는 실습이다.

따라하기

동작 1 개발 도구 리본 메뉴에서 코드 그룹의 Visual Basic ( )을 클릭하여 실행한다.

◎ 비주얼 베이직 편집기 창이 열린다.

동작 2 프로젝트 영역의 폼 폴더에서 **판매계약폼**을 더블 클릭한다.

◎ **판매계약폼**의 디자인 창이 열리고 도구 상자가 표시된다.

동작 3 **판매계약폼**의 **폼제품명** 컨트롤에서 우측 버튼을 클릭하여 표시된 메뉴의 **코드보기**를 클릭하여 아래의 **진하게 처리된 코드**를 입력한다.

```
Private Sub 폼제품명_Change()
    Dim myindex As Integer
    myindex = 폼제품명.ListIndex + 2
    판매계약폼.폼차종 = Sheets("기본사양").Cells(myindex, 1)
    판매계약폼.폼엔진 = Sheets("기본사양").Cells(myindex, 2)
    판매계약폼.폼배기량 = Sheets("기본사양").Cells(myindex, 3)
    판매계약폼.폼복합연비 = Sheets("기본사양").Cells(myindex, 4)
    판매계약폼.폼최고출력 = Sheets("기본사양").Cells(myindex, 5)
    판매계약폼.폼최고토크 = Sheets("기본사양").Cells(myindex, 6)
    판매계약폼.폼판매총액 = Sheets("기본사양").Cells(myindex, 7)
End Sub
```

◎ **판매계약폼**의 **폼판매총액**에 **기본사양** 시트의 myindex 행의 **7열(가격)**이 반영된다.

동작 4 프로젝트 탐색 창의 Module1을 더블 클릭하고 프로시저 입력 창에서 **판매계약폼실행** 프로시저의 내용에 아래의 **진하게 처리된 코드**를 추가하여 수정한다.

```
Public Sub 판매계약폼실행()
    판매계약폼.폼계약일 = Date
    If Cells(2, 1) = "" Then
        mylast = 1
        판매계약폼.폼일련번호 = 1
    Else
        Range("A1").Select
        Selection.End(xlDown).Select
        mylast = Selection.Cells.Row
        판매계약폼.폼일련번호 = Cells(mylast, 1) + 1
    End If
```

```
    myindex = 2
    판매계약폼.폼차종 = Sheets("기본사양").Cells(myindex, 1)
    판매계약폼.폼엔진 = Sheets("기본사양").Cells(myindex, 2)
    판매계약폼.폼배기량 = Sheets("기본사양").Cells(myindex, 3)
    판매계약폼.폼복합연비 = Sheets("기본사양").Cells(myindex, 4)
    판매계약폼.폼최고출력 = Sheets("기본사양").Cells(myindex, 5)
    판매계약폼.폼최고토크 = Sheets("기본사양").Cells(myindex, 6)
    판매계약폼.폼판매총액 = Sheets("기본사양").Cells(myindex, 7)

    판매계약폼.Show
End Sub
```

◎ **판매계약폼** 실행 초기 화면의 콤보 상자의 Text 속성에 지정되어 있는 목록의 **가격**이 **폼판매총액**에 반영된다.

동작 5 **판매계약폼**을 실행하여 초기 화면에 표시된 **판매총액**이 콤보 상자에 표시된 초기 목록으로 **기본사양** 시트의 **가격**이 표시되었는지를 확인하고 **제품명** 콤보 상자의 목록을 선택하여 선택한 목록의 가격이 **판매총액**으로 반영되는지를 확인한다.

◎ 〈그림 4.46〉은 판매계약폼을 실행한 초기 화면으로 **판매총액**이 표시되어 있다.

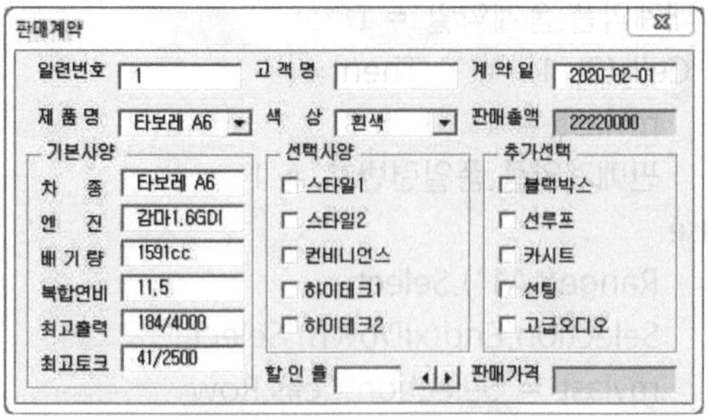

〈그림 4.46〉 판매계약폼 실행 초기 화면의 판매총액

4.5.7 스핀 단추 변동 값의 계산 반영

스핀 단추의 좌우 화살표를 클릭하면 스핀 단추의 속성에 지정된 Min 값 에서 Max 값 까지 SmallChange 값으로 증감시킬 수 있다. 스핀 단추에서 증감되는 값은 정수이므로 수식에 활용하고자 할 경우 주의하여야 한다. 예들 들어 스핀 단추의 값을 할인율과 같이 백분율(%)로 적용하려면 표시되는 방식은 %를 붙여 표시 할 수 있지만 계산식은 스핀 단추의 값인 정수를 이용하여야하고 100을 나누어 계산한다.

다음 [따라하기]는 **판매계약폼**을 실행한 후 **제품명** 콤보 상자의 목록으로 정해진 **판매총액**에 스핀 단추를 이용한 할인율을 반영하여 판매가격을 계산하는 실습이다.

따라하기

동작 1 개발 도구 리본 메뉴에서 코드 그룹의 Visual Basic ( )을 클릭하여 실행한다.

◎ 비주얼 베이직 편집기 창이 열린다.

동작 2 프로젝트 영역의 폼 폴더에서 **판매계약폼**을 더블 클릭한다.

◎ **판매계약폼**의 디자인 창이 열리고 도구 상자가 표시된다.

동작 3 **판매계약폼**의 **폼할인율스핀** 컨트롤에서 우측 버튼을 클릭하여 표시된 메뉴의 **코드보기**를 클릭하여 아래의 **진하게 처리된 코드**를 삽입한다.

```
Private Sub 폼할인율스핀_Change()
    폼할인율.Value = 폼할인율스핀.Value & "%"
    판매계약폼.폼판매가격 = 판매계약폼.폼판매총액 * (1 - 폼할인율스핀 / 100)
    If 폼할인율스핀.Value <= 10 Then 폼할인율.BackColor = vbWhite
    If 폼할인율스핀.Value > 10 Then 폼할인율.BackColor = vbYellow
    If 폼할인율스핀.Value > 20 Then 폼할인율.BackColor = vbRed
End Sub
```

◎ **판매계약폼**의 **폼판매가격**이 **판매계약폼.폼판매가격 = 폼판매총액 – (1 - 폼할인율스핀 / 100)**의 식으로 계산된다. <u>폼할인율스핀의 값이 정수로 증감하므로 100을 나누어 계산</u>한다.

동작 4 프로젝트 탐색 창의 Module1을 더블 클릭하고 프로시저 입력 창에서 **판매계약폼실행** 프로시저의 내용에 아래의 **진하게 처리된 코드**를 추가하여 수정한다.

```
Public Sub 판매계약폼실행()
    판매계약폼.폼계약일 = Date
    If Cells(2, 1) = "" Then
        mylast = 1
        판매계약폼.폼일련번호 = 1
    Else
        Range("A1").Select
        Selection.End(xlDown).Select
        mylast = Selection.Cells.Row
        판매계약폼.폼일련번호 = Cells(mylast, 1) + 1
    End If

    myindex = 2
    판매계약폼.폼차종 = Sheets("기본사양").Cells(myindex, 1)
    판매계약폼.폼엔진 = Sheets("기본사양").Cells(myindex, 2)
    판매계약폼.폼배기량 = Sheets("기본사양").Cells(myindex, 3)
    판매계약폼.폼복합연비 = Sheets("기본사양").Cells(myindex, 4)
    판매계약폼.폼최고출력 = Sheets("기본사양").Cells(myindex, 5)
```

```
    판매계약폼.폼최고토크 = Sheets("기본사양").Cells(myindex, 6)
    판매계약폼.폼판매총액 = Sheets("기본사양").Cells(myindex, 7)
    판매계약폼.폼할인율스핀 = 0
    판매계약폼.폼할인율.Value = 판매계약폼.폼할인율스핀.Value & "%"
    판매계약폼.폼판매가격 = 판매계약폼.폼판매총액 * (1 - 판매계약폼.폼할인율스핀 _
     / 100)

    판매계약폼.Show
End Sub
```

◎ 다음은 **판매계약폼** 실행 초기 화면의 **폼할인율스핀**과 **폼할인율**을 0으로 초기화 하고 할인율의 값을 0%로 표시하는 코드이다.

판매계약폼.폼할인율스핀 = 0

폼할인율.Value = 폼할인율스핀.Value & "%"

◎ 다음은 **판매계약폼**의 **폼판매가격**에 **폼할인율스핀**으로 증감된 정수 값으로 할인된 가격을 계산하여 표시하는 코드이다. **폼할인율스핀**의 값은 백분율이 반영되지 않은 값으로 표시되어 있으므로 100으로 나누어 계산한다.

동작 5 **판매계약폼**을 실행하여 초기 화면에 표시된 할인율이 0%로 표시되어 있는지 확인하고 **폼할인율스핀**의 화살표를 클릭하여 증감되는 값이 **판매가격**에 반영되어 표시되는지를 확인한다.

◎ 〈그림 4.47〉은 판매계약폼을 실행한 초기 화면으로 할인율이 0%로 표시되어 있고 **판매가격**에 반영되어 있다.

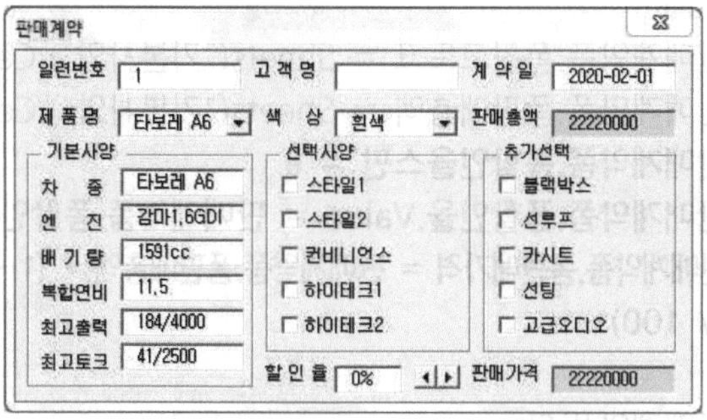

〈그림 4.47〉 판매계약폼 실행 초기 화면의 할인율과 판매가격

동작 6 **판매계약폼**에서 선택한 **제품명**의 목록과 **할인율**을 **판매가격**에 반영하기 위해 **폼제품명** 콤보 상자 컨트롤에서 우측 버튼을 클릭하여 표시된 메뉴의 **코드보기**를 클릭하여 아래의 **진하게 처리된 코드**를 삽입한다.

```
Private Sub 폼제품명_Change()
    Dim myindex As Integer
    myindex = 폼제품명.ListIndex + 2
    판매계약폼.폼차종 = Sheets("기본사양").Cells(myindex, 1)
    판매계약폼.폼엔진 = Sheets("기본사양").Cells(myindex, 2)
    판매계약폼.폼배기량 = Sheets("기본사양").Cells(myindex, 3)
    판매계약폼.폼복합연비 = Sheets("기본사양").Cells(myindex, 4)
    판매계약폼.폼최고출력 = Sheets("기본사양").Cells(myindex, 5)
    판매계약폼.폼최고토크 = Sheets("기본사양").Cells(myindex, 6)
    판매계약폼.폼판매총액 = Sheets("기본사양").Cells(myindex, 7)
    판매계약폼.폼판매가격 = 판매계약폼.폼판매총액 * (1 - 판매계약폼.폼할인율스핀 _
    / 100)
End Sub
```

◎ **판매계약폼**의 **폼판매가격**에 **폼제품명**을 바꾸어 선택한 목록의 **가격**과 **할인율**이 반영된 결과가 입력된다.

동작 7 **판매계약폼**을 실행하여 **제품명** 콤보 상자의 목록 선택 단추를 클릭한 후 다른 목록을 선택하고 선택한 목록의 **가격**과 폼에 표시된 **할인율**이 판매가격에 반영되어 계산되었는지 확인한다.

◎ 선택한 목록의 **가격**과 **할인율**이 **판매가격**이 계산되어 표시된다.

4.5.8 확인란 체크의 계산 반영

확인란(CheckBox)은 여러 선택 사항 중에서 사용자가 원하는 항목을 다중 선택할 수 있게 하는 컨트롤로 체크 박스에 체크되어 있으면 참(True)으로 선택을 나타내고 아니면 거짓(False)으로 선택 되지 않았음을 나타낸다. 예를 들어 제품을 구매할 때 추가로 선택할 수 있는 옵션 항목에서 원하는 항목을 선택한 경우 제품의 전체 판매가에 이를 반영한다.

다음 [따라하기]는 **판매계약폼**을 실행한 후 **선택사양**에서 선택한 **스타일1** 항목의 가격이 **판매총액**에 추가되어 계산되도록 하는 실습이다.

따라하기

동작 1 개발 도구 리본 메뉴에서 코드 그룹의 Visual Basic ( )을 클릭하여 실행한다.

◎ 비주얼 베이직 편집기 창이 열린다.

동작 2 프로젝트 영역의 폼 폴더에서 **판매계약폼**을 더블 클릭한다.

◎ **판매계약폼**의 디자인 창이 열리고 도구 상자가 표시된다.

동작 3 **판매계약폼**의 선택사양 프레임 안에 있는 **폼스타일1** 컨트롤에서 우측 버튼을 클릭하여 표시된 메뉴의 **코드보기**를 클릭하여 아래의 **코드**를 삽입한다.

```
Private Sub 폼스타일1_Click()
    If 폼스타일1.Tag = "" And 폼스타일1.Value = True Then
        폼판매총액 = 폼판매총액 + Sheets("선택사양").Cells(2, 2)
        폼판매가격 = 판매계약폼.폼판매총액 * (1 - 판매계약폼.폼할인율스핀 / 100)
        폼스타일1.Tag = "사용"
    Else
        폼판매총액 = 폼판매총액 - Sheets("선택사양").Cells(2, 2)
        폼판매가격 = 판매계약폼.폼판매총액 * (1 - 판매계약폼.폼할인율스핀 / 100)
        폼스타일1.Tag = ""
    End If
End Sub
```

◎ 다음 코드는 **폼스타일1**이 이전에 클릭된 적이 없고(Tag = "") **폼스타일1**을 체크(**폼스타일1**.Value = True)했으면 **폼판매총액**에 **선택사양** 시트의 **스타일1**의 **판매가격**(2행 2열)을 추가하여 더하고 **폼판매가격**에 **판매총액**에 **할인율**이 반영된 값을 계산한다. 폼스타일1이 클릭되어 사용되었으므로 Tag에 **사용**을 입력한다.

```
If 폼스타일1.Tag = "" And 폼스타일1.Value = True Then
    폼판매총액 = 폼판매총액 + Sheets("선택사양").Cells(2, 2)
    폼판매가격 = 판매계약폼.폼판매총액 * (1 – 판매계약폼.폼할인율스핀 / 100)
    폼스타일1.Tag = "사용"
```

◎ **폼스타일1**이 클릭된 적이 있거나(Tag = "사용") **폼스타일1**의 체크를 클릭하여 없앴다면(**폼스타일1**.Value = False) **폼판매총액**에 반영되어 있는 **선택사양** 시트의 **스타일1**의 **판매가격**(2행 2열)을 뺀다. **폼판매가격**은 **판매총액**에 **할인율**이 반영된 값으로 다시 계산한다. 폼스타일1이 클릭되어 체크가 없어 졌으므로 사용 이전의 상태로 하기 위해 Tag에 **공백**(" ")을 입력한다.

```
Else
    폼판매총액 = 폼판매총액 – Sheets("선택사양").Cells(2, 2)
    폼판매가격 = 판매계약폼.폼판매총액 * (1 – 판매계약폼.폼할인율스핀 / 100)
    폼스타일1.Tag = ""
```

동작 4 **판매계약폼**을 실행하고 **스타일1**을 **체크**하여 폼의 **판매총액**과 **판매가격**에 **스타일1**의 선택사양 **판매가격**이 더해져 계산되었는지를 확인한다.

◎ 〈그림 4.48〉은 **스타일1**을 **체크**하여 **판매총액**과 **판매가격**에 **스타일1**의 선택사양 **판매가격**이 추가되었고 **판매가격은 할인 율** 2%가 반영되었다.

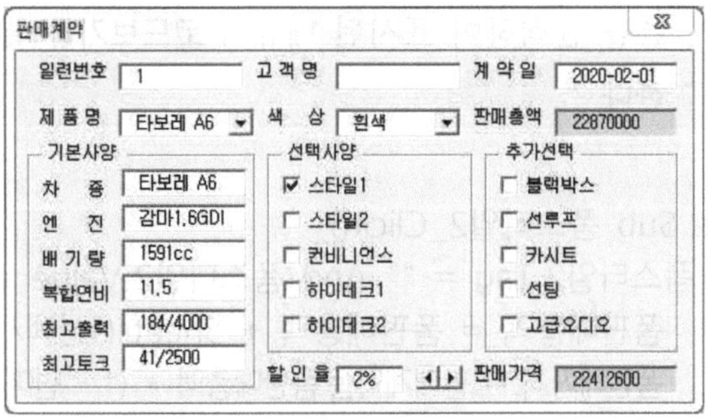

〈그림 4.48〉 판매계약폼의 스타일1 체크

동작 5 **판매계약폼**의 **스타일1**을 클릭하여 **체크**를 없앤 후 폼의 **판매총액**과 **판매가격**에 **스타일1**의 선택사양 **판매가격**이 감해져 계산되었는지를 확인한다.

◎ **스타일1**의 **체크**를 없애면 **판매총액**과 **판매가격**에 **스타일1**의 선택사양 **판매가격**이 감해져 원래의 판매총액과 판매가격으로 된다.

다음 [따라하기]는 **판매계약폼**을 실행한 후 **선택사양**에서 선택한 **스타일2** 항목의 가격이 **판매총액**에 추가되어 계산되도록 하는 실습이다.

따라하기

동작 1 개발 도구 리본 메뉴에서 코드 그룹의 Visual Basic ( )을 클릭하여 실행한다.

◎ 비주얼 베이직 편집기 창이 열린다.

동작 2 프로젝트 영역의 폼 폴더에서 **판매계약폼**을 더블 클릭한다.

◎ **판매계약폼**의 디자인 창이 열리고 도구 상자가 표시된다.

동작 3 **판매계약폼**의 선택사양 프레임 안에 있는 **폼스타일2** 컨트롤에서 우측 버튼을 클릭하여 표시된 메뉴의 **코드보기**를 클릭하여 아래의 **코드**를 삽입한다.

```
Private Sub 폼스타일2_Click()
    If 폼스타일2.Tag = "" And 폼스타일2.Value = True Then
        폼판매총액 = 폼판매총액 + Sheets("선택사양").Cells(3, 2)
        폼판매가격 = 판매계약폼.폼판매총액 * (1 - 판매계약폼.폼할인율스핀 / 100)
        폼스타일2.Tag = "사용"
    Else
        폼판매총액 = 폼판매총액 - Sheets("선택사양").Cells(3, 2)
        폼판매가격 = 판매계약폼.폼판매총액 * (1 - 판매계약폼.폼할인율스핀 / 100)
        폼스타일2.Tag = ""
    End If
End Sub
```

◎ 다음 코드는 **폼스타일2**가 이전에 클릭된 적이 없고(Tag = "") **폼스타일2**를 체크(**폼스타일2**.Value = True)했으면 **폼판매총액**에 **선택사양** 시트의 **스타일2**의 **판매가격**(3행 2열)을 추가하여 더하고 **폼판매가격**에 **판매총액**에 **할인율**이 반영된 값을 계산한다. 폼스타일2가 클릭되어 사용되었으므로 Tag에 **사용**을 입력한다.

```
If 폼스타일2.Tag = "" And 폼스타일2.Value = True Then
    폼판매총액 = 폼판매총액 + Sheets("선택사양").Cells(2, 2)
    폼판매가격 = 판매계약폼.폼판매총액 * (1 – 판매계약폼.폼할인율스핀 / 100)
    폼스타일2.Tag = "사용"
```

◎ **폼스타일2**가 클릭된 적이 있거나(Tag = "사용") **폼스타일2**의 체크를 클릭하여 없앴다면(**폼스타일2**.Value = False) **폼판매총액**에 반영되어 있는 **선택사양** 시트의 **스타일1**의 **판매가격**(2행 2열)을 뺀다. **폼판매가격**은 **판매총액**에 **할인율**이 반영된 값으로 다시 계산한다. <u>폼스타일2가 클릭되어 체크가 없어 졌으므로 사용 이전의 상태로 하기 위해 Tag에 공백(" ")을 입력</u>한다.

```
Else
    폼판매총액 = 폼판매총액 - Sheets("선택사양").Cells(2, 2)
    폼판매가격 = 판매계약폼.폼판매총액 * (1 - 판매계약폼.폼할인율스핀 / 100)
    폼스타일2.Tag = ""
```

동작 4 **판매계약폼**을 실행하고 **스타일2**을 **체크**하여 폼의 **판매총액**과 **판매가격**에 <u>**스타일2의 판매가격**</u>이 더해져 계산되었는지를 확인한다.

◎ 〈그림 4.49〉은 **스타일1**과 **스타일2**를 **체크**하여 **판매총액**과 **판매가격**에 <u>**스타일1**과 **스타일2**의 선택사양 **판매가격**</u>이 추가되고 **판매가격은 할인 율** 2%가 반영되었다.

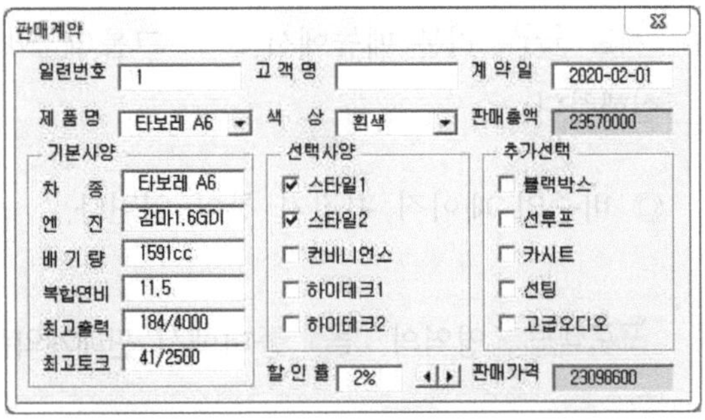

〈그림 4.49〉 판매계약폼의 스타일1 체크

동작 5 **판매계약폼**의 **스타일2**을 클릭하여 **체크**를 없앤 후 폼의 **판매총액**과 **판매가격**에 <u>**스타일2**의 선택사양 **판매가격**이 감해져 계산</u>되었는지를 확인한다.

◎ **스타일2**의 **체크**를 없애면 **판매총액**과 **판매가격**에 <u>**스타일2**의 선택사양 **판매가격**</u>이 감해져 원래의 판매총액과 판매가격으로 된다.

[혼자하기 4.5.1] **선택사양**의 **컨비니언스**, **하이테크1**, **하이테크2**의 체크 여부에 따라 **선택사양**의 **판매가격**을 **판매계약폼**의 **판매총액**에 반영하여 계산되도록 하고 **판매가격**은 **판매총액**과 **할인율**을 적용한 계산이 되도록 하라.

[혼자하기 4.5.2] **추가선택**의 **블랙박스**, **선루프**, **카시트**, **선팅**, **고급오디오**의 체크 여부에 따라 **선택사양** 시트의 추가선택 **판매가격**을 **판매계약폼**의 **판매총액**에 반영하여 계산되도록 하고 **판매가격**은 **판매총액**과 **할인율**을 적용한 계산이 되도록 하라.

4.5.9 사용자 정의 폼 내용의 시트 입력

다음 [따라하기]는 **판매계약폼**에 **계약등록** 단추를 만들고 클릭하면 **판매계약폼**의 자료가 **판매계약** 시트 마지막 행의 해당 셀에 입력되도록 하는 실습이다.

따라하기

동작 1 개발 도구 리본 메뉴에서 코드 그룹의 Visual Basic ( )을 클릭하여 실행한다.

◎ 비주얼 베이직 편집기 창이 열린다.

동작 2 프로젝트 영역의 폼 폴더에서 **판매계약폼**을 더블 클릭한다.

◎ **판매계약폼**의 디자인 창이 열리고 도구 상자가 표시된다.

동작 3 〈그림 4.50〉과 같이 폼의 크기를 조절하고 도구 상자에서 명령 단추 ( ) 컨트롤을 선택하여 폼의 하단에 드래그 하여 명령 단추를 삽입한 후 Caption 을 **계약등록**으로 변경하고 컨트롤의 이름을 **계약등록단추**로 변경한다.

◎ 〈그림 4.50〉과 같이 **계약등록단추**가 삽입된다.

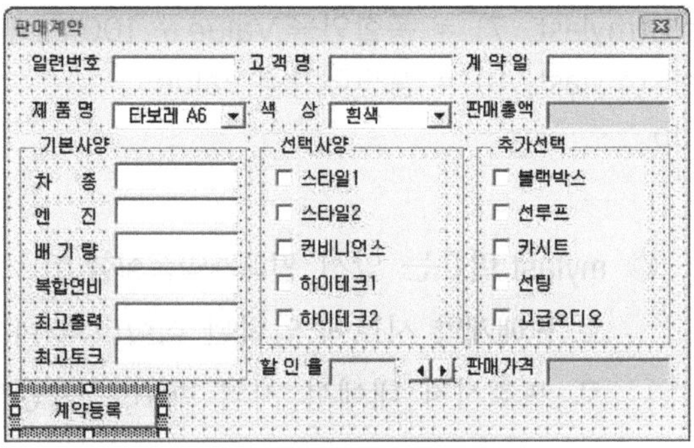

〈그림 4.50〉 계약등록 단추의 추가

동작 4 삽입된 **계약등록단추**에서 우측 버튼을 클릭하여 표시된 메뉴에서 코드 보기(O) 를 클릭한다.

◎ **계약등록단추**를 클릭했을 때 실행되는 Private 프로시저 코드를 작성할 수 있는 프로시저 블록이 생성된다.

```
Private Sub 계약등록단추_Click()

End Sub
```

동작 5 **계약등록단추** 프로시저를 다음의 내용으로 수정하여 폼에서 입력한 내용이 시트에 입력되도록 한다.

```
Private Sub 계약등록단추_Click()
    mylast = mylast + 1
    Cells(mylast, 1) = 폼일련번호.Value
    Cells(mylast, 2) = 폼고객명.Value
    Cells(mylast, 3) = 폼계약일.Value
    Cells(mylast, 4) = 폼제품명.Value
```

```
    Cells(mylast, 5) = 폼색상.Value
    Cells(mylast, 6) = 폼판매총액.Value
    Cells(mylast, 7) = 폼할인율.Value / 100
    Cells(mylast, 8) = 폼판매가격.Value
End Sub
```

◎ mylast 변수는 앞서 **판매계약폼실행** 프로시저에서 선언한 전역 변수로 **판매계약** 시트에 입력된 데이터의 마지막 행의 값을 전달 받으므로 프로시저 내에서 지역 변수로 선언하지 않는다.

◎ mylast = mylast + 1 코드는 **판매계약** 시트의 마지막 데이터의 행이 입력된 mylast 변수를 1증가 시켜 다음 데이터가 입력될 행을 지정한다.

◎ 다음 코드는 텍스트 상자 또는 콤보 상자에서 입력한 내용을 시트에 입력하는 프로시저로 **폼일련번호**.Value의 값은 mylast 행의 1열(A열)에 입력하고 **폼고객명**.Value의 값은 2열(B열)로 입력하고 **폼계약일**.Value의 값은 3열(C열)에 … **폼할인율스핀**.Value는 100으로 나누어 7열(G열)에 입력하고 **폼판매가격**.Value는 8열(H열)에 입력한다.

```
Cells(mylast, 1) = 폼일련번호.Value
Cells(mylast, 2) = 폼고객명.Value
Cells(mylast, 3) = 폼계약일.Value
Cells(mylast, 4) = 폼제품명.Value
Cells(mylast, 5) = 폼색상.Value
Cells(mylast, 6) = 폼판매총액.Value
Cells(mylast, 7) = 폼할인율스핀.Value / 100
Cells(mylast, 8) = 폼판매가격.Value
```

동작 6 판매계약폼을 실행하여 **고객명**, **계약일**, **제품명**, **색상**, **할인율**을 아래의 데이터로 입력하고 **선택사양**에서 **하이테크1**을 체크하고 **추가선택**에서 **고급오디오**를 체크한 후 **계약등록** 단추를 클릭한다.

손용민　2020-5-14　타보레 A10　진은색　5%

◎ **일련번호**는 자동으로 1이 부여되고 **판매총액**과 **판매가격**은 자동 계산된다.

◎ 입력이 완료된 결과는 〈그림 4.51〉과 같다.

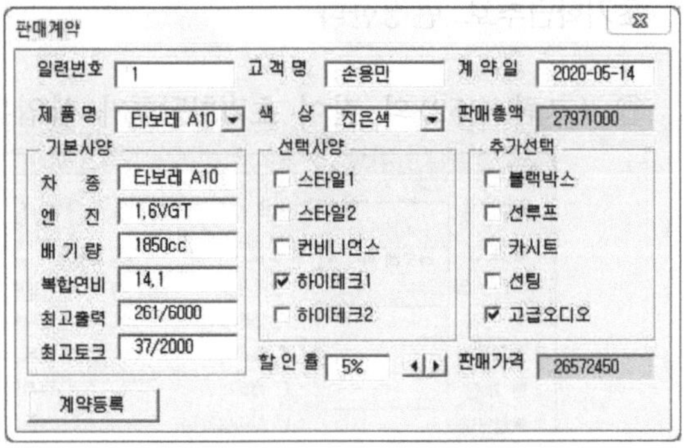

〈그림 4.51〉 데이터 입력 결과

동작 7 **판매계약폼**을 닫는다.

4.5.10 사용자 정의 폼 컨트롤 초기화

다음 [따라하기]는 **판매계약폼**에 **초기화** 단추를 만들고 클릭하면 추가로 계약을 등록하거나 폼 내용의 입력을 초기화할 수 있도록 판매계약폼을 작성하는 실습이다.

따라하기

동작 1 개발 도구 리본 메뉴에서 코드 그룹의 Visual Basic ( )을 클릭하여 실행한다.

◎ 비주얼 베이직 편집기 창이 열린다.

동작 2 프로젝트 영역의 폼 폴더에서 **판매계약폼**을 더블 클릭한다.

◎ **판매계약폼**의 디자인 창이 열리고 도구 상자가 표시된다.

동작 3 도구 상자에서 명령 단추( ) 컨트롤을 선택하고 〈그림 4.52〉와 같이 컨트롤을 삽입 한 후 Caption 을 **초기화로** 변경하고 컨트롤의 이름을 **초기화단추**로 변경한다.

◎ 〈그림 4.52〉와 같이 **초기화단추**가 삽입된다.

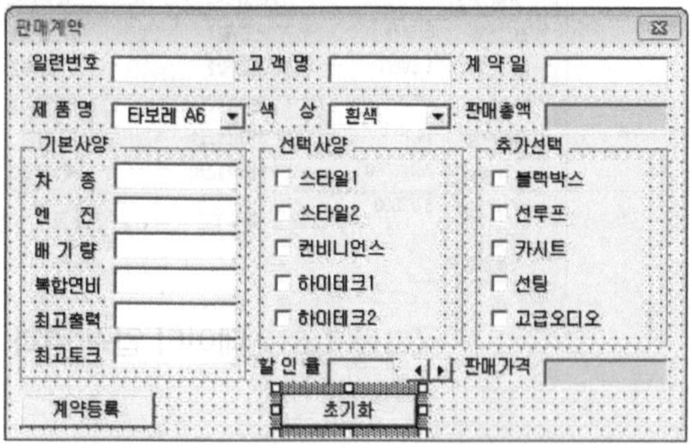

〈그림 4.52〉 초기화 단추의 추가

동작 4 삽입된 **초기화단추**에서 우측 버튼을 클릭하여 표시된 메뉴에서 코드 보기(O) 를 클릭한다.

◎ **초기화단추**를 클릭했을 때 실행되는 Private 프로시저 코드를 작성할 수 있는 프로시저 블록이 생성된다.

```
Private Sub 초기화단추_Click()

End Sub
```

동작 5 **초기화단추** 프로시저에 다음 내용을 추가하여 **판매계약폼**의 컨트롤을 초기화하는 프로시저를 작성한다.

```
Private Sub 초기화단추_Click()
    폼고객명.Value = ""
    폼제품명.Value = "타보레 A6"
    폼색상.Value = "흰색"
    폼할인율스핀.Value = 0
    Dim a
    For Each a In 판매계약폼.Controls
        If TypeName(a) = "CheckBox" Then
            a.Value = False
            a.Tag = ""
        End If
    Next

    판매계약폼.폼계약일 = Date
    If Cells(2, 1) = "" Then
        mylast = 1
        판매계약폼.폼일련번호 = 1
    Else
        Range("A1").Select
        Selection.End(xlDown).Select
        mylast = Selection.Cells.Row
        판매계약폼.폼일련번호 = Cells(mylast, 1) + 1
    End If

    myindex = 2
    판매계약폼.폼차종 = Sheets("기본사양").Cells(myindex, 1)
    판매계약폼.폼엔진 = Sheets("기본사양").Cells(myindex, 2)
    판매계약폼.폼배기량 = Sheets("기본사양").Cells(myindex, 3)
    판매계약폼.폼복합연비 = Sheets("기본사양").Cells(myindex, 4)
    판매계약폼.폼최고출력 = Sheets("기본사양").Cells(myindex, 5)
    판매계약폼.폼최고토크 = Sheets("기본사양").Cells(myindex, 6)
    판매계약폼.폼판매총액 = Sheets("기본사양").Cells(myindex, 7)
    판매계약폼.폼할인율스핀 = 0
    판매계약폼.폼할인율.Value = 판매계약폼.폼할인율스핀.Value & "%"
    판매계약폼.폼판매가격 = 판매계약폼.폼판매총액 * (1 - 판매계약폼.폼할인율스핀 _
    / 100)
End Sub
```

◎ 다음 코드는 **폼고객명**은 **공백**으로 **폼제품명**의 기본 값은 **타보레 A6**으로 **폼색상**의 기본 값은 **흰색**으로 **폼할인율스핀**의 기본 값은 **0**으로 초기화하는 코드이다.

```
폼고객명.Value = ""
폼제품명.Value = "타보레 A6"
폼색상.Value = "흰색"
폼할인율스핀.Value = 0
```

◎ 변수 선언 코드인 Dim a는 컨트롤 선택을 위한 Variant 형 변수 a를 선언하는 코드이다.

◎ 다음 코드는 **판매계약폼**의 컨트롤이 **CheckBox**이면 모든 컨트롤의 기본 값(Value)을 **False**로 하고 Tag는 **공백**으로 처리한다.

```
For Each a In 판매계약폼.Controls
    If TypeName(a) = "CheckBox" Then
        a.Value = False
        a.Tag = ""
    End If
Next
```

◎ 다음 코드는 **판매계약폼**의 컨트롤이 **폼계약일**의 값을 **시스템 날짜(Date)**로 설정하고 **판매계약** 시트에 있는 **일련번호**를 참조하여 번호를 1증가 시킨다. mylast는 마지막 데이터가 입력되어 있는 행의 값을 저장하는 변수이다.

```
판매계약폼.폼계약일 = Date
If Cells(2, 1) = "" Then
  mylast = 1
  판매계약폼.폼일련번호 = 1
Else
  Range("A1").Select
  Selection.End(xlDown).Select
  mylast = Selection.Cells.Row
```

```
    판매계약폼.폼일련번호 = Cells(mylast, 1) + 1
End If
```

◎ 다음 코드는 **판매계약폼**의 **기본사양** 프레임에 있는 텍스트 상자에 **기본사양** 시트의 1행에서 7행까지의 해당 데이터를 입력하고 **할인율**을 적용한 **폼판매가격**을 계산한다. myindex는 **기본사양** 시트의 **타보레 A6**가 **제품명**의 기본 값으로 입력되어 있으므로 초기 행의 값으로 2를 저장하는 변수이다.

```
myindex = 2
판매계약폼.폼차종 = Sheets("기본사양").Cells(myindex, 1)
판매계약폼.폼엔진 = Sheets("기본사양").Cells(myindex, 2)
판매계약폼.폼배기량 = Sheets("기본사양").Cells(myindex, 3)
판매계약폼.폼복합연비 = Sheets("기본사양").Cells(myindex, 4)
판매계약폼.폼최고출력 = Sheets("기본사양").Cells(myindex, 5)
판매계약폼.폼최고토크 = Sheets("기본사양").Cells(myindex, 6)
판매계약폼.폼판매총액 = Sheets("기본사양").Cells(myindex, 7)
판매계약폼.폼할인율스핀 = 0
판매계약폼.폼할인율.Value = 판매계약폼.폼할인율스핀.Value & "%"
판매계약폼.폼판매가격 = 판매계약폼.폼판매총액 * (1 - 판매계약폼.폼할
인율스핀 _ / 100)
```

동작 6 **판매계약폼**을 실행하여 **고객명**, **계약일**, **제품명**, **색상**, **할인율**을 아래의 데이터로 입력하고 **선택사양**에서 **하이테크2**와 **컨비니언스**을 체크하고 **추가선택**에서 **블랙박스**와 **고급오디오**를 체크한 후 **계약등록** 단추를 클릭한다.

황동순 2020-5-14 슈렌트 KM01 검정색 3%

동작 7 추가 데이터 입력을 위해 **초기화** 단추를 클릭한다.

◎ **판매계약폼**에 있는 항목의 내용이 초기화 된다.

동작 8 **고객명**, **계약일**, **제품명**, **색상**, **할인율**을 아래의 데이터로 입력하고 **선택사양**에서 **스타일2**와 **하이테크1**을 체크하고 **추가선택**에서 **선루프**와 **카시트**를 체크한 후 **계약등록** 단추를 클릭여 **판매계약** 시트에 내용을 등록한다.

박만돌　2020-5-14　슈렌트 KM05　흰색　4%

동작 9 **판매계약폼**을 종료한다.

다음 [따라하기]는 **판매계약폼**에 **닫기** 단추를 만들고 클릭하면 판매계약폼을 **종료**하는 실습이다.

따라하기

동작 1 개발 도구 리본 메뉴에서 코드 그룹의 Visual Basic ( )을 클릭하여 실행한다.

◎ 비주얼 베이직 편집기 창이 열린다.

동작 2 프로젝트 영역의 폼 폴더에서 **판매계약폼**을 더블 클릭한다.

◎ **판매계약폼**의 디자인 창이 열리고 도구 상자가 표시된다.

동작 3 도구 상자에서 명령 단추 ( ) 컨트롤을 선택하고 〈그림 4.53〉과 같이 컨트롤을 삽입 한 후 Caption 을 **닫 기**로 변경하고 컨트롤의 이름을 **닫기단추**로 변경한다.

◎ 〈그림 4.53〉과 같이 **닫기단추**가 삽입된다.

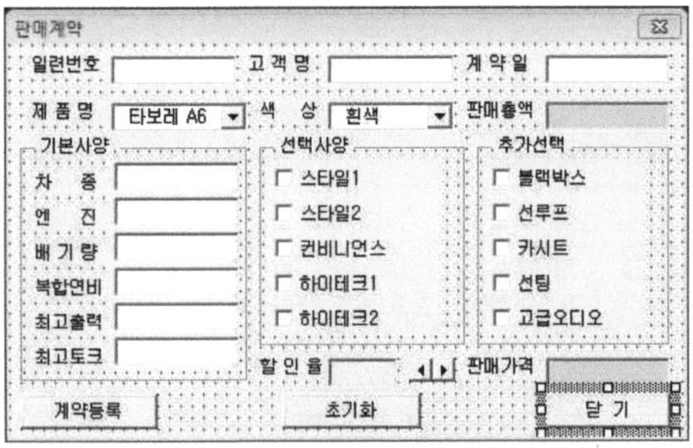

〈그림 4.53〉 닫기 단추의 추가

동작 4 삽입된 **닫기단추**에서 우측 버튼을 클릭하여 표시된 메뉴에서 코드 보기(O) 를 클릭하고 다음 코드를 입력한다.

```
Private Sub 닫기단추_Click()
    Unload Me
End Sub
```

◎ Unload Me 코드는 현재 사용 중인 폼을 종료하는 코드이다.

동작 5 **판매계약폼**을 실행하고 **닫기단추**를 클릭하여 폼을 닫는다.

동작 6 다른 이름으로 저장을 클릭하여 파일 형식은 **Excel 매크로 사용 통합문서**로 파일명은 **코리아자동차**로 저장한다.

Help!!

코드 작성의 다양성

코드에 사용하는 문장의 규칙은 있으나 문제를 해결하는 방법은 특별히 정해진 규칙이 없다. 그래서 사용자 정의 폼은 폼을 작성하는 사용자의 취향이나 즐겨 사용하는 코딩 습관에 따라 다양한 형태로 작성되고 작성자의 창의성이 얼마나 발휘되는가에 따라 세상에 없는 아이디어와 다양한 형태의 폼으로 만들어진 새로운 응용프로그램이 만들어 지게 되는 것이다.

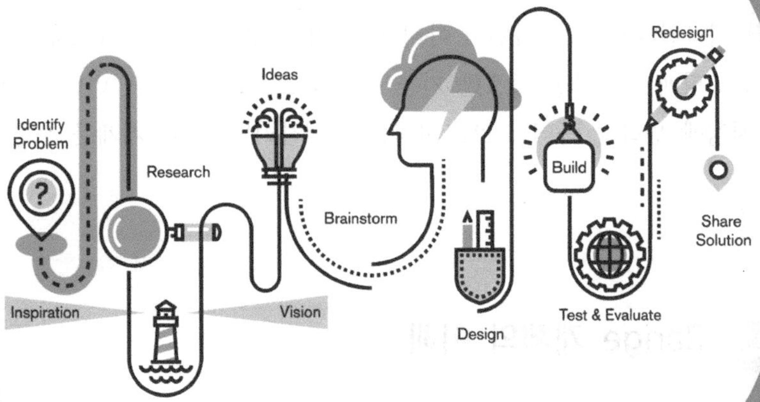

CHAPTER

5

Range 개체

엑셀에서 기본적으로 많이 사용하는 기능 중 하나는 셀이나 셀의 범위를 지정하는 일이다. 셀의 선택은 셀 포인터를 이용해서 하나의 셀을 선택하거나 보다 넓은 범위의 다수 셀을 한꺼번에 선택하게 된다. 워크시트에서 작업의 시작은 셀을 선택하면서부터 시작된다고 봐도 과언이 아니다. 따라서 셀과 범위를 참조하여 처리하는 방법은 VBA 코딩에서도 가장 중요한 기능 중 하나로 볼 수 있다. VBA 코딩에서 특정 범위를 지정해 원하는 목적의 프로시저를 작성하려면 Range개체를 사용해야 한다.

5.1 Range 개체의 이해

지금까지 학습한 VBA 프로시저의 작성에서 작업자는 기본적으로 Range 개체를 사용해 왔다. Range 개체는 셀의 범위를 지정하거나 참조할 수 있는 개체 형식으로 셀, 범위(영역), 행, 열 등이 모두 Range 개체에 속한다. VBA 코딩에서는 시트의 셀이나 셀 범위, 행 또는 열 단위의 Range 개체에서 Text, Cells, Count, Formlra, Value, Row, Column, Offset 등의 속성과 Activate, Clear, Copy, Sort, Merge, PrintOut 등의 메서드를 사용하여 작업자가 원하는 다양한 형태의 작업을 수행하도록 할 수 있다.

엑셀에서 제일 상위 개체인 Workbooks(Workbook) 개체 아래에는 Worksheets (Worksheet) 개체가 있다. Range 개체는 Worksheet 개체의 하층에 위치하는 개체로 셀이나 셀 범위를 구하는 Range 속성, 하나의 셀 값을 절대적인 행과 열의 인덱스로 구하는 Cells 속성, 하나의 셀 값을 기준으로 상대적인 행과 열의 인덱스로 구하는 Offset 속성, 두 개의 셀 범위를 합친 셀 범위를 구하는 Union 메서드와 지정한 셀 범위의 크기를 재조정한 크기로 구하는 Resize 속성 등이 있다.

Help!!

Range 개체의 활용

앞서 학습한 많은 예제에서 Range개체는 이미 특정 문제를 해결하는 실무 목적에 맞도록 다양하게 활용되어 왔다. Range 개체는 활용하고자하는 프로시저의 활용 목적에 따라 적절한 속성과 메서드를 선택해 사용되어야 하지만 동일한 목적을 가진 문제에 있어서도 사용자의 취향이나 습관에 따라 여러 가지 방법으로 활용되어 코딩될 수 있다. 본 장에서는 Cells 속성, Range 속성 외에 Offset 속성을 중심으로 사용자가 원하는 작업을 수행할 수 있도록 하는 VBA 코딩을 학습하고 그 차이를 이해한다.

5.1.1 Range 속성을 이용한 범위 선택

VBA 코드에서 워크시트 개체의 Range 속성을 이용하여 특정 범위를 지정하려면 Select 메서드를 사용한다. 예를 들어 VBA 코드에서 사용 중인 시트의 A1:A5범위의 선택하려면 ActiveSheet.Range("A1:A5").Select로 코딩하면 된다. Range 속성 앞에 다른 시트를 지정하는 개체가 없다면 현재 통합문서에서 현재 활성화되어 있는 워크시트를 대상으로 범위가 선택된다.

선택된 셀 또는 셀 범위는 ActiveCell이 존재하게 된다. 예를 들어 Range("A1").Select으로 하나의 셀을 선택하면 ActiveCell 주소는 $A$1이 되고 Range("B1:B5").Select으로 셀 범위를 선택하면 ActiveCell 주소는 $B$1이 된다.

하나의 시트에서 **<u>활성화된 셀(셀 포인터가 있는 셀)</u>**은 하나가 되어야 하므로 Select 메서드로 선택된 범위에서 첫 번째 셀이 아닌 다른 셀을 활성화하려면 해당 셀에 Activate 메서드를 써서 셀을 활성화 시켜야 한다. 예를 들어 Range("B1:B5").Select로 선택한 셀 범위에서 B3을 활성화하려면 아래와 같이 코딩하면 된다. 이것은 시트 상에서 B1:B5의 범위를 마우스로 설정하고 Ctrl키를 누른 체 B3를 선택한 결과와 같다.

```
Range("B1:B5").Select
Range("B3").Activate
```

Range 속성은 셀이나 셀 영역을 선택할 때 두 가지 방법으로 지정할 수 있다. 예를 들어 Range("B1:B5").Select를 범위로 지정하는 방법은 다음과 같이 두 가지 방법으로 지정할 수 있으며 실행 결과는 동일하다.

```
Range("B1:B5").Select
Range("B1","B5").Activate
```

Range 속성에서 행 또는 열전체를 선택하려면 행 이름 또는 열 이름을 지정해서 선택한다. 예를 들어 A열에서 D열을 선택하려면 Range("A:D").Select로 선택하고 2행에서 5행을 선택하려면 Range("2:5").Select로 선택한다.

[예제1] 새 통합 문서에서 Sheet1을 **범위지정1** 시트로 바꾸고 시트에서 코드를 실행하면 B2:F7 범위에 1에서50까지의 범위에 배경색이 임의로 지정되도록 하시오.

요구사항

◎ Sheet1을 **범위지정1** 시트로 바꾸고 코드를 실행하면 B2:F7의 범위에 1에서 50까지의 난수로 배경색이 지정되도록 하시오.

- VBA 프로시저의 **이름**은 **배경색지정**1로 하고 매크로 실행은 **양식 컨트롤의 단추**를 이용하여 실행한다. 버튼의 텍스트는 **배경색**1로 하고 단추는 H1:H2에 위치시킨다.

다음 [따라하기]는 Range 속성으로 B2:F7까지의 범위에 1에서 50까지의 난수로 배경색이 지정되도록 프로시저를 작성하고 실행하는 실습이다.

따라하기

동작 1 Sheet1을 **범위지정1** 시트로 바꾸고 개발 도구 리본 메뉴에서 코드 그룹의 Visual Basic ( )을 클릭한다.

◎ 비주얼 베이직 코드 편집 창이 열린다.

동작 2 VB 편집기 메뉴의 삽입(I)을 클릭하여 표시된 부 메뉴에서 모듈(M)을 생성하고 **배경색지정1** 프로시저를 삽입한다.

◎ Module1이 생성되고 **배경색지정1** 프로시저가 만들어진다.

동작 3 **배경색지정1** 프로시저의 내용으로 아래의 코드를 입력한다.

```
Public Sub 배경색지정1()
    Worksheets("범위지정1").Activate
    Range("B2:F7").Interior.ColorIndex = Int(Rnd * 50 + 1)
End Sub
```

◎ Module1에 **배경색지정1** 프로시저가 입력된다.

◎ 다음 코드는 워크시트 **범위지정1**을 활성화시킨다.
Worksheets("범위지정1").Activate

◎ 다음 코드는 B2:B7 범위의 배경색을 1에서 50까지의 난수 값으로 지정한다.
Range("B2:F7").Interior.ColorIndex = Int(Rnd * 50 + 1)

동작 4 H1:H2 범위에 **양식 단추**를 삽입한 후 **배경색지정1** 프로시저를 지정하고 텍스트로 **배경색1**을 입력한다.

동작 5 **배경색1** 단추를 클릭하여 실행한다.

◎ 실행한 결과는 〈그림 5.1〉과 같다.

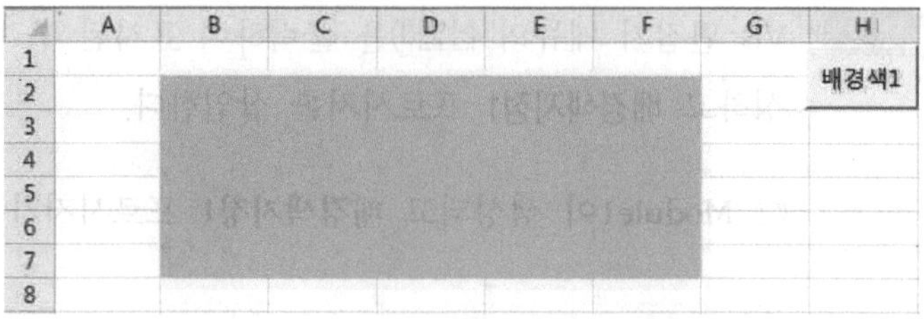

〈그림 5.1〉 배경색지정1 코드 실행 결과

[예제2] 범위지정1 시트의 B2:F7 범위의 셀 배경색을 초기화 하는 프로시저를 작성하시오

요구사항

◎ 범위지정1 시트에서 B2:F7 범위의 배경색이 초기화되도록 하시오.

- VBA 프로시저의 **이름**은 **초기화**로 하고 매크로 실행은 **양식 컨트롤의 단추**를 이용하여 실행한다. 버튼의 텍스트는 **초기화**로 하고 단추는 H3:H4에 위치 시킨다.

다음 [따라하기]는 B2:F7까지의 범위에 지정된 배경색을 초기화 시키는 프로시저를 작성하고 실행하는 실습이다.

따라하기

동작 1 개발 도구 리본 메뉴에서 코드 그룹의 Visual Basic ( )을 클릭한다.

◎ 비주얼 베이직 코드 편집 창이 열린다.

동작 2 Module1에 **초기화** 프로시저를 삽입한다.

◎ Module1에 **초기화** 프로시저가 만들어진다.

동작 3 초기화 프로시저의 내용으로 아래의 코드를 입력한다.

```
Public Sub 초기화()
    Worksheets("범위지정1").Activate
    Range("B2:F7").Interior.ColorIndex = 0
End Sub
```

◎ 다음 코드는 B2:B7 범위의 배경색을 0으로 초기화 한다.
Range("B2:F7").Interior.ColorIndex = 0

동작 4 H3:H4 범위에 **양식 단추**를 삽입한 후 **초기화** 프로시저를 지정하고 텍스트로 **초기화**를 입력한다.

동작 5 **초기화** 단추를 클릭하여 배경색이 초기화하는지 확인한다.

◎ B2:F7 범위의 배경색이 초기화 된다.

5.1.2 Range 속성의 Activate

Range 속성을 이용하여 범위를 지정하는 방법에서 Range("B1:B5").Select 또는 Range("B1","B5").Select 방법은 정해진 범위의 셀 주소가 정적으로 고정 된다. 그러나 인수 중 한 개의 셀을 Activate 시키고 나머지 한 개의 셀의 분리해서 범위를 지정하는 방법은 한 개의 셀 범위를 동적으로 지정할 수 있다. 예를 들어 Range 개체에서 임의 셀을 선택하여 활성(Activate) 셀(B1)로 만들고 B1에서 B5 범위에 숫자 값 0으로 초기화하려면 다음과 같이 두 개로 분리된 셀 법위 지정 코드를 사용하면 된다.

```
Range("B1").Activate
Range(ActivateCell,"B5").Value = 0
```

[예제3] **범위지정1** 시트에서 임의 셀을 선택한 후 코드를 실행하면 **선택한 셀에서 F7**까지의 범위에 1에서50까지의 배경색이 임의로 지정되도록 하시오.

요구사항

◎ **범위지정1** 시트에서 임의 셀을 선택한 후 코드를 실행하면 **선택한 셀에서 F7까지의** 범위에 1에서 50까지의 난수로 배경색이 지정되도록 하시오.

- VBA 프로시저의 **이름**은 **배경색지정2**로 하고 매크로 실행은 **양식 컨트롤의 단추**를 이용하여 실행한다. 버튼의 텍스트는 **배경색2**으로 하고 단추는 H5:H6에 위치시킨다.

다음 [따라하기]는 **범위지정1** 시트에서 임의 셀을 선택하고 코드를 실행하면 선택한 셀에서 F7까지의 범위에 1에서 50까지의 난수로 배경색을 지정하는 프로시저를 작성하고 실행하는 실습이다.

따라하기

동작 1 개발 도구 리본 메뉴에서 코드 그룹의 Visual Basic ( )을 클릭한다.

◎ 비주얼 베이직 코드 편집 창이 열린다.

동작 2 Module1에 **배경색지정2** 프로시저를 삽입한다.

◎ **Module1**에 **배경색지정2** 프로시저가 만들어진다.

동작 3 **배경색지정2** 프로시저의 내용으로 아래의 코드를 입력한다.

```
Public Sub 배경색지정2()
    Worksheets("범위지정1").Activate
    Range(ActiveCell, "F7").Interior.ColorIndex = Int(Rnd * 50 + 1)
End Sub
```

◎ 다음 코드는 활성화 셀(선택 셀)에서 **F7** 범위의 배경색을 1에서 50까지의 난수 값으로 지정한다.

Range(ActiveCell, "F7").Interior.ColorIndex = Int(Rnd * 50 + 1)

동작 4 H5:H6 범위에 **양식 단추**를 삽입한 후 **배경색지정2** 프로시저를 지정하고 텍스트로 **배경색**2를 입력한다.

동작 5 C3셀을 선택하고 **배경색2** 단추를 클릭하여 C3셀에서 F7 범위에 배경색이 지정되는지를 확인한다.

◎ 〈그림 5.2〉와 같이 C3:F7 범위의 배경색이 임의 색으로 지정 된다.

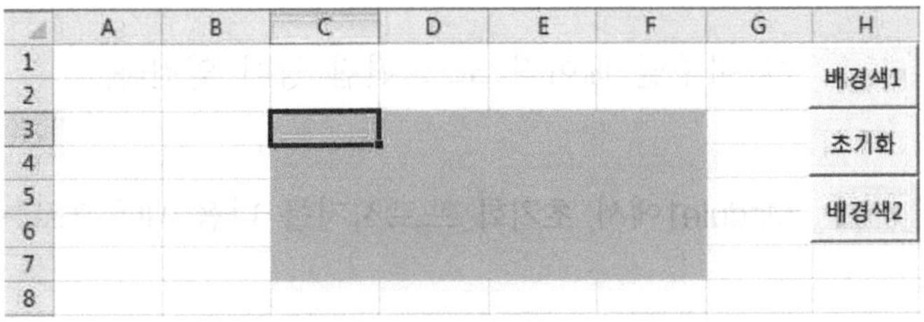

〈그림 5.2〉 배경색2 실행 결과

동작 6 **초기화** 단추를 실행한 후 B3셀을 선택하고 **배경색2** 단추를 클릭하여 B3셀에서 F7 범위에 배경색이 지정되는지를 확인한다.

◎ B3:F7 범위의 배경색이 임의 색으로 지정 된다.

동작 7 **초기화** 단추를 실행한 후 H13셀을 선택하고 **배경색2** 단추를 클릭하여 H13셀에서 F7 범위에 배경색이 지정되는지를 확인한다.

◎ 활성화된 H13 에서부터 F7 셀까 범위의 배경색이 임의 색으로 지정 된다.

동작 8 **초기화** 단추를 실행하여 H13:F7 셀 범위의 배경색이 초기화되는지를 확인한다.

◎ 초기화 범위는 B2:B7 셀 범위까지 이므로 나머지 셀 범위는 초기화 되지 않는다.

다음 [따라하기]는 **범위지정1** 시트에서 **초기화** 프로시저의 코드를 수정하여 **범위지정1** 시트 전체의 배경색이 초기화 되도록 하는 실습이다.

따라하기

동작 1 개발 도구 리본 메뉴에서 코드 그룹의 Visual Basic ( )을 클릭한다.

◎ 비주얼 베이직 코드 편집 창이 열린다.

동작 2 Module1에서 **초기화** 프로시저를 다음 내용으로 수정한다.

```
Public Sub 배경색지정2()
    Worksheets("범위지정1").Activate
    Cells.Interior.ColorIndex = 0
End Sub
```

◎ Range 개체에서 Cells 속성은 워크시트 전체 범위를 지정하므로 활성화된 시트 전체의 코드를 초기화 한다.
Cells.Interior.ColorIndex = 0

동작 3 **범위지정1** 시트에서 **초기화** 단추를 클릭하여 시트의 배경색 전체가 초기화 되는지를 확인한다.

◎ 초기화 되지 않은 셀들이 모두 초기화 된다.

> **Help!!**
>
> **Cells 속성**
>
> Range 속성은 셀 또는 셀 범위를 선택하여 작업하는데 있어 밀반적으로 사용되는 범위 지정 방식이다. 그러나 Range 속성은 시트의 범위가 정해져 있으므로 셀 컨트롤을 하기 어려운 반면 Cells 속성은 특정 범위의 셀을 하나씩 컨트롤 할 수 있으므로 VBA 프로시저 작성에 효과적으로 사용될 수 있다. 앞서 만든 대부분의 예제들은 Cells 속성을 이용하였다.

[예제4] **범위지정1** 시트에서 임의 셀을 선택한 후 코드를 실행하면 **A1에서 선택한 셀**까지의 범위에 1에서50까지의 배경색이 임의로 지정되도록 하시오

요구사항

◎ **범위지정1** 시트에서 임의 셀을 선택한 후 코드를 실행하면 **A1에서 선택한 셀**까지의 범위에 1에서 50까지의 난수로 배경색이 지정되도록 하시오.

- VBA 프로시저의 **이름**은 **배경색지정3**으로 하고 매크로 실행은 **양식 컨트롤의 단추**를 이용하여 실행한다. 버튼의 텍스트는 **배경색3**으로 하고 단추는 H7:H8에 위치시킨다.

다음 [따라하기]는 **범위지정1** 시트에서 임의 셀을 선택하고 코드를 실행하면 **A1에서 선택한 셀**까지의 범위에 1에서 50까지의 난수로 배경색을 지정하는 프로시저를 작성하고 실행하는 실습이다.

따라하기

동작 1 개발 도구 리본 메뉴에서 코드 그룹의 Visual Basic ( )을 클릭한다.

◎ 비주얼 베이직 코드 편집 창이 열린다.

동작 2 Module1에 **배경색지정3** 프로시저를 삽입한다.

◎ Module1에 **배경색지정**3 프로시저가 만들어진다.

동작 3 배경색지정3 프로시저의 내용으로 아래의 코드를 입력한다.

```
Public Sub 배경색지정3()
    Worksheets("범위지정1").Activate
    Range("A1", ActiveCell).Interior.ColorIndex = Int(Rnd * 50 + 1)
End Sub
```

◎ 다음 코드는 A1에서 **활성화된 셀(선택 셀)**까지 범위의 배경색을 1에서 50까지의 난수 값으로 지정한다.

Range("A1", ActiveCell).Interior.ColorIndex = Int(Rnd * 50 + 1)

동작 4 H7:H8 범위에 **양식 단추**를 삽입한 후 **배경색지정3** 프로시저를 지정하고 텍스트로 **배경색**3을 입력한다.

동작 5 G7셀을 선택하고 **배경색3** 단추를 클릭하여 A1셀에서 G7 범위에 배경색이 지정되는지를 확인한다.

◎ 〈그림 5.3〉과 같이 A1:G7 범위의 배경색이 임의 색으로 지정 된다.

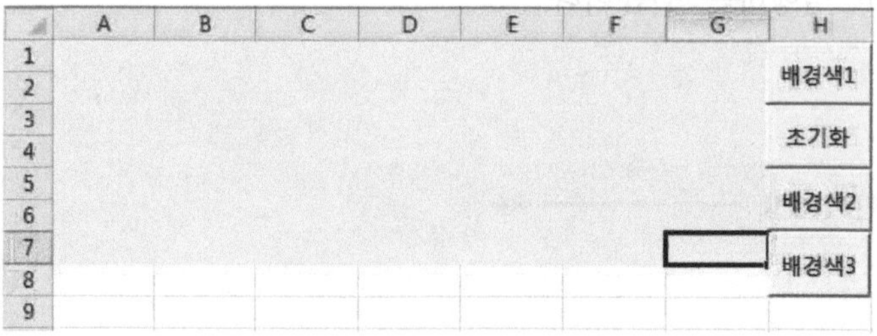

〈그림 5.3〉 배경색3 실행 결과

동작 6 **초기화** 단추를 실행한 후 E3셀을 선택하고 **배경색3** 단추를 클릭하여 A1:E3 범위의 배경색이 지정되는지를 확인한다.

◎ A1:E3 범위의 배경색이 임의 색으로 지정 된다.

Help!!

Range 개체에서 Range 속성의 사용 사례

Range 속성은 Worksheet 개체와 Range 개체의 두 가지 경우에 적용된다. 일반적으로 Range 속성은 Worksheet 개체에 적용되지만, ActiveCell.Range("B2")=5와 같이 Range 개체를 마치 워크시트의 A1 셀인 것처럼 간주(이 경우의 Range 개체는 활성 셀임)하고 상대적으로 B2에 해당하는 셀에 5를 입력하도록 코딩하는 경우가 있을 수 있다. 다시 말하면 반환되는 참조는 Range 개체의 좌측 상단에 대한 상대 위치이므로 활성 셀보다 한 줄 아래 오른 쪽에 있는 셀에 5를 입력하게 된다.

5.2 Cells 속성

Cells 속성은 Worksheet 개체의 셀이나 Range 개체로 지정된 범위에 속하는 셀 한 개를 대상으로 개별적인 작업을 수행할 수 있다. Cells 속성을 사용하는 방법은 행과 열 인덱스로 하나의 셀을 지정하는 방법이 있고 하나의 인수를 사용해 셀을 지정하는 방법이 있다. Cells 속성은 Worksheet 개체 뿐 아니라 Range 개체에 대해서도 사용될 수 있다. 이 경우는 동일한 방법으로 셀을 지정해도 Worksheet 개체에서 반환되는 셀과 Range 개체에서 반환되는 셀이 다르다. Cells 속성으로 반환되는 Range 개체는 참조되는 Range 상의 좌측 상단에 대하여 상대적이므로 주의해야 한다.

5.2.1 Cells 속성의 행과 열 인덱스 지정

Cells 속성을 사용하는 방법은 행과 열 인덱스로 하나의 셀을 지정하는 방법이 있다. 예를 들어 Worksheet 개체에서 Cells 속성을 사용하여 Sheet1의 A1에 7을 입력하려면 아래의 코드로 코딩한다. 이 방법은 행 인덱스 번호(1행)와 열 인덱스 번호(1열)를 사용하여 셀의 위치(A1)를 나타낸다.

Worksheets("Sheet1").Cells(1,1) = 7

[예제5] Sheet2의 이름을 **범위지정2**로 변경하고 코드를 실행하면 A열에서 P열까지의 열 너비를 3.5로 변경하고 B2:P12 범위의 각 셀들에 대해 1에서50까지의 배경색이 임의로 지정되도록 하시오

요구사항

◎ Sheet2의 이름을 **범위지정2** 시트로 바꾸고 코드를 실행하면 A열에서 Q열까지의 열 너비를 3.5로 변경하고 B2:P12 범위의 각 셀들에 대해 1에서50까지의 배경색이 임의로 지정되도록 하시오

- VBA 프로시저의 **이름**은 **셀개별색지정**1로 하고 매크로 실행은 **양식 컨트롤의 단추**를 이용하여 실행한다. 단추의 텍스트는 **셀배경색**1로 하고 단추는 R1:R2에 위치시킨 후 R열의 열 너비는 10.5로 변경하고 단추 크기를 적절히 조절한다.
- 프로시저는 Module2에 작성한다.

다음 [따라하기]는 **범위지정2** 시트에서 코드를 실행하면 A열에서 Q열의 열 너비가 3.3으로 조절된 후 Cells 속성으로 B2:Q12 범위에 각 셀마다 1에서 50까지의 난수로 배경색을 지정하는 프로시저를 작성하고 실행하는 실습이다.

따라하기

동작 1 개발 도구 리본 메뉴에서 코드 그룹의 Visual Basic ( )을 클릭한다.

◎ 비주얼 베이직 코드 편집 창이 열린다.

동작 2 Module2를 생성하고 **셀개별색지정1** 프로시저를 삽입한다.

◎ Module2에 **셀개별색지정**1 프로시저가 만들어진다.

동작 3 셀개별색지정2 프로시저의 내용으로 아래의 코드를 입력한다.

```
Public Sub 셀개별색지정1()
    Dim myrow, mycolumn As Integer
    Worksheets("범위지정2").Activate
    Range("A:Q").ColumnWidth = 3.3
    For myrow = 2 To 12
        For mycolumn = 2 To 16
            Cells(myrow, mycolumn).Interior.ColorIndex = Int(Rnd() * 50 + 1)
        Next mycolumn
    Next myrow
End Sub
```

◎ 다음은 행과 열을 지정하는 myrow와 mycolumn 변수를 선언한다.

```
Dim myrow, mycolumn As Integer
```

◎ 다음은 **범위지정2** 시트를 활성(선택) 시트로 한다. 범위지정2 시트는 이미 선택되어 있으므로 생략해도 코드 실행에는 문제가 없다.

```
Dim myrow, mycolumn As Integer
```

◎ 다음은 A:Q 열의 열 너비를 3.3으로 지정한다.

```
Range("A:Q").ColumnWidth = 3.3
```

◎ 다음은 중첩 반복문으로 myrow의 값은 2에서 12까지 mycolumn은 2에서 16까지 1씩 증가 시키면서 Cells(myrow, mycolumn) 배경색을 1에서 50까지의 임의(난수) 색으로 지정한다.

```
For myrow = 2 To 12
    For mycolumn = 2 To 16
        Cells(myrow, mycolumn).Interior.ColorIndex = Int(Rnd() * 50 + 1)
    Next mycolumn
Next myrow
```

동작 4 R1:R2 범위에 **양식 단추**를 삽입한 후 **셀개별색지정1** 프로시저를 지정하고 텍스트로 **셀배경색1**을 입력한다.

동작 5 셀배경색1 단추를 클릭하여 A:Q열의 너비가 조절되고 B2:P12 범위 셀의 배경색이임의 색으로 지정되는지를 확인한다.

◎ 〈그림 5.4〉와 같이 열 너비가 조절되고 B2:P12 범위 셀의 배경색이 1에서 50까지의 임의 색으로 지정 된다.

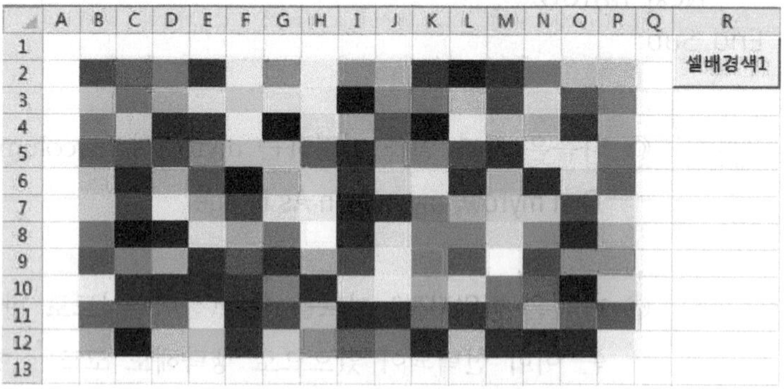

〈그림 5.4〉 셀배경색1 실행 결과

[예제6] **범위지정2** 시트에서 코드를 실행하면 A열에서 P열까지의 열 너비가 3.5로 변경되고 B2:P12 범위의 각 셀들에 대해 1에서50까지의 배경색이 임의로 지정된 후 해당 셀의 배경색 값이 각 셀에 표시되도록 하시오.

요구사항

◎ **범위지정2** 시트에서 코드를 실행하면 A열에서 Q열까지의 열 너비가 3.5로 변경된 후 B2:P12 범위의 각 셀들에 대해 1에서50까지의 배경색이 표시되고 색의 값이 표시되도록 하시오.

- VBA 프로시저의 **이름**은 **셀개별색지정2**로 하고 매크로 실행은 **양식 컨트롤의 단추**를 이용하여 실행한다. 단추의 텍스트는 **셀배경색2**로 하고 단추는 **R3:R4**에 위치시킨다.

• 프로시저는 Module2에 작성한다.

다음 [따라하기]는 **범위지정2** 시트에서 코드를 실행하면 A열에서 Q열의 열 너비가 3.3으로 조절된 후 Cells 속성으로 B2:Q12 범위에 각 셀마다 1에서 50까지의 난수로 배경색을 지정하고 값을 표시하도록 프로시저를 작성하고 실행하는 실습이다.

따라하기

동작 1 개발 도구 리본 메뉴에서 코드 그룹의 Visual Basic ( )을 클릭한다.

◎ 비주얼 베이직 코드 편집 창이 열린다.

동작 2 Module2에 **셀개별색지정2** 프로시저를 삽입한다.

◎ Module2에 **셀개별색지정2** 프로시저가 만들어진다.

동작 3 셀개별색지정2 프로시저의 내용으로 아래의 코드를 입력한다.

```
Public Sub 셀배경색지정2()
    Dim myrow, mycolumn, mysu As Integer
    Worksheets("범위지정2").Activate
    Range("a:q").ColumnWidth = 3.3
    For myrow = 2 To 12
        For mycolumn = 2 To 16
            mysu = Int(Rnd() * 50 + 1)
            Cells(myrow, mycolumn).Interior.ColorIndex = mysu
            Cells(myrow, mycolumn).Value = mysu
        Next mycolumn
    Next myrow
End Sub
```

◎ 셀배경색지정2 프로시저는 셀배경색지정1 프로시저와 거의 같지만 강조된 부분의 코드가 다음과 같이 처리된다. <u>mysu는 난수 1에서 50까지의 값을 저장하는 변수</u>로 난수를 만들어 배경색(ColorIndex)과 값(Value)를 지정하고 입력하는데 사용된다. 만약 이와 같이 처리하지 않으면 난수 식이 들어가는 곳마다 새로운 값이 만들어지게 되므로 예제에서 원하는 결과를 기대할 수 없다.

```
mysu = Int(Rnd() * 50 + 1)
Cells(myrow, mycolumn).Interior.ColorIndex = mysu
Cells(myrow, mycolumn).Value = mysu
```

동작 4 R3:R4 범위에 **양식 단추**를 삽입한 후 **셀개별색지정2** 프로시저를 지정하고 텍스트로 **셀배경색**2을 입력한다.

동작 5 셀배경색2 단추를 클릭하여 A:Q열의 너비가 조절되고 B2:P12 범위 셀의 배경색이 지정되는지를 확인한다.

◎ 〈그림 5.5〉와 같이 B2:P12 범위 셀의 배경색이 1에서 50까지의 임의 색으로 지정되고 해당 색의 값이 셀에 입력된다.

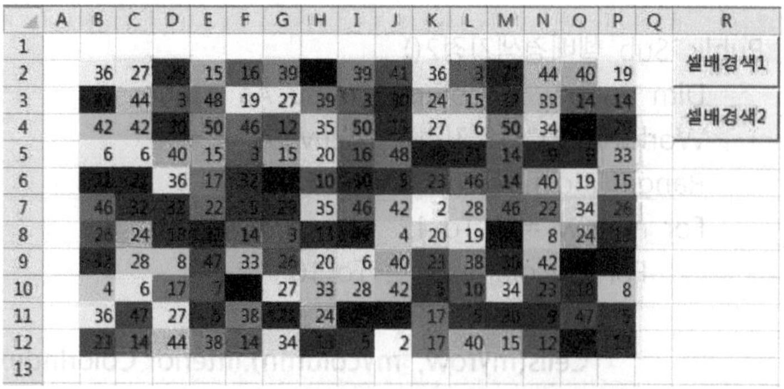

〈그림 5.5〉 셀배경색2 실행 결과

[예제7] **범위지정2** 시트에서 코드를 실행하면 A열에서 P열까지의 열 너비가 3.5로 변경된 다음 B2:P12 범위의 각 셀들에 대해 셀 내용이 삭제되고 1에서 25까지의 배경색

이 임의로 지정된 후 D3:O11 범위의 배경색이 없어지고 E5:M9셀의 배경색이 26에서 50까지의 배경색이 되도록 프로시저를 작성하시오.

요구사항

◎ **범위지정2** 시트에서 코드를 실행하면 A열에서 Q열까지의 열 너비가 3.5로 변경된 다음 B2:P12 범위의 각 셀들에 대해 내용이 삭제되고 1에서25까지의 배경색이 표시된 후 C3:O11 범위의 배경색이 없어지고(색채움 없음) E5:M9 셀의 배경색이 26에서 50까지로 지정 되도록 프로시저를 작성하시오.

- VBA 프로시저의 **이름**은 **셀개별색지정3**으로 하고 매크로 실행은 **양식 컨트롤의 단추**를 이용하여 실행한다. 단추의 텍스트는 **셀배경색3**으로 하고 단추는 R5:R6에 위치시킨다.
- 프로시저는 Module2에 작성한다.

다음 [따라하기]는 **범위지정2** 시트에서 코드를 실행하면 A열에서 Q열의 열 너비가 3.3으로 조절된 다음 Cells 속성으로 B2:P12 범위의 각 셀들에 대해 내용이 삭제되고 1에서 25까지의 배경색이 임의로 지정된 후 C3:O11 범위의 배경색이 없어지고 E5:M9셀의 배경색이 26에서 50까지의 배경색이 지정 되도록 프로시저를 작성하고 실행하는 실습이다.

따라하기

동작 1 개발 도구 리본 메뉴에서 코드 그룹의 Visual Basic ( )을 클릭한다.

◎ 비주얼 베이직 코드 편집 창이 열린다.

동작 2 Module2에 **셀개별색지정3** 프로시저를 삽입한다.

◎ Module2에 **셀개별색지정3** 프로시저가 만들어진다.

동작 3 셀개별색지정3 프로시저의 내용으로 아래의 코드를 입력한다.

```
Public Sub 셀배경색지정3()
    Dim myrow, mycolumn, mysu As Integer
    Worksheets("범위지정2").Activate
    Range("a:q").ColumnWidth = 3.3
    For myrow = 2 To 12
        For mycolumn = 2 To 16
            mysu = Int(Rnd() * 25 + 1)
            Cells(myrow, mycolumn).Interior.ColorIndex = mysu
            Cells(myrow, mycolumn).Value = mysu
        Next mycolumn
    Next myrow
    Range("C3:O11").Interior.ColorIndex = 0
    Range("C3:O11").Value = ""
    For myrow = 5 To 9
        For mycolumn = 5 To 13
            mysu = Int(Rnd() * 25 + 26)
            Cells(myrow, mycolumn).Interior.ColorIndex = mysu
            Cells(myrow, mycolumn).Value = mysu
        Next mycolumn
    Next myrow
End Sub
```

◎ 다음은 Cells 인덱스로 지정된 셀의 배경색을 1에서 25까지로 하고 해당 셀의 배경 값을 입력한다.

```
Cells(myrow, mycolumn).Interior.ColorIndex = Int(Rnd() * 25 + 1)
Cells(myrow, mycolumn).Value = ""
```

◎ 다음은 C3:O11 범위의 배경 색을 0으로 셀의 내용은 공백으로 처리한 다음 중첩 반복문으로 Cells 인덱스로 지정된 셀의 배경색을 26에서 50까지의 난수로 지정하고 값을 입력한다.

```
Range("C3:O11").Interior.ColorIndex = 0
Range("C3:O11").Value = ""
```

```
For myrow = 5 To 9
    For mycolumn = 5 To 13
        mysu = Int(Rnd() * 25 + 26)
        Cells(myrow, mycolumn).Interior.ColorIndex = mysu
        Cells(myrow, mycolumn).Value = mysu
    Next mycolumn
Next myrow
```

동작 4 R5:R6 범위에 **양식 단추**를 삽입한 후 **셀개별색지정3** 프로시저를 지정하고 텍스트로 **셀배경색3**을 입력한다.

동작 5 셀배경색3 단추를 클릭하여 실행한다.

◎ 실행 결과는 〈그림 5.6〉과 같다.

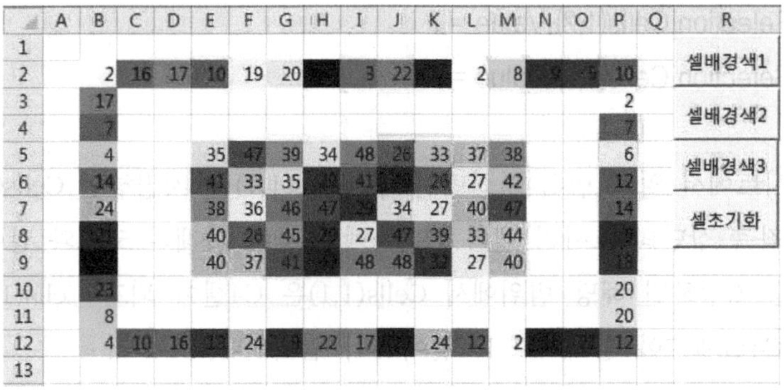

〈그림 5.6〉 셀배경색3 실행 결과

[혼자하기 5.2.1] Range 속성을 사용하여 열 너비는 변경시키지 않고 B1:P12 범위의 배경색과 내용을 없애는 **배경색초기화** 프로시저를 작성한 후 〈그림 5.6〉과 같이 R7:R8에 양식 단추를 만들어 실행시키고 양식 단추의 **텍스트**는 **셀초기화**로 한다.

5.2.2 Cells 속성의 Range 개체 사용

Cells 속성은 Range 개체에 대해서도 사용될 수 있다. 이 경우 Cells 속성으로 반환되는 Range 개체는 참조되는 Range 상의 좌측 상단에 대하여 상대적이다. 예를 들어 **선택된 셀(활성 셀)에 7을 입력**하려면 아래의 코드로 코딩한다. 이 경우 **선택된 셀(활성 셀)이 마치 워크시트 상의 A1셀**과 같이 기준점이 된다.

```
ActiveCell.Cells(1,1).Value = 7
```

만약 선택한 셀(C2)을 기준으로 오른쪽으로 2번째, 3번째 셀에 각각 7을 입력하려면 다음과 같이 코딩한다. 선택한 셀(C2)은 Cells(1,1)이 되므로 오른쪽으로 2번째는 E2셀이 3번째는 F2셀이 된다.

```
Range("C2").Select
Selection.Cells(1,2).Value = 7
Selection.Cells(1,3).Value = 7
```

시트에서 일정 범위를 선택한 후 Cells(1,1)을 지정하면 Cells(1,1)의 위치는 범위의 좌측 상단의 모서리 셀이 된다. 예를 들어 아래의 코드와 같이 C4:H10까지의 범위를 지정하면 해당 범위에서 Cells(1,1)은 C4셀이 되고 Cells(1,2)는 D4셀이 된다. 즉 C4셀에 7이 입력되고 D4셀에 8이 입력된다.

```
Range("C2:H10").Select
Selection.Cells(1,2).Value = 7
Selection.Cells(1,3).Value = 8
```

[예제8] **범위지정2** 시트에서 임의 셀을 선택하여 코드를 실행하여 N열을 벗어나면 "N열까지만 지정 가능 합니다"라는 경고 메시지를 표시하고 아니면 **선택된 셀을 기준으로 우측 3 아래쪽 3 형태의 셀**에 1에서 9까지의 배경색과 값을 표시하고 합계 값이 메시지 박스에 "합계 : OO"으로 표시 되도록 하시오.

요구사항

◎ **범위지정2** 시트에서 임의 셀을 선택하여 코드를 실행하여 N열을 벗어나면 "N열까지 지정 가능 합니다"라는 경고 메시지를 표시하고 아니면 **선택된 셀을 기준으로 우측 3 아래쪽 3 형태의 셀**에 1에서 9까지의 배경색과 값을 표시하고 **합계 값**이 메시지 박스에 "합계 : OO"으로 표시 되도록 하시오.

- VBA 프로시저의 **이름**은 **셀배경색지정**4로 하고 매크로 실행은 **양식 컨트롤의 단추**를 이용하여 실행한다. 단추의 텍스트는 **셀배경색4**로 하고 단추는 R9:R10에 위치시킨다.
- 프로시저는 Module2에 작성한다.

다음 [따라하기]는 **범위지정2** 시트에서 임의 셀을 선택한 후 코드를 실행하여 N열을 벗어나면 "N열까지만 지정 가능 합니다"라는 경고 메시지를 표시하고 아니면 **선택된 셀을 기준으로 우측 3 아래쪽 3 형태의 셀**에 1에서 9까지의 배경색과 값을 표시하고 합계 값이 메시지 박스에 "합계 : OO"으로 표시 되도록 하는 프로시저를 작성하고 실행하는 실습이다.

따라하기

동작 1 개발 도구 리본 메뉴에서 코드 그룹의 Visual Basic ( )을 클릭한다.

◎ 비주얼 베이직 코드 편집 창이 열린다.

동작 2 Module2에 **셀개별색지정4** 프로시저를 삽입한다.

◎ Module2에 **셀개별색지정**4 프로시저가 만들어진다.

동작 3 셀개별색지정4 프로시저의 내용으로 아래의 코드를 입력한다.

```
Public Sub 셀배경색지정4()
    Dim myrow, mycolumn As Integer
    Dim mycell As Integer
    Dim mysu, myhab As Integer
    mycell = Selection.Cells.Column
    If mycell > 14 Then
        MsgBox "N열까지만 지정 가능 합니다."
    Else
        For myrow = 1 To 3
            For mycolumn = 1 To 3
                mysu = Int(Rnd() * 9 + 1)
                Selection.Cells(myrow, mycolumn).Interior.ColorIndex = mysu
                Selection.Cells(myrow, mycolumn).Value = mysu
                myhab = myhab + mysu
            Next mycolumn
        Next myrow
        MsgBox "합계:" & myhab
    End If
End Sub
```

◎ 변수 선언에서 myrow와 mycolum은 중첩 반복문에서 행과 열 인덱스 지정에 사용될 변수이고 mycell은 사용자가 임의로 선택한 셀의 열 값을 저장하는 변수이다. mysu는 난수 값을 저장하고 myhab은 난수의 누적 합을 계산하는 변수로 사용된다.

```
Dim myrow, mycolumn As Integer
Dim mycell As Integer
Dim mysu, myhab As Integer
```

◎ 다음은 임의로 선택한 셀의 열 인덱스를 mycell 변수에 저장한다.

```
mycell = Selection.Cells.Column
```

◎ 다음은 mycell이 14(N열)보다 크면 "N열까지만 지정 가능 합니다." 라는 메시지를 표시하는 조건문이다.

```
If mycell > 14 Then
```

```
        MsgBox "N열까지만 지정 가능 합니다."
```

◎ 다음은 mycell이 14(N열)보다 크지 않은 경우에 작동되는 코드로 중첩 반복문을 이용하여 mysu 변수에 1에서 9까지의 난수를 생성해 myrow와 mycolumn 인덱스 셀의 값으로 저장한 다음 myhab 변수에 난수를 누적해 계산한다.

```
Else
    For myrow = 1 To 3
        For mycolumn = 1 To 3
            mysu = Int(Rnd() * 9 + 1)
            Selection.Cells(myrow, mycolumn).Interior.ColorIndex = mysu
            Selection.Cells(myrow, mycolumn).Value = mysu
            myhab = myhab + mysu
        Next mycolumn
    Next myrow
    MsgBox "합계:" & myhab
End If
```

동작 4 R9:R10 범위에 **양식 단추**를 삽입한 후 **셀개별색지정4** 프로시저를 지정하고 텍스트로 **셀배경색4**를 입력한다.

동작 5 **셀초기화** 단추를 클릭한 후 T7셀을 선택하고 **셀배경색4** 단추를 클릭하여 실행한다.

◎ 〈그림 5.7〉과 같은 경고 창이 표시된다.

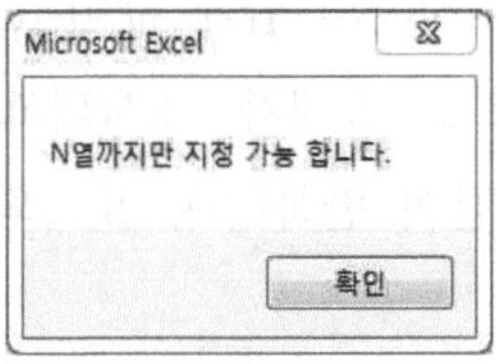

〈그림 5.7〉 N열을 벗어난 메시지 창

동작 6 C2셀을 선택하고 **셀배경색4** 단추를 클릭하여 실행한다.

◎ C2 셀을 기준으로 우측으로 세 개, 아래로 세 개인 3 × 3 셀에 배경색이 표시되고 해당 배경색의 값이 표시된 후 합계:OO 의 메시지 창이 열린다.

동작 7 H5셀을 선택하고 **셀배경색4** 단추를 클릭하여 실행한다.

◎ H5 셀을 기준으로 우측으로 세 개, 아래로 세 개인 3 × 3 셀에 배경색이 표시되고 해당 배경색의 값이 표시된 후 합계:OO 의 메시지 창이 열린다.

◎ 〈그림 5.8〉은 C2, H5 셀 선택 후 **셀배경색4**를 실행한 결과로 합계 값은 난수의 합이므로 실행 때 마다 달라진다.

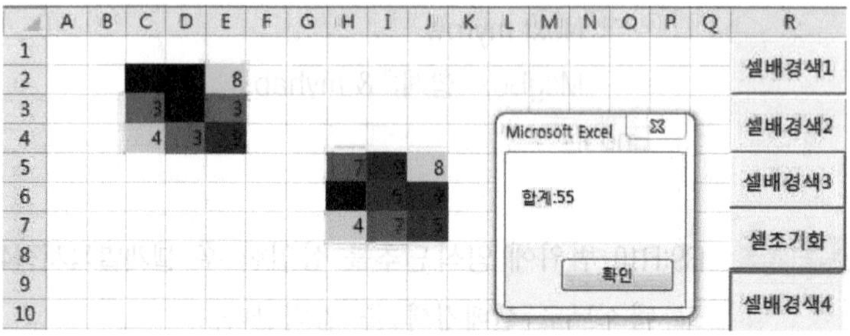

〈그림 5.8〉 C2, H5 셀 선택과 셀배경색4 실행 결과

[혼자하기 5.2.2] **배경색초기화** 프로시저에서 열 너비는 변경시키지 않고 Range 속성을 수정하여 **A열에서 P열** 범위의 배경색과 내용이 모두 삭제 되도록 한다.

[혼자하기 5.2.3] **셀배경색지정4** 프로시저를 수정하여 〈그림 5.9〉와 같이 처음 실행한 **셀배경색지정4** 프로시저의 합계 값이 표시된 창에서 **확인** 단추를 클릭하면 R11셀에 Player1 : OO으로 합계가 표시되고 두 번째 실행한 합계 값은 R12셀에 Player2 : OO … 과 같이 반복하여 표시되도록 한다.

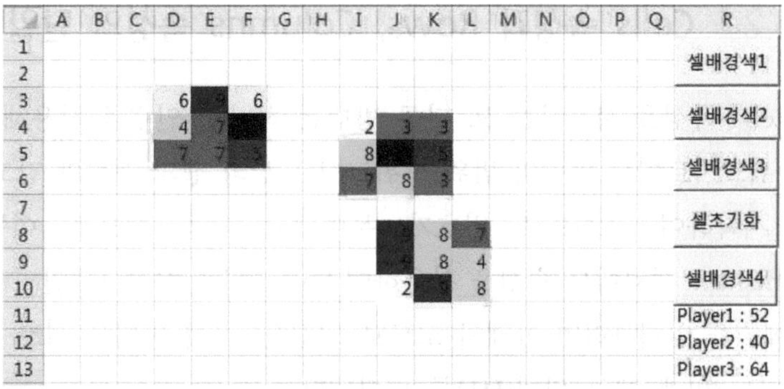

〈그림 5.9〉 합계 값의 셀 표시 결과

Help!!

합계의 셀 표시 방법

이 문제를 해결하려면 **셀배경색4** 단추를 클릭하는 횟수를 기억하는 것이 중요하다. 따라서 **셀배경색지정4** 프로시저를 실행할 때 마다 실행 횟수를 1씩 증가시켜 누적하는 변수가 필요하다. 예를 들어 **mycount** 변수를 선언하여 실행횟수를 누적한다면 Module2의 최상단에 **Dim mycount As Integer**로 전역 변수를 선언해서 사용하면 된다. 전역 변수 mycount를 선언하고 프로시저의 적절한 곳에 **mycount = mycount + 1**의 식으로 횟수를 증가 시킨다. 횟수 누적 변수 mycount를 이용하면 **R11**셀에 **Player1 : OO**과 같이 표기할 수 있다. 이를 위해서는 프로시적의 적절한 곳에 Cells 속성을 사용한 아래 코드를 삽입하면 된다.

Cells(10 + mycount, 18).Value = "Player" & mycount & " : " & myhab

[혼자하기 5.2.4] **배경색초기화** 프로시저에 횟수 누적 전역 변수 mycount의 값을 0으로 초기화하는 코드를 추가하여 이 프로시저를 실행하면 **A열에서 P열** 범위의 배경색과 내용이 모두 삭제되고 mycount의 값이 0이 되도록 한다.

Help!!

횟수 누적 전역 변수의 초기화 필요성

사용자가 부여한 mycount 전역 변수는 **배경색지정4** 프로시저가 실행될 때 마다 1씩 증가한다. 따라서 범위지정2 시트에서 셀**초기화** 단추를 클릭하여 **배경색초기화** 프로시저를 실행하면 누적 횟수도 다시 0으로 초기화 하는 **mycount = 0** 코드가 추가 되어야 할 필요가 있다.

5.2.3 Cells 속성과 Rows, Columns 속성의 단일 인수 사용

Cells 속성을 사용하는 또 다른 방법은 하나의 인수를 사용해 셀을 지정할 수 있다. 워크시트에서 인수의 범위는 워크시트 상의 셀의 개수와 같고 각 셀은 A1셀로부터 시작하여 우측으로 번호가 부여되고 다음 행으로 이동한다. 예를 들어 Worksheet 개체에서 속성을 사용하여 Sheet1의 인수가 1개인 Cells 속성을 이용하여 H1에 7을 입력하려면 아래의 코드로 코딩한다. 이 방법은 시트 전체에서 A1셀을 기준으로 8번째 셀의 위치(**H1**)를 나타낸다.

```
Worksheets("Sheet1").Cells(8) = 7
```

시트에서 셀을 선택한 후 Cells(1)을 지정하면 선택한 셀의 위치가 Cells(1)의 위치가 되어 이를 기준을 행 방향으로 상대적 위치를 지정하게 된다. Cells 속성에서 단일 인수를 사용하면 시작 셀을 기준으로 아래 방향으로 1, 2, 3 … 으로 부여되고 다음 열로 이동한다. 예를 들어 C3셀을 선택하고 Cells(1)로 셀을 지정하면 C3셀이 된다. Cells(2)를 선택하면 C4셀이 되고 Cells(3)을 지정하면 C5셀이 된다. 아래의 코드를 실행하면 C3셀에 7, C4셀에 8, C5셀에 9가 입력된다.

```
Range("C3").Select
Selection.Cells(1).Value = 7
Selection.Cells(2).Value = 8
Selection.Cells(3).Value = 9
```

시트에서 일정 범위를 선택한 후 Cells(1)을 지정하면 Cells(1)은 선택된 범위의 좌측 상단 모서리 셀이 되고. 이를 기준을 열 방향으로 상대적 위치를 지정하게 된다. 일정 범위에서 Cells 속성으로 단일 인수를 사용하면 시작 셀을 기준으로 오른쪽 방향으로 1, 2, 3 … 으로 부여되고 다음 행으로 이동한다. 예를 들어 C3:H10 범위를 선택하고 Cells(1)로 셀을 지정하면 C3셀이 된다. Cells(2)를 선택하면 D3셀이 되고 Cells(3)을 지정하면 E3셀이 된다. 아래의 코드를 실행하면 C3셀에 7, D3셀에 8, E3셀에 9가 입력된다.

```
Range("C3:H10").Select
Selection.Cells(1).Value = 7
Selection.Cells(2).Value = 8
Selection.Cells(3).Value = 9
```

Cells 속성이 시트 또는 선택된 범위에서 하나의 셀을 대상으로 한다면 Columns와 Rows 속성은 시트 또는 선택된 범위에서 각각 하나의 열 전체 또는 행 전체를 대상으로 한다. 예를 들어 C3:H10 범위를 선택하고 Rows(1)을 지정하면 C3:H3 범위가 지정되며 Column(1)을 지정하면 C3:C10 범위가 지정된다. 아래 코드를 실행하면 C3:H3 범위에 7이 입력되고 C3:C10 범위에 8이 입력된다.

```
Range("C3:H10").Select
Selection.Rows(1).Value = 7
Selection.Columns(1).Value = 8
```

[예제9] Sheet3의 이름을 **범위지정3**으로 변경하고 코드를 실행하면 B2:H9 범위의 이름을 **실습보드**로 부여한 후 **실습보드** 범위의 모든 셀에 대해 단일 인덱스로 배경색과 값을 표시하시오. 단, 배경색과 값은 단일 인덱스 값으로 한다.

요구사항

◎ Sheet3의 이름을 **범위지정3** 시트로 바꾸고 코드를 실행하면 B2:H9 범위의 이름을 **실습보드**로 부여한 후 **실습보드**의 모든 셀에 대해 배경색이 단일 인덱스 값으로 지정되고 내용이 표시되도록 하시오.

- VBA 프로시저의 **이름**은 **단일인덱스지정**1로 하고 매크로 실행은 **양식 컨트롤의 단추**를 이용하여 실행한다. 단추의 텍스트는 **단일인덱스**1로 하고 단추는 J1:J2에 위치시킨 후 열 너비는 10.5로 변경하고 단추 크기를 적절히 조절한다.
- 프로시저는 Module3에 작성한다.

다음 [따라하기]는 Sheet3 시트를 **범위지정3**으로 바꾸고 코드를 실행하면 B2:H9 범위의 이름을 **실습보드**로 부여하고 **실습보드** 범위의 모든 셀에 대해 배경색이 단일

인덱스 값으로 지정되고 내용이 표시되도록 하는 프로시저를 작성하고 실행하는 실습이다.

따라하기

동작 1 Sheet3의 이름을 **범위지정3**으로 변경한다.

동작 2 개발 도구 리본 메뉴에서 코드 그룹의 Visual Basic ( )을 클릭한다.

◎ 비주얼 베이직 코드 편집 창이 열린다.

동작 3 Module3을 생성하고 **단일인덱스지정1** 프로시저를 삽입한다.

◎ **Module3**에 **단일인덱스지정1** 프로시저가 만들어진다.

동작 4 **단일인덱스지정1** 프로시저의 내용으로 아래의 코드를 입력한다.

```
Public Sub 단일인덱스지정1()
    Dim myindex As Integer
    Worksheets("범위지정3").Activate
    Range("B2:H9").Name = "실습보드"
    For myindex = 1 To 56
        Range("실습보드").Cells(myindex).Interior.ColorIndex = myindex
        Range("실습보드").Cells(myindex).Value = myindex
    Next myindex
End Sub
```

◎ myindex 변수를 선언하여 Cells속성의 단일 인덱스로 사용한다.
Dim myindex As Integer

◎ 범위지정3 시트를 활성화 하고 **B2:H9** 범위의 이름을 **실습보드**로 한다.

```
Worksheets("범위지정3").Activate
Range("B2:H9").Name = "실습보드"
```

◎ **Range("실습보드").Cells(myindex)**에서 **myindex**의 값을 1에서 56까지 1씩 증가시키며 해당 셀의 배경색(Interior.ColorIndex)과 값(Value)을 myindex로 지정한다. **실습보드**의 범위가 **B2:H9**이므로 B2셀이 Cells(1)이 되고 C2셀이 Cells(2), D2셀이 Cells(3) … Cells(7)로 지정되고 다음 행으로 진행한다. myindex의 최종값 56은 실습보드 범위의 크기(8행 × 7열)로 결정되고 ColorIndex의 값도 56까지로 제한된다.

```
For myindex = 1 To 56
    Range("실습보드").Cells(myindex).Interior.ColorIndex = myindex
    Range("실습보드").Cells(myindex).Value = myindex
Next myindex
```

동작 5 J열의 열 너비를 10.5로 변경하고 **J1:J2** 범위에 **양식 단추**를 삽입한 후 **단일인덱스지정1** 프로시저를 지정하고 텍스트로 **단일인덱스**1을 입력하여 단추의 크기를 적절히 조절한다.

동작 6 **단일인덱스1** 단추를 클릭하여 실행한다.

◎ 실행 결과는 〈그림 5.10〉과 같다.

◎ **실습보드** 범위에 1에서 56까지의 값으로 배경색이 표시된다.

◎ 테이블을 활용하면 해당 값의 색이 어떤 색인지를 알 수 있고 VBA 코딩에 도움이 된다.

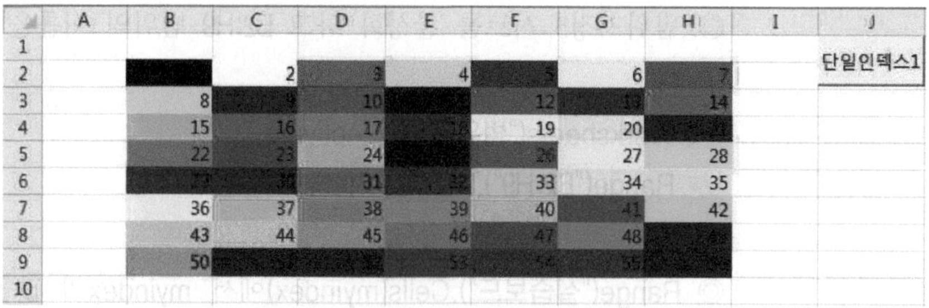

〈그림 5.10〉 단일인덱스1 실행 결과

[혼자하기 5.2.5] Range 개체를 이용하여 **범위지정3**의 **실습보드** 범위에 지정되어 있는 배경색과 내용을 없애는 **실습보드초기화** 프로시저를 작성한 후 프로시저 실행을 위해 J3:J4에 양식 단추를 만들고 **텍스트**는 **보드초기화**로 한다.

[예제10] **범위지정3**에서 코드를 실행하면 B2:P12 범위에 부여된 **실습보드**에서 <u>단일 인덱스가 홀수인 셀에 대해 배경색을 8로 지정</u>하고 **실습보드** 전체 셀의 단일 인덱스 값이 모두 표시되도록 하시오.

요구사항

◎ **범위지정3** 시트에서 코드를 실행하면 B2:P12 범위에 부여된 **실습보드**에서 단일 인덱스가 홀수인 셀들에 대해 배경색을 8로 지정하고 실습보드 전체 셀에 인덱스 값이 모두 표시되도록 하시오.

- VBA 프로시저의 **이름**은 **단일인덱스**2로 하고 매크로 실행은 **양식 컨트롤의 단추**를 이용하여 실행한다. 단추의 텍스트는 **단일인덱스**2로 하고 단추는 J5:J6에 위치시킨다.
- 프로시저는 Module3에 작성한다.

다음 [따라하기]는 **범위지정3** 시트의 B2:H9 범위에 부여된 **실습보드**에서 <u>단일 인덱스가 홀수인 셀에 대해 배경색을 8로 지정</u>하고 **실습보드** 범위 전체 셀의 단일 인덱스 값이 모두 표시되도록 프로시저를 작성하고 실행하는 실습이다.

따라하기

동작 1 개발 도구 리본 메뉴에서 코드 그룹의 Visual Basic ( )을 클릭한다.

◎ 비주얼 베이직 코드 편집 창이 열린다.

동작 2 Module3에 **단일인덱스지정2** 프로시저를 삽입한다.

◎ Module3에 **단일인덱스지정2** 프로시저가 만들어진다.

동작 3 **단일인덱스지정2** 프로시저의 내용으로 아래의 코드를 입력한다.

```
Public Sub 단일인덱스지정2()
    Dim myindex As Integer
    Worksheets("범위지정3").Activate
    Range("B2:H9").Name = "실습보드"
    For myindex = 1 To 56
        Range("실습보드").Cells(myindex).Value = myindex
        If Int(myindex / 2) <> myindex / 2 Then
            Range("실습보드").Cells(myindex).Interior.ColorIndex = 8
        End If
    Next myindex
End Sub
```

◎ myindex 변수를 선언하여 Cells속성의 단일 인덱스로 사용한다.
Dim myindex As Integer

◎ 범위지정3 시트를 활성화 하고 B2:H9 범위의 이름을 **실습보드**로 한다. **단일인덱스**1을 실행하지 않으면 실습보드의 이름이 부여되지 않으므로 **단일인덱스**2에도 해당 코드를 입력한다.
Worksheets("범위지정3").Activate
Range("B2:H9").Name = "실습보드"

◎ Range("실습보드").Cells(myindex)에서 myindex의 값을 1에서 56까지 1씩 증가시키며 셀의 값(Value)은 myindex로 지정한다. 만약 홀수(Int(myindex / 2) <> myindex / 2)이면 해당 셀의 배경색을 8로 지정한다.

```
For myindex = 1 To 56
    Range("실습보드").Cells(myindex).Value = myindex
    If Int(myindex / 2) <> myindex / 2 Then
      Range("실습보드").Cells(myindex).Interior.ColorIndex = 8
    End If
Next myindex
```

Help!!

Int 함수를 이용한 홀수 여부의 확인

홀수를 확인하는 함수가 별도로 주어지지 않은 경우 간단하게 홀수 여부를 확인하려면 **Int(myindex / 2) <> myindex / 2** 을 사용한다. Int 함수는 대부분의 컴퓨터 언어에서 사용되는 내장 함수로 함수의 인수 값보다 적은 정수를 만든다. 예를 들어 myindex가 3인 경우 **Int(myindex / 2)** 값은 인수보다 적은 정수 1이 되고 **myindex / 2** 값은 1.5가 되므로 두 식의 값이 다르면 홀수로 판정할 수 있다.

동작 4 J5:J6 범위에 **양식 단추**를 삽입한 후 **단일인덱스지정2** 프로시저를 지정하고 텍스트로 **단일인덱스2**을 입력하여 단추의 크기를 적절히 조절한다.

동작 5 단일인덱스2 단추를 클릭하여 실행한다.

◎ 실행 결과는 〈그림 5.11〉과 같다.

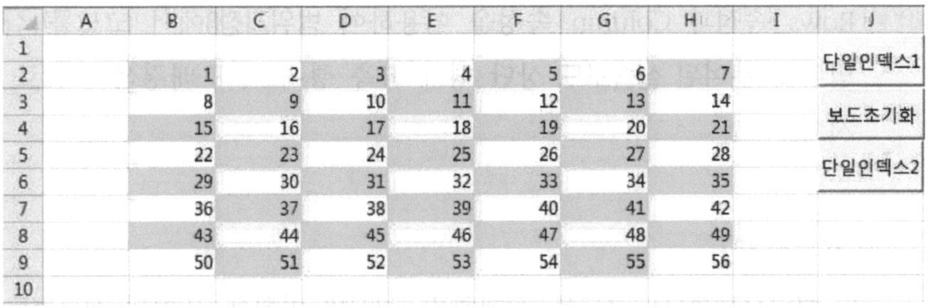

A B C D E F G H I J
1
2 1 2 3 4 5 6 7
3 8 9 10 11 12 13 14
4 15 16 17 18 19 20 21
5 22 23 24 25 26 27 28
6 29 30 31 32 33 34 35
7 36 37 38 39 40 41 42
8 43 44 45 46 47 48 49
9 50 51 52 53 54 55 56
10
단일인덱스1
보드초기화
단일인덱스2

〈그림 5.11〉 단일인덱스2 실행 결과

[혼자하기 5.2.6] **범위지정3**에서 코드를 실행하면 B2:P12 범위에 부여된 **실습보드**에서 단일 인덱스가 짝수인 셀에 대해 배경색을 20으로 지정하고 **실습보드** 전체 셀의 단일 인덱스 값이 모두 표시되도록 하시오.

◎ 보드초기화를 클릭하고 단일인덱스2와 단일인덱스3을 차례로 클릭한 결과는 〈그림 5.12〉와 같다.

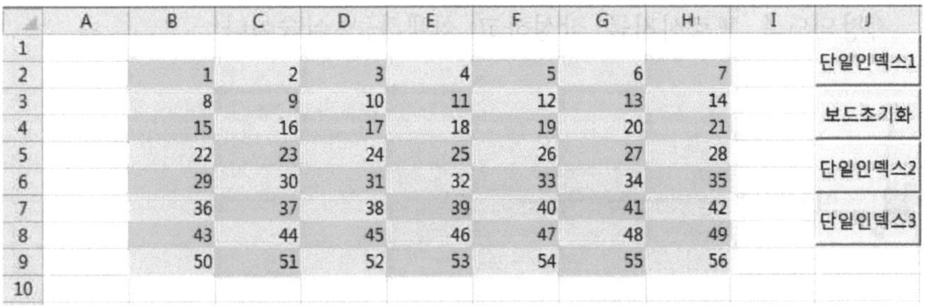

〈그림 5.12〉 단일인덱스2, 단일인덱스3의 실행 결과

Help!!

Cells 속성의 행과 열 인덱스에 0을 사용하면?

Cells 속성의 행과 열 인덱스는 음수 값을 부여할 수 없다. 그러나 행과 열의 인덱스로 0의 값은 부여할 수 있다. Cells(0,0)의 경우 지정한 범위의 기준 셀에서 좌측으로 1열 위쪽으로 1행 옮겨간 셀을 가리킨다. 행을 나타내는 Rows 속성과 행을 나타내는 Colums 속성을 사용하여 단일 인덱스로 0을 사용한 경우 Cells 속성과 동일한 의미를 가지므로 항목의 제목이나 좌측 기준열을 지정할 때 유용하게 사용되지만 Cells 속성과 같이 음수 값을 지정할 수 없으므로 음수를 사용하는 상대 주소를 지정하려면 Offset 속성을 사용한다.

[예제11] Rows 속성과 Column 속성을 이용하여 **범위지정3**에서 코드를 실행하면 B2:P12 범위에 부여된 **실습보드** 상단 행과 좌측 행에 대해 배경색이 42로 지정되도록 하시오.

요구사항

◎ **범위지정3**에서 코드를 실행하면 B2:P12 범위에 부여된 **실습보드** 상단 행과 좌측 행에 대해 배경색이 42로 지정되도록 하시오

- VBA 프로시저의 **이름**은 **단일인덱스4**로 하고 매크로 실행은 **양식 컨트롤의 단추**를 이용하여 실행한다. 단추의 텍스트는 **단일인덱스4**로 하고 단추는 J1:J2에 위치시킨다.
- 프로시저는 Module3에 작성하고 **Rows 속성**과 **Column 속성**을 이용한다.

다음 [따라하기]는 Rows 속성과 Column 속성을 이용하여 **범위지정3**에서 코드를 실행하면 B2:P12 범위에 부여된 **실습보드** 상단 행과 좌측 행에 대해 배경색이 42로 지정되도록 프로시저를 작성하고 실행하는 실습이다.

따라하기

동작 1 개발 도구 리본 메뉴에서 코드 그룹의 Visual Basic ( )을 클릭한다.

◎ 비주얼 베이직 코드 편집 창이 열린다.

동작 2 Module3에 **단일인덱스지정4** 프로시저를 삽입한다.

◎ Module3에 **단일인덱스지정4** 프로시저가 만들어진다.

동작 3 **단일인덱스지정4** 프로시저의 내용으로 아래의 코드를 입력한다.

```
Public Sub 단일인덱스지정4()
    Dim myindex As Integer
    Worksheets("범위지정3").Activate
    Range("b2:h9").Name = "실습보드"
    Range("실습보드").Rows(0).Interior.ColorIndex = 42
    Range("실습보드").Columns(0).Interior.ColorIndex = 42
End Sub
```

◎ **실습보드** 범위의 상단 행과 좌측 열의 배경색을 42로 지정한다. Row(0)은 지정 범위의 상단 행을 Columns(0)은 좌측 열을 지정한다.

```
Range("실습보드").Rows(0).Interior.ColorIndex = 42
Range("실습보드").Columns(0).Interior.ColorIndex = 42
```

동작 4 J7:J8 범위에 **양식 단추**를 삽입한 후 **단일인덱스지정4** 프로시저를 지정하고 텍스트로 **단일인덱스4**를 입력하여 단추의 크기를 적절히 조절한다.

동작 5 **보드초기화** 단추를 클릭하고 **단일인덱스2,단일인덱스3,단일인덱스4** 단추를 차례로 클릭하여 실행한다.

◎ 실행 결과는 〈그림 5.13〉과 같다.

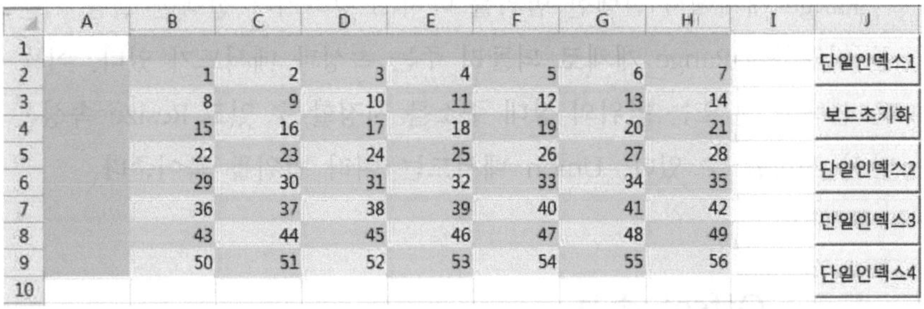

	A	B	C	D	E	F	G	H	I	J
1										단일인덱스1
2		1	2	3	4	5	6	7		
3		8	9	10	11	12	13	14		보드초기화
4		15	16	17	18	19	20	21		
5		22	23	24	25	26	27	28		단일인덱스2
6		29	30	31	32	33	34	35		
7		36	37	38	39	40	41	42		단일인덱스3
8		43	44	45	46	47	48	49		
9		50	51	52	53	54	55	56		단일인덱스4
10										

〈그림 5.13〉 보드초기화와 단일인덱스2,3,4 실행 결과

[혼자하기 5.2.7] 단일인덱스지정4 프로시저에 Cells(0,0)을 이용하여 **실습보드의 좌측 상단 셀(A1)의 배경색이 28로 지정되도록 코드를 추가하시오.**

◎ 실행 결과는 〈그림 5.14〉와 같다.

	A	B	C	D	E	F	G	H	I	J
1										
2		1	2	3	4	5	6	7		단일인덱스1
3		8	9	10	11	12	13	14		
4		15	16	17	18	19	20	21		보드초기화
5		22	23	24	25	26	27	28		
6		29	30	31	32	33	34	35		단일인덱스2
7		36	37	38	39	40	41	42		
8		43	44	45	46	47	48	49		단일인덱스3
9		50	51	52	53	54	55	56		
10										단일인덱스4

〈그림 5.14〉 단일인덱스4 실행 결과

[혼자하기 5.2.8] 실습보드초기화 프로시저에 Rows(0), Column(0), Cell(0,0) 속성을 이용하여 **실습보드의 상단 행과 좌측 열, 모서리 셀**의 배경색이 초기화 되도록 코드를 추가하시오.

5.3 선택 범위의 조정

Range 개체에서 선택한 범위를 다시 조정하거나 선택한 셀을 기준으로 상대 주소를 지정하여 Range 개체로 되돌려 주는 속성과 메서드가 있다. 이들 중 Offset 속성은 선택한 셀 또는 범위의 상대 주소를 지정할 수 있고 Resize 속성은 범위의 크기를 다시 조정할 수 있다. Union 메서드는 여러 범위를 묶어준다.

5.3.1 Offset 속성

Offset 속성은 선택 셀을 기준으로 상대적인 위치의 셀을 지정할 수 있고 선택 범위의 모든 셀에 대해 상대적인 범위의 셀을 지정할 수 있다. Offset은 Offset(행 인덱스, 열 인덱스)의 형태로 사용되며 행과 열 인덱스 값으로 음수의 사용이 가능하다.

선택 셀을 기준으로 **Offset(0,0)**을 지정하면 선택한 셀에서 행과 열의 변화가 없으므로 현재 선택한 셀이 행과 열의 기준이 된다. 예를 들어 C3셀을 선택하고 Offset(0,0)을 지정하면 기준이 되는 자신의 셀인 C3셀을 그대로 지정하게 된다. Offset(0,1)을 속성으로 지정하면 C3셀을 기준으로 우측으로 1 이동한 위치의 D3셀이 지정된다. Offset(1,0)을 속성으로 지정하면 C3셀을 기준으로 아래쪽으로 1 이동한 위치의 D3셀이 지정된다. Offset(0,-1)을 속성으로 지정하면 C3셀을 기준으로 좌측으로 -1 이동한 위치의 B3셀이 지정된다. Offset(-1,0)을 속성으로 지정하면 C3셀을 기준으로 위쪽으로 -1 이동한 위치의 C2셀이 지정된다. 아래의 코드를 실행하면 C3셀에는 3이 입력되고 D3셀에는 4, C4셀에는 5, B3셀에는 6, C2셀에는 7이 각각 입력된다.

```
Range("C3").Select
Selection.Offset(0,0) = 3
Selection.Offset(0,1) = 4
Selection.Offset(1,0) = 5
Selection.Offset(0,-1) = 6
Selection.Offset(-1,0) = 7
```

그러나 선택된 범위에서 Offset 속성을 사용하면 해당 범위의 모든 셀에 대해 상대적인 범위의 셀들을 지정한다. 예를 들어 C2:E3 범위를 선택하고 Offset(0,0)을 지정하면 C2:E3 범위의 시작 셀(C2)을 기준으로 행과 열의 변화가 없으므로 C2:E3 범위를 그대로 지정하게 된다. 아래의 코드를 실행하면 C2:E3 범위의 모든 셀에 7이 입력된다.

```
Range("C2:E3").Select
Selection.Offset(0,0) = 7
```

C2:E3 범위를 선택하고 Offset(0,1)을 지정하면 C2:E3 범위의 시작 셀(C2)을 기준으로 1열 우측으로 이동한 상대 범위 D2:F3 범위가 지정된다. 아래의 코드를 실행하면 C2:E3 범위의 기준인 C2셀에서 우측으로 1 이동한 상대 범위 D2:F2 범위의 모든 셀에 8이 입력된다.

```
Range("C2:E3").Select
Selection.Offset(0,1) = 8
```

C2:E3 범위를 선택하고 Offset(1,0)을 지정하면 C2:E3 범위의 시작 셀(C2)을 기준으로 1행 아래쪽으로 이동한 상대 범위 C3:E4 범위가 지정된다. 아래의 코드를 실행하면 C2:E3 범위의 기준인 C2셀에서 아래쪽으로 1 이동한 상대 범위 C3:E4 범위의 모든 셀에 5가 입력된다.

```
Range("C2:E3").Select
Selection.Offset(1,0) = 5
```

C2:E3 범위를 선택하고 Offset(0,-1)을 지정하면 C2:E3 범위의 시작 셀(C2)을 기준으로 -1열 좌측으로 이동한 상대 범위 B2:D3 범위가 지정된다. 아래의 코드를 실행하면 C2:E3 범위의 기준인 C2셀에서 좌측으로 1열 이동한 상대 범위 B2:D3 범위의 모든 셀에 4가 입력된다.

```
Range("C2:E3").Select
Selection.Offset(0,-1) = 4
```

C2:E3 범위를 선택하고 Offset(-1,0)을 지정하면 C2:E3 범위의 시작 셀(C2)을 기준으로 1행 위쪽으로 이동한 상대 범위 C1:E2 범위가 지정된다. 아래의 코드를 실행하면 C2:E3 범위의 기준인 C2셀에서 위쪽으로 1행 이동한 상대 범위 C1:E2 범위의 모든 셀에 3이 입력된다.

```
Range("C2:E3").Select
Selection.Offset(-1,0) = 3
```

[예제12] Sheet4를 **범위지정4** 시트로 바꾸고 시트에서 코드를 실행하면 Offset 속성을 사용하여 선택한 셀을 기준으로 3행 3열의 9개 셀에 배경색을 1에서 20까지의 임의 색으로 표시하고 선택 셀 포함 상하좌우 5개 셀에 1에서 9까지의 난수 값의 표시

되도록 하시오.

요구사항

◎ Sheet4를 **범위지정4** 시트로 바꾸고 코드를 실행하면 Offset 속성을 사용하여 선택한 셀을 기준으로 3행 3열의 9개 셀에 배경색을 1에서 20까지의 임의 색으로 표시하고 선택 셀 포함 상하좌우 5개 셀에 1에서 9까지의 난수 값의 표시되도록 하시오.

- VBA 프로시저의 **이름**은 **오프셋사용**1로 하고 프로시저 실행은 **양식 컨트롤의 단추**를 이용하여 실행한다. 단추의 텍스트는 **오프셋**1로 하고 J1:J2에 위치시킨다.

다음 [따라하기]는 Offset 속성을 사용하여 선택 셀을 기준으로 3행 3열의 9개 셀에 배경색을 1에서 20까지의 임의 색으로 표시하고 선택 셀 포함 상하좌우 5개 셀에 1에서 9까지의 난수 값이 표시되도록 프로시저를 작성하고 실행하는 실습이다.

따라하기

동작 1 Sheet4를 **범위지정4** 시트로 바꾸고 개발 도구 리본 메뉴에서 코드 그룹의 Visual Basic ( )을 클릭한다.

◎ 비주얼 베이직 코드 편집 창이 열린다.

동작 2 VB 편집기 메뉴의 삽입(I)을 클릭하여 표시된 부 메뉴에서 모듈(M)을 생성하고 **오프셋사용1** 프로시저를 삽입한다.

◎ **Module4**가 생성되고 **오프셋사용**1 프로시저가 만들어진다.

동작 3 **오프셋사용1** 프로시저의 내용으로 아래의 코드를 입력한다.

```
Public Sub 오프셋사용1()
    Worksheets("범위지정4").Activate
    Range(Selection.Offset(-1, -1), Selection.Offset(1, 1)).Interior.ColorIndex _
    = Int(Rnd() * 20 + 1)
    Range(Selection.Offset(-1, -1), Selection.Offset(1, 1)).HorizontalAlignment _
    = xlCenter
    Selection.Offset(0, 0).Value = Int(Rnd() * 9 + 1)
    Selection.Offset(-1, 0).Value = Int(Rnd() * 9 + 1)
    Selection.Offset(1, 0).Value = Int(Rnd() * 9 + 1)
    Selection.Offset(0, -1).Value = Int(Rnd() * 9 + 1)
    Selection.Offset(0, 1).Value = Int(Rnd() * 9 + 1)
End Sub
```

◎ 워크시트 **범위지정4**를 활성 시트로 한다.

```
Worksheets("범위지정4").Activate
```

◎ 선택 셀(Offset(0,0))의 좌측 상단 모서리(Offset(-1,-1))부터 우측 하단 모서리(Offset(1,1)까지 범위에 1에서 20까지의 배경색을 지정한다.

```
Range(Selection.Offset(-1, -1), Selection.Offset(1, 1)).Interior.ColorIndex _
= Int(Rnd() * 20 + 1)
```

◎ 선택 셀(Offset(0,0))의 좌측 상단 모서리(Offset(-1,-1))부터 우측 하단 모서리(Offset(1,1)까지 범위를 <u>**수평 가운데 맞춤**</u> 한다.

```
Range(Selection.Offset(-1, -1), Selection.Offset(1, 1)).HorizontalAlignment _
= xlCenter
```

◎ 선택 셀(Offset(0,0))을 중심으로 상(Offset(-1,-1)), 하(Offset(1,1)), 좌(Offset(0,-1)), 우(Offset(0,1)) 셀에 1에서 9까지의 난수 값을 입력한다.

```
Selection.Offset(0, 0).Value = Int(Rnd() * 9 + 1)
Selection.Offset(-1, 0).Value = Int(Rnd() * 9 + 1)
Selection.Offset(1, 0).Value = Int(Rnd() * 9 + 1)
Selection.Offset(0, -1).Value = Int(Rnd() * 9 + 1)
Selection.Offset(0, 1).Value = Int(Rnd() * 9 + 1)
```

동작 4 J1:J2 범위에 **양식 단추**를 삽입한 후 **오프셋사용1** 프로시저를 지정하고 텍스트로 **오프셋1**을 입력한다.

동작 5 B3셀을 선택하고 **오프셋1** 단추를 클릭하여 실행한다.

동작 6 E4셀을 선택하고 **오프셋1** 단추를 클릭하여 실행한다.

동작 7 H6셀을 선택하고 **오프셋1** 단추를 클릭하여 실행한다.

동작 8 C8셀을 선택하고 **오프셋1** 단추를 클릭하여 실행한다.

◎ 실행한 결과는 〈그림 5.15〉과 같다.

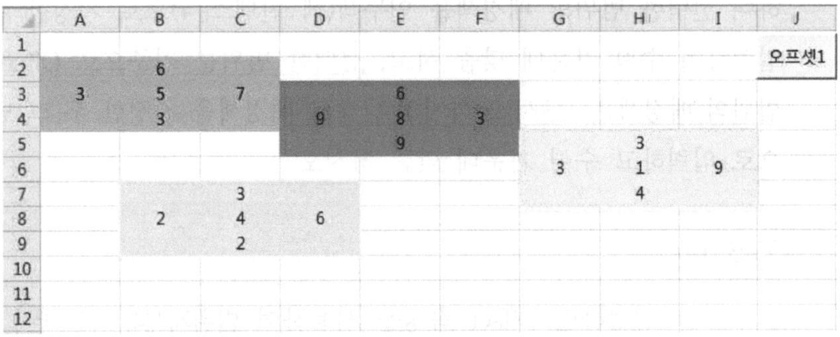

〈그림 5.15〉 오프셋사용1 코드 실행 결과

Help!!

Cells 속성과 Offset 속성을 이용한 범위 설정

Cells 속성과 Offset 속성을 이용하면 선택한 셀을 기준으로 원하는 만큼의 범위를 상대 주소로 지정할 수 있다. 현재 선택한 셀을 기준으로 3행 3열의 셀 범위를 지정하려고 할 때 1) Cells 속성을 사용하는 방법은 ①의 코드를 참조하고 2) Offset 속성을 사용하는 방법은 ②의 코드를 참조한다. Cells 속성과 Offset 속성은 기준이 되는 셀의 위치가 Cells(1,1), Offset(0, 0)으로 다르므로 주의해야 한다.

① Range(Selection.Cells(1,1), Selection.Cells(3,3))

② Range(Selection.Offset(0, 0), Selection.Offset(2, 2))

[혼자하기 5.3.1] 범위지정4 시트 전체 셀의 배경색과 내용을 초기화하는 **범위지정4 초기화** 프로시저를 작성하고 프로시저는 **양식 컨트롤의 단추**를 이용하여 실행한다. 단추의 텍스트는 **초기화**로 하고 J3:J4에 위치시킨다.

[예제13] **범위지정4** 시트에서 임의의 범위를 선택하고 코드를 실행하면 Offset 속성을 사용하여 선택한 범위의 배경색을 연두색(색 인덱스 4)으로 지정한 후 셀 값은 4로 입력하여 수평 가운데 맞춤 하고, 선택한 범위를 기준으로 Offset(3,3)을 적용한 범위의 배경색은 1에서 20까지의 난수로 배경색을 지정한 후 그 난수 값을 셀 값으로 입력하고 수평 가운데 맞춤 하시오.

요구사항

◎ 코드를 실행하면 Offset 속성을 사용하여 **범위지정4** 시트에서 선택한 범위의 배경색을 연두색(색 인덱스 4)으로 지정한 후 셀 값은 4로 입력하고 수평 가운데 맞춤 하고, 선택한 범위를 기준으로 Offset(3,3)을 적용한 범위의 배경색은 1에서 20까지의 난수로 배경색을 지정한 후 그 난수 값을 셀 값으로 입력하고 수평 가운데 맞춤 하시오.

- VBA 프로시저의 **이름**은 **오프셋사용2**로 하고 프로시저 실행은 **양식 컨트롤의 단추**를 이용하여 실행한다. 단추의 텍스트는 **오프셋2**로 하고 J5:J6에 위치시킨다.

다음 [따라하기]는 코드를 실행하면 Offset 속성을 사용하여 **범위지정4** 시트에서 선택한 범위의 배경색을 연두색(색 인덱스 4)으로 지정한 후 셀 값은 4로 입력하고 수평 가운데 맞춤 한다. 선택한 범위를 기준으로 Offset(3,3)을 적용한 범위의 배경색은 1에서 20까지의 난수로 배경색을 지정한 후 그 난수 값을 셀 값으로 입력하고 수평 가운데 맞춤 하도록 프로시저를 작성하고 실행하는 실습이다.

따라하기

동작 1 개발 도구 리본 메뉴에서 코드 그룹의 Visual Basic ( )을 클릭한다.

◎ 비주얼 베이직 코드 편집 창이 열린다.

동작 2 Module4에 **오프셋사용2** 프로시저를 삽입한다.

◎ Module4에 **오프셋사용2** 프로시저가 만들어진다.

동작 3 **오프셋사용2** 프로시저의 내용으로 아래의 코드를 입력한다.

```
Public Sub 오프셋사용2()
    Worksheets("범위지정4").Activate
    mysu = Int(Rnd() * 20 + 1)
    With Selection
        .Offset(0, 0).Interior.ColorIndex = 4
        .Offset(0, 0).Value = 4
        .Offset(0, 0).HorizontalAlignment = xlCenter
        .Offset(3, 3).Interior.ColorIndex = mysu
        .Offset(3, 3).Value = mysu
        .Offset(3, 3).HorizontalAlignment = xlCenter
    End With
End Sub
```

◎ 워크시트 **범위지정4**를 활성 시트로 하고 mysu 변수에 1에서 20까지의 난수를 입력한다.

```
Worksheets("범위지정4").Activate
mysu = Int(Rnd() * 20 + 1)
```

◎ With...End With 문을 사용하여 Offset을 적용하면 보다 효율적인 코드를 작성할 수 있다. With...End With 문은 ActivateCell 이나 Selection 개체의 Offset 속성을 편리하게 사용할 수 있다. 선택한 범위(Offset(0,0))의 배경색과 값을 4로 지정하고 수평 가운데 맞춤한다. 선택한 범위를 기준(좌측 상단 셀)으로 Offset(3,3)의 배경색과 값을 mysu 변수의 난수로 지정하고 수평 가운데 맞춤한다.

```
With Selection
    .Offset(0, 0).Interior.ColorIndex = 4
    .Offset(0, 0).Value = 4
    .Offset(0, 0).HorizontalAlignment = xlCenter
    .Offset(3, 3).Interior.ColorIndex = mysu
    .Offset(3, 3).Value = mysu
    .Offset(3, 3).HorizontalAlignment = xlCenter
End With
```

동작 4 J5:J6 범위에 **양식 단추**를 삽입한 후 **오프셋사용2** 프로시저를 지정하고 텍스트로 **오프셋2**를 입력한다.

동작 5 **초기화** 단추를 클릭하고 B2:C3 범위를 선택하고 **오프셋2** 단추를 클릭하여 실행한다.

동작 6 B2:C3 범위를 선택하고 **오프셋2** 단추를 클릭하여 실행한다.

동작 7 A5:C6 범위를 선택하고 **오프셋2** 단추를 클릭하여 실행한다.

◎ 실행한 결과는 〈그림 5.16〉과 같다.

◎ B2:C3 범위에 Offset(3,3)이 적용되어 E5:F6이 지정되었다.

◎ E2:F3 범위에 Offset(3,3)이 적용되어 H4:I7이 지정되었다.

◎ A5:C6 범위에 Offset(3,3)이 적용되어 D8:F9가 지정되었다.

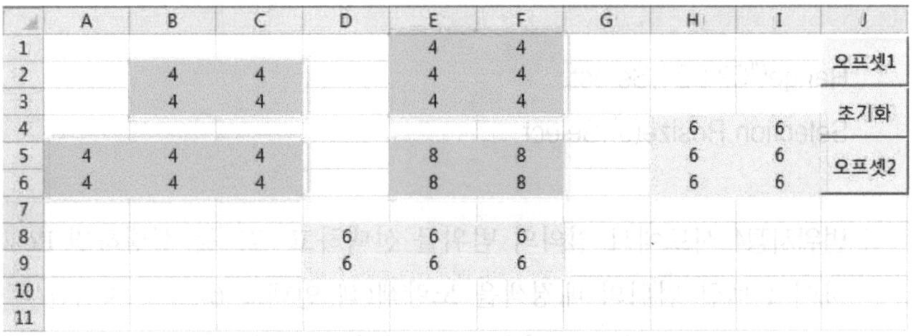

〈그림 5.16〉 오프셋사용2 코드 실행 결과

5.3.2 Resize 속성

Resize 속성은 Range 개체의 크기를 변경하는 속성이다. Resize 속성에 변경할 행과 열의 크기를 인수로 지정하면 셀 영역의 크기를 인수 값에 맞춰 변경할 수 있다. 변경할 행과 열의 값을 주지 않으면 현재의 셀 범위를 유지한다. 예를 들어 C3셀을 선택한 후 크기를 C3:C6이 선택되도록 크기를 조절하려면 다음 코드로 크기를 조절할 수 있다.

```
Range("C3").Select
ActiveCell.Resize(3, 1).Select
```

C2:D2 범위를 C2:E3으로 Resize 속성을 사용하여 크기를 조절하려면 다음과은 코드를 사용한다. 범위를 사용하여 Resize 속성을 적용하면 기준이 되는 셀은 범위의 좌측 상단(C2) 셀이 된다. 이 셀을 기준으로 2행 3열의 코기가 조절된다.

```
Range("C2:D2").Select
Selection.Resize(2,3).Select
```

Resize 속성의 인수로 0은 사용되지 않으며 인수를 한 개만 입력하면 행의 크기를 조절한다. 예를 들어 C2:D2 범위를 C2:D6 법위로 크기를 조절하려면 간단하게 다음과 같이 코딩한다. C2를 기준으로 5행 아래를 지정하므로 C2:D6 범위로 크기가 조절 된다.

```
Range("C2:D2").Select
Selection.Resize(5).Select
```

[예제14] **범위지정4** 시트에서 임의의 범위를 선택하고 코드를 실행하면 Resize 속성을 사용하여 선택한 범위의 배경색을 노랑색(색 인덱스 6)으로 지정한 후 셀 값은 6으로 입력하고 수평 가운데 맞춤하고, 선택한 범위를 기준으로 Resize(3,3)을 적용한 범위의 배경색은 1에서 20까지의 난수로 배경색을 지정한 후 그 난수 값을 셀 값으로 입력하고 수평 가운데 맞춤 하시오.

요구사항

◎ 코드를 실행하면 Resize 속성을 사용하여 선택한 범위의 배경색을 노랑색(색 인덱스 6)으로 지정한 후 셀 값은 6으로 입력하고 수평 가운데 맞춤하고, 선택한 범위를 기준으로 Resize(3,3)을 적용한 범위의 배경색은 1에서 20까지의 난수로 배경색을 지정한 후 그 난수 값을 셀 값으로 입력하고 수평 가운데 맞춤 하시오.

- VBA 프로시저의 **이름**은 **범위크기변경**으로 하고 프로시저 실행은 **양식 컨트롤의 단추**를 이용하여 실행한다. 단추의 텍스트는 **범위변경**으로 하고 J7:J8에 위치시킨다.

다음 [따라하기]는 Resize 속성을 사용하여 선택한 범위의 배경색을 노랑색(색 인덱스 6)으로 지정한 후 셀 값은 6으로 입력하고 수평 가운데 맞춤한다. 선택한 범위를 기준으로 Resize(3,3)을 적용한 범위의 배경색은 1에서 20까지의 난수로 배경색을 지정한 후 그 난수 값을 셀 값으로 입력하고 수평 가운데 맞춤하도록 프로시저를 작성하고 실행하는 실습이다.

따라하기

동작 1 개발 도구 리본 메뉴에서 코드 그룹의 Visual Basic ( )을 클릭한다.

◎ 비주얼 베이직 코드 편집 창이 열린다.

동작 2 Module4에 **범위크기변경** 프로시저를 삽입한다.

◎ Module4에 **범위크기변경** 프로시저가 만들어진다.

동작 3 **범위크기변경** 프로시저의 내용으로 아래의 코드를 입력한다.

```
Worksheets("범위지정4").Activate
mysu = Int(Rnd() * 20 + 1)
With Selection
    .Resize().Interior.ColorIndex = 6
    .Resize().Value = 6
    .Resize().HorizontalAlignment = xlCenter
    .Resize(3, 3).Interior.ColorIndex = mysu
    .Resize(3, 3).Value = mysu
    .Resize(3, 3).HorizontalAlignment = xlCenter
End With
```

◎ 워크시트 **범위지정4**를 활성 시트로 하고 mysu 변수에 1에서 20까지의 난수를 입력한다.

```
Worksheets("범위지정4").Activate
mysu = Int(Rnd() * 20 + 1)
```

◎ With...End With 문을 사용하여 인수가 없는 Resixe()으로 범위 크기의 변동이 없도록 하여 배경색과 값을 6으로 지정하고 수평 가운데 맞춤 한다. 선택한 범위를 기준(좌측 상단 셀)으로 Resize(3,3) 속성

을 적용하여 크기를 변경하고 배경색과 값을 mysu 변수의 난수로 지정하고 수평 가운데 맞춤한다.

```
With Selection
    .Resize().Interior.ColorIndex = 6
    .Resize().Value = 6
    .Resize().HorizontalAlignment = xlCenter
    .Resize(3, 3).Interior.ColorIndex = mysu
    .Resize(3, 3).Value = mysu
    .Resize(3, 3).HorizontalAlignment = xlCenter
End With
```

동작 4 J7:J8 범위에 **양식 단추**를 삽입한 후 **범위크기변경** 프로시저를 지정하고 텍스트로 **범위변경**을 입력한다.

동작 5 **초기화** 단추를 클릭하고 G7셀을 선택하고 **범위변경** 단추를 클릭하여 실행한다.

동작 6 A1:G6 범위를 선택하고 **범위변경** 단추를 클릭하여 실행한다.

◎ 실행한 결과는 〈그림 5.17〉과 같다.
◎ G7셀을 기준으로 3행 3열 크기의 범위로 지정되었다.
◎ 코드 실행 전 선택한 A1:G6 범위가 3행 3열로 크기가 변경되어 A1:C3이 되었음을 나타낸다.

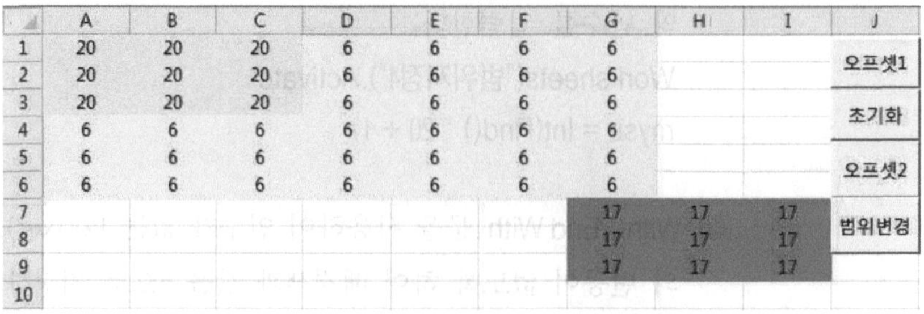

	A	B	C	D	E	F	G	H	I	J
1	20	20	20	6	6	6	6			오프셋1
2	20	20	20	6	6	6	6			
3	20	20	20	6	6	6	6			초기화
4	6	6	6	6	6	6	6			
5	6	6	6	6	6	6	6			오프셋2
6	6	6	6	6	6	6	6			
7							17	17	17	범위변경
8							17	17	17	
9							17	17	17	
10										

〈그림 5.17〉 범위크기변경 코드 실행 결과

5.3.3 Union 메서드

Union 메서드는 둘 이상의 셀 범위를 결합하도록 동작하는 메서드이다. 이것은 서로 다른 크기를 가진 두 개의 범위를 결합시켜 셀과 관련한 작업을 할 수 있도록 한다. Union 메서드에 의해 결합된 셀 영역들은 Areas 컬렉션을 써서 개별적으로 접근할 수 있다. 결합된 모든 셀 영역은 Areas 컬렉션에 포함되어 있고 합쳐진 셀 범위의 개수는 Areas.Count 속성으로 알아 낼 수 있다. 예를 들어 A1:B3 범위와 E2:F6 범위를 선택하고 두 개의 범위를 Union 메서드를 사용해 결합하면 두 범위로 각각 지정되어 있는 범위를 하나의 범위로 결합하여 사용할 수 있다. 이 경우 합쳐진 셀 범위는 2개가 된다. 이와 같이 두 개의 범위를 하나의 범위로 Union 메서드를 사용할 수 있다.

```
Range("A1:B3").Select
Range("E2:F6").Select
Union(Range("A1:B3"),Range("E2:F6")).Select
Msgbox Selection.Areas.Count
```

Union 메서드를 사용하면 떨어져 있는 범위의 각각을 결합시켜 한꺼번에 작업할 수 있고, 결합된 영역의 개별 영역에 각각 접근해 개별 작업을 수행 할 수 있다. 예를 들어 결합된 A1:B3 범위와 E2:F6 범위에 각각 다른 작업을 하려면 다음과 같이 Areas 컬렉션을 통해 개별 영역으로 접근한다.

```
Range("A1:B3").Select
Range("E2:F6").Select
Union(Range("A1:B3"),Range("E2:F6")).Select
Selection.Areas(1).Value = "첫째 영역"
Selection.Areas(2).Value = "둘째 영역"
```

Union 메서드로 합쳐진 셀 범위는 하나의 셀 범위로 간주해 작업할 수 있지만 Resize나 Offset 속성 등을 써서 크기를 바꾸거나 위치를 변경시킬 수 없다. Offset 속성을 사용하여 Union 메서드로 결합된 범위의 위치를 변경하면 가장 왼쪽에 위치한 범위만 변경되므로 결합된 전체 범위에 대해 Offset의 상대 값을 선택해 주지는 못한다. 그러므로 이 경우는 Areas 컬렉션을 통해 개별 영역으로 접근해야 한다.

```
Range("A1:B3").Select
Range("E2:F6").Select
Union(Range("A1:B3"),Range("E2:F6")).Select
Selection.Areas(1).Value = "첫째 영역"
Selection.Areas(2).Value = "둘째 영역"
Selection.Areas(1).Cut
Selection.Areas(1).Offset(3,1).Select
ActiveCell.Paste
```

[예제15] **범위지정4** 시트에서 코드를 실행하면 1) A1:A3 범위와 E2:F6 범위를 차례로 선택하고 Union 속성으로 두 범위를 결합한다. 2) 결합한 범위의 개수를 "**결합한 범위의 개수 : OO**" 으로 표시한다. 3) **개수 표시**에서 **확인** 단추를 클릭하면 Areas 컬렉션을 사용해 A1:A3 범위의 값을 "**첫째 범위**"로 입력하고 배경색은 **노란색**으로 지정한다. 4) E2:F6 범위의 값은 "**둘째 범위**" 로 입력하고 배경색은 **초록색**으로 지정한다. 5) Areas 컬렉션과 Offset 속성을 사용하여 결합된 범위의 첫째 영역을 A4:C6으로 **복사**한다.

요구사항

◎ 코드를 실행하면 1)에서 5)까지의 내용이 차례로 실행되도록 프로시저를 작성하시오.

1) A1:A3 범위와 E2:F6 범위를 차례로 선택 후 Union 속성으로 두 범위를 결합하고 결합된 범위의 배경색을 **바다색(색 인덱스:** 20)으로 구분하고 값은 "**Union적용**"으로 한다.
2) 결합한 범위의 개수를 "**결합한 범위의 개수: OO**" 으로 표시한다.
3) **개수 표시**에서 **확인** 단추를 클릭하면 Areas 컬렉션을 사용해 A1:A3 범위의 값을 "**첫 째 범위**"로 입력하고 배경색은 **노란색(색 인덱스:** 6)으로 지정한다.
4) E2:F6 범위의 값은 "**둘째 범위**" 로 입력하고 배경색은 **초록색(색 인덱스:** 4)으로

지정한 후 "**결합된 범위의 구분**" 메시지를 표시한다.

5) **확인** 단추를 클릭하면 Areas 컬렉션과 Offset 속성을 사용하여 결합된 범위의 첫째 영역을 A4:C6으로 **복사**한다.

- VBA 프로시저의 **이름**은 **복수범위결합**으로 하고 프로시저 실행은 **양식 컨트롤의 단추**를 이용하여 실행한다. 단추의 텍스트는 **범위결합**으로 하고 J9:J10에 위치시킨다.

다음 [따라하기]는 Union 메서드를 사용하여 두 개의 범위를 결합하고 Areas 컬렉션을 사용하여 첫 번째와 두 번째 범위가 구분되도록 표시한 후 첫째 범위(A1:A3)를 A4:C6으로 복사하는 프로시저를 작성하고 실행하는 실습이다.

따라하기

동작 1 개발 도구 리본 메뉴에서 코드 그룹의 Visual Basic ( )을 클릭한다.

◎ 비주얼 베이직 코드 편집 창이 열린다.

동작 2 Module4에 **복수범위결합** 프로시저를 삽입한다.

◎ Module4에 **복수범위결합** 프로시저가 만들어진다.

동작 3 **복수범위결합** 프로시저의 내용으로 아래의 코드를 입력한다.

```
Public Sub 복수범위결합()
    Worksheets("범위지정4").Activate
    Range("A1:B3").Select
    Range("E2:F6").Select
    Union(Range("A1:B3"), Range("E2:F6")).Select
    MsgBox "결합한 범위의 개수: " & Selection.Areas.Count
    Selection.Areas(1).Interior.ColorIndex = 6
```

```
    Selection.Areas(1).Value = "첫째 영역"
    Selection.Areas(2).Interior.ColorIndex = 4
    Selection.Areas(2).Value = "둘째 영역"
    MsgBox "결합된 범위의 구분"
    Selection.Areas(1).Copy
    Selection.Areas(1).Offset(3, 1).Select
    ActiveSheet.Paste
End Sub
```

◎ 워크시트 **범위지정4**를 활성 시트로 하고 A1:A3 범위와 E2:F6 범위를 차례로 선택 후 Union 속성으로 두 범위를 결합하고 결합된 범위의 배경색을 바다색으로 구분하고 값은 "**Union적용**"으로 한 다음 "**결합한 범위의 개수: OO**"을 메시지 박스에 표시한다.

```
Worksheets("범위지정4").Activate
Range("A1:B3").Select
Range("E2:F6").Select
Union(Range("A1:B3"), Range("E2:F6")).Select
Selection.Interior.ColorIndex = 20
Selection.Value = "Union적용"
MsgBox "결합한 범위의 개수: " & Selection.Areas.Count
```

◎ 결합된 범위에서 Areas 컬렉션으로 첫째 영역의 배경색은 **노란색**으로 값은 "**첫째 영역**"을 입력하고, 둘째 영역의 배경색은 **초록색**으로 값은 "**둘째 영역**"을 입력한 다음 "**결합한 범위의 구분**"을 메시지 박스로 표시한다.

```
Selection.Areas(1).Interior.ColorIndex = 6
Selection.Areas(1).Value = "첫째 영역"
Selection.Areas(2).Interior.ColorIndex = 4
Selection.Areas(2).Value = "둘째 영역"
MsgBox "결합된 범위의 구분"
```

◎ Areas 컬렉션으로 첫째 영역을 복사한 다음 Areas(1)의 첫째 셀(A1)의 Offset(0,0)을 기준으로 Offset(3,1) 위치의 셀(C4)이 ActiveCell이 되고 ActiveCell에 복사한 영역을 붙여 넣는다. Union 메서드가 적용된 범위에서 Offset 속성은 결합된 전체 범위에 대해 Offset의 상대 값을 선택해 주는 것이 아니므로 주의해야 한다.

```
Selection.Areas(1).Copy
Selection.Areas(1).Offset(3, 1).Select
ActiveSheet.Paste
```

동작 4 J9:J10 범위에 **양식 단추**를 삽입한 후 **복수범위결합** 프로시저를 지정하고 텍스트로 **범위결합**을 입력한다.

동작 5 **초기화** 단추를 클릭하고 **범위결합** 단추를 클릭하여 실행한다.

◎ 실행한 결과는 〈그림 5.18〉과 같다.

◎ 〈그림 A1:A3 범위와 E2:F6 범위가 결합된 범위의 배경색이 **바다색**으로 값은 **Union적용**으로 표시된다.

◎ 메시지 창에 결합한 범위의 개수: 2가 표시된다.

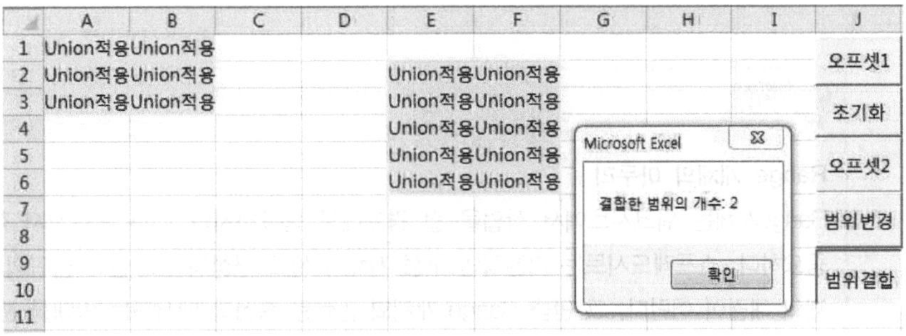

〈그림 5.18〉 복수범위결합 코드 실행 결과

동작 6 메시지 창의 **확인** 단추를 클릭한다.

◎ 〈그림 5.19〉는 결합된 두 개의 범위를 표시한 결과이다.

◎ 노란색 범위는 첫째 영역이고 초록색 범위는 둘째 영역이다.

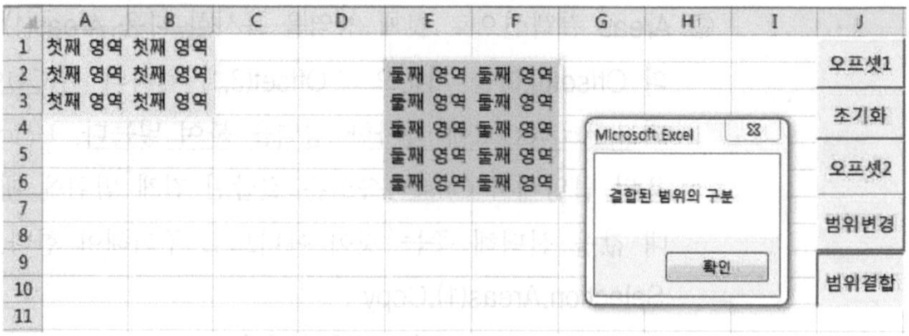

〈그림 5.19〉 결합된 범위의 구분

동작 7 메시지 창의 **확인** 단추를 클릭한다.

◎ 〈그림 5.20〉은 첫째 영역이 B4:C6 범위에 복사된 결과이다.

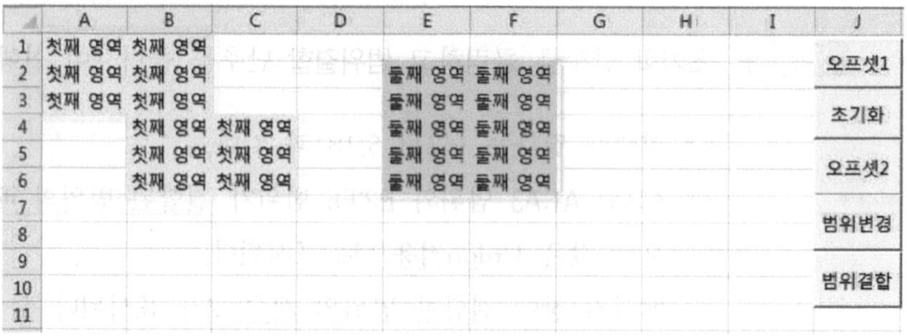

〈그림 5.20〉 첫째 영역의 복사

Help!!

Range 개체의 마무리

Range개체는 워크시트에서 작업을 할 경우에도 중요하지만 VBA 프로시저 작성에서도 매우 중요하다. 스프레드시트는 기본적인 구성 자체가 셀로 구성되므로 셀과 범위의 이해 없이는 문제의 해결이 어렵다. 그 만큼 Range 개체와 관련된 속성과 메서드는 방대할 뿐만 아니라 복잡하다. 본 장에서 제시하지 못한 내용은 필요한 경우 해당 내용에 대해 부분적으로 추가 학습하기로 한다.

5.4 Range 개체 응용

Range 개체를 활용하면 워크시트와 VBA 코드를 이용하여 다양한 작업을 수행하는 프로시저를 개발할 수 있고 이를 통해 업무를 손쉽게 자동화 할 수 있다. 예를 들어 실무에 사용되는 다양한 워크시트 양식을 만들어 두고 저장된 자료를 검색하여 원하는 양식의 문서를 인쇄하거나 저장할 수 있다. 다음의 병원진단서발급 예제를 이용하여 워크시트와 VBA 코드의 활용 방법을 익혀 보도록 하자.

[예제] **진료자료** 시트는 사용자 정의 폼 **진료자료관리폼**으로 데이터를 입력하고 진료자료 시트를 이용하여 **진단서양식** 시트로 진단서를 인쇄하고 **진단서발급** 시트에 이를 등록하는 **HK병원진단서발급** 통합문서(매크로 포함)를 작성하시오.

5.4.1 워크시트의 작성

진단서 발급을 위해서는 질병분류코드에 따른 병명이 있는 **분류코드** 시트, 진료정보가 저장되는 **진료자료** 시트, 발급되는 진단서 정보를 저장하는 **진단서발급** 시트, 진단서 서식이 있는 **진단서양식** 시트 등이 필요하다.

[혼자하기 5.4.1] **새 통합 문서에서 Sheet1의 이름을 분류코드로 변경하고 〈그림 5.21〉과 같이 질병분류코드와 병명을 입력한다.**

	A	B
1	질병분류코드	병명
2	S320	제1요추 압박 골절
3	J069	상기도 급성질환
4	J00	급성인두염[감기]
5	J060	급성인후두염
6	C241	Ampulla of Vatar
7	E1478	Unspecified diabetes mellitus, with other multiple complcations
8	N083	Glomerular disorders in diabetes mellitus
9		

〈그림 5.21〉 분류코드 시트

다음 [따라하기]는 Sheet2의 이름을 진료자료로 변경하고 항목을 추가한 후 사용자 정의 폼 **진료자료관리폼**을 만들어 진료 데이터를 입력하는 실습이다.

따라하기

동작 1 새 통합 문서에서 Sheet1을 **진료자료** 시트로 바꾸고 〈그림 5.22〉와 같이 A2:J2 범위의 배경색을 **흰색, 배경1, 15% 더 어둡게**로 지정하고 항목명을 추가한다.

	A	B	C	D	E	F	G	H	I	J	K
1											
2	병록번호	환자성명	주민번호	전화번호	환자주소	질병코드	병명	발병일	초진일	입원일	퇴원일
3											
4											

〈그림 5.22〉 진료자료 시트

동작 2 진료자료 시트에서 개발 도구 리본 메뉴에서 코드 그룹의 Visual Basic ( )을 클릭하고 VB 편집기 메뉴의 삽입(I)을 클릭하여 표시된 부메뉴에서 사용자 정의 폼(U) 을 클릭한다.

◎ UserForm1이 프로젝트 탐색기에 표시되고 프로젝트 탐색기 오른쪽에 UserForm1이 활성화되어 생성된다.

동작 3 왼쪽 아래의 속성 - UserForm1 창에서 (이름) 항목의 UserForm1을 **진료자료관리폼**으로 수정하고 Caption 항목의 UserForm1을 **진료자료**로 수정한다.

◎ 사용자 정의 폼 이름이 **진료자료관리폼**으로 바뀌어 좌측 상단의 프로젝트 탐색 창과 속성 창에 사용자 정의 폼 이름으로 **진료자료관리폼**이 표시된다.

◎ 사용자 정의 폼의 제목(Caption)이 **진료자료**로 수정된다.

동작 4 사용자 정의 폼이 있는 VBE 창에서 삽입(I)를 클릭하여 표시된 메뉴에서 모듈(M)을 클릭한다.

◎ 모듈 폴더 아래에 Module1이 생기고 우측에 프로시저를 입력할 수 있는 공간이 열린다.

동작 5 우측의 프로시저 입력 공간에 다음의 **진료자료관리폼실행** 프로시저를 작성한다.

```
Public Sub 진료자료관리폼실행()
    진료자료관리폼.Show
End Sub
```

◎ 사용자 정의 폼을 화면에 표시하려면 사용자 정의 폼 개체의 Show 메서드를 사용한다.

◎ **진료자료관리폼.Show**는 사용자 정의 폼 진료자료관리폼을 화면에 표시하는 코드이다.

동작 6 1행의 행 높이를 **25로** 하고 양식 컨트롤 단추를 **진료자료** 시트의 **A1:B1 셀**에 위치시킨 후 텍스트는 **진료자료관리**로 하여 **진료자료관리폼실행** 프로시저를 실행시키는 단추를 삽입하고 실행하여 확인한다.

◎ **진료자료관리폼**을 실행시키는 **진료자료관리** 실행 단추가 삽입되고 단추를 클릭하면 폼이 실행된다.

동작 7 사용자 정의 폼 작성 창에서 **진료자료관리폼**에 레이블과 텍스트 컨트롤을 이용하여 〈그림 5.23〉과 같이 작성하고 텍스트 컨트롤의 이름을 **폼병록번호**, **폼환자성명**, **폼주민번호**, **폼전화번호**, **폼환자주소**, **폼질병코드**, **폼발병일**, **폼초진일**, **폼입원일**, **폼퇴원일**로 변경한다.

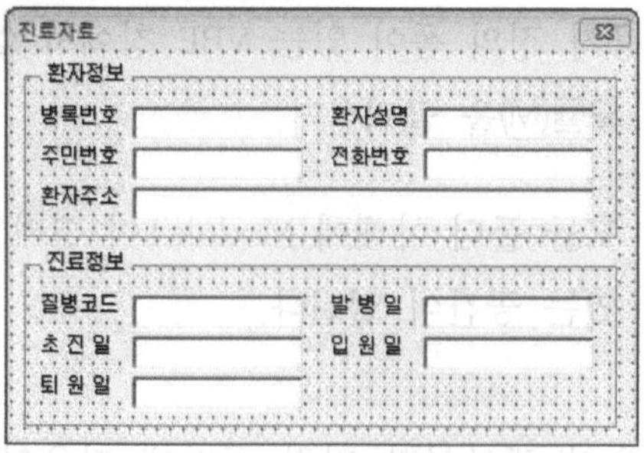

〈그림 5.23〉 진료자료관리폼 디자인

동작 8 **진료자료관리폼**을 실행하여 탭 인덱스가 올바른 순서로 이동하는지 확인한다.

동작 9 사용자 정의 폼 작성 창에서 **진료자료관리폼**에 〈그림 5.24〉와 같이 1) 명령 단추를 삽입하여 **이름**은 **진료자료등록단추**로 하고 Caption은 **진료자료등록**으로 한다. 2) 명령 단추를 삽입하여 **이름**은 **추가자료입력단추**로 하고 Caption은 **추가자료입력**으로 한다. 3) 명령 단추를 삽입하여 **이름**은 **닫기단추**로 하고 Caption은 **닫 기**로 한다.

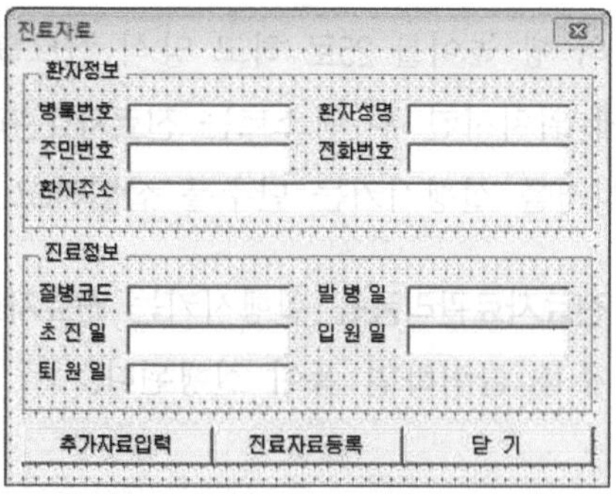

〈그림 5.24〉 진료자료등록단추의 추가

동작 10 Module1에 **진료자료관리폼실행** 프로시저에서 사용할 전역 변수 mylast를 첫 줄에 추가하고 **진료자료관리폼실행** 프로시저를 아래의 코드로 수정하여 **진료관리** 시트에 입력된 마지막 데이터의 행이 mylast에 저장되도록 수정한다.

```
Public mylast As Integer
```

◎ Module1의 첫 줄에 있는 Public mylast As Integer 코드는 **전역 변수** 선언 코드이다. mylast 변수는 데이터의 마지막 행의 값을 저장하는 전역 변수로 **진료자료관리폼**실행 시 결정한 mylast의 값을 다른 프로시저에서도 공통으로 사용할 수 있도록 한다.

```
Public Sub 진료지료관리폼실행()
    WorkSheets("진료자료").Activate
    If Range("A3") = "" Then
        mylast = 2
    Else
        Range("A2").Select
        Selection.End(xlDown).Select
        mylast = Selection.Cells.Row
    End If
    진료자료관리폼.Show
End Sub
```

◎ 다음 코드는 **진료자료** 시트를 Activate하고 A3셀의 값이 공백이면 입력된 데이터가 없으므로 mylast 변수의 값을 2로 하고 아니면 A열의 마지막 데이터가 있는 행의 위치를 mylast 변수에 입력한다.

```
WorkSheets("진료자료").Activate
If Range("A3") = "" Then
    mylast = 2
Else
    Range("A2").Select
    Selection.End(xlDown).Select
    mylast = Selection.Cells.Row
End If
진료자료관리폼.Show
```

동작 11 **진료자료등록단추** 프로시저를 다음 내용으로 코딩하여 폼에서 입력한 내용이 시트에 입력되도록 한다.

```
Private Sub 진료자료등록단추_Click()
    Worksheets("진료자료").Activate
    mylast = mylast + 1
    Cells(mylast, 1) = "'" & 폼병록번호.Value
    Cells(mylast, 2) = 폼환자성명.Value
    Cells(mylast, 3) = 폼주민번호.Value
    Cells(mylast, 4) = 폼전화번호.Value
    Cells(mylast, 5) = 폼환자주소.Value
    Cells(mylast, 6) = 폼질병코드.Value
    Cells(mylast, 7).FormulaR1C1 = "=VLOOKUP(RC[-1],분류코드!R2C1:R8C2,2,0)"
    Cells(mylast, 8) = 폼발병일.Value
    Cells(mylast, 9) = 폼초진일.Value
    Cells(mylast, 10) = 폼입원일.Value
    Cells(mylast, 11) = 폼퇴원일.Value
End Sub
```

◎ **진료자료** 시트를 Activate하고 추가 데이터 입력을 위해 A열의 마지막 데이터가 입력된 행의 값을 저장하는 **mylast** 변수의 값을 1 증가시킨다.

```
Worksheets("진료자료").Activate
mylast = mylast + 1
```

◎ Cells 속성을 이용하여 mylast 행의 A열에서 K열까지의 셀에 폼의 텍스트 상자 컨트롤 값을 차례로 저장한다. **폼병록번호**는 숫자 데이터가 아닌 텍스트로 저장되어야 하므로 텍스트 입력 기호(')를 붙여서 텍스트 형태의 데이터가 입력되도록 한다.

```
Cells(mylast, 1) = "'" & 폼병록번호.Value
Cells(mylast, 2) = 폼환자성명.Value
Cells(mylast, 3) = 폼주민번호.Value
Cells(mylast, 4) = 폼전화번호.Value
```

```
Cells(mylast, 5) = 폼환자주소.Value
Cells(mylast, 6) = 폼질병코드.Value
Cells(mylast, 7).FormulaR1C1 = "=VLOOKUP(RC[-1],분류코드!R2C1:R8C2,2,0)"
Cells(mylast, 8) = 폼발병일.Value
Cells(mylast, 9) = 폼초진일.Value
Cells(mylast, 10) = 폼입원일.Value
Cells(mylast, 11) = 폼퇴원일.Value
```

◎ 다음 코드는 mylast 행의 7열(G열)에 R1C1 방식의 수식으로 VLOOKUP 함수를 이용하여 질병코드에 따른 병명을 구해서 입력한다. 수식의 구성은 현재 수식이 있는 R1C1을 기준으로 RC[-1] 위치의 값으로 **분류코드** 시트의 R2C1:R8C2 범위의 첫째 열의 값과 **완전 일치**하는 레코드의 **두 번째 항목**을 가져온다. R1C1 방식의 주소 지정에서 R2C1:R8C2 범위와 같이 주소를 지정하면 절대 범위 참조가 된다.

```
Cells(mylast, 7).FormulaR1C1 = "=VLOOKUP(RC[-1],분류코드!R2C1:R8C2,2,0)"
```

동작 12 **진료자료** 시트에서 **진료자료관리** 단추를 클릭하여 실행하고 아래의 데이터를 입력한다.

65322 김동숙 880808-******* 010-0000-0000 부산광역시 해운대구 S320
2020-03-03 2020-03-03 2020-03-04 2020-03-18

◎ 데이터가 정확하게 입력되는지를 확인하고 오류가 있으면 코드를 수정하여 입력한다.

동작 13 **추가자료입력단추** 프로시저를 다음 내용으로 코딩하여 폼의 컨트롤을 모두 초기화 한다.

```
Private Sub 추가자료입력단추_Click()
    Dim a
    For Each a In 진료자료관리폼.Controls
        If TypeName(a) = "TextBox" Then
            a.Value = ""
        End If
    Next
End Sub
```

◎ Variant 형 변수 a 를 선언한다. Variant로 선언된 가변형 변수 a는 형 선언 시에 자료의 형이 정해지지 않고 최초에 사용되는 데이터 값에 따라 자료형을 결정해서 사용한다.

```
Dim a
```

◎ 반복문을 이용하여 **진료자료관료폼**의 Variant 변수 a의 변수 타입이 TextBox인 모든 컨트롤에 대해 Value의 값을 공백("")으로 초기화 한다.

```
For Each a In 진료자료관리폼.Controls
    If TypeName(a) = "TextBox" Then
        a.Value = ""
    End If
Next
```

동작 14 **추가자료입력단추** 프로시저를 테스트하고 다음 데이터를 추가하여 입력한다.

65327 마동탁 900909-******* 010-9999-9999 경상남도 진주시 J060
2020-04-04 2020-04-04 2020-04-04 2020-04-22

65335 심봉구 770707-******* 010-7777-7777 부산광역시 부산진구 C241
2020-04-11 2020-04-11 2020-04-12 2020-04-26

◎ 데이터가 입력된 결과는 그림⟨5.25⟩와 같다.

	A	B	C	D	E	F	G	H	I	J	K
1	진료자료관리										
2	병록번호	환자성명	주민번호	전화번호	환자주소	질병코드	병명	발병일	초진일	입원일	퇴원일
3	65322	김동숙	880808-******	010-0000-00	부산광역시 해운대구	S320	제1요추 압박 골절	2020-03-03	2020-03-03	2020-03-03	2020-03-18
4	65327	마동탁	900909-******	010-9999-99	경상남도 진주시	J060	급성인후두염	2020-04-04	2020-04-04	2020-04-04	2020-04-22
5	65335	심봉구	770707-******	010-7777-77	부산광역시 부산진구	C241	Ampulla of Vatar	2020-04-11	2020-04-11	2020-04-12	2020-04-26
6											

⟨그림 5.25⟩ 진료자료 시트의 데이터 입력 결과

동작 15 완성된 통합문서는 **진단서발급** 파일(**Excel 매크로 사용 통합 문서**)로 저장한다.

다음 [따라하기]는 **진료자료관리폼**에 **닫기단추**를 만들고 **닫기단추**를 클릭하면 **진료자료관리폼**이 종료되는 실습이다.

따라하기

동작 1 개발 도구 리본 메뉴에서 코드 그룹의 Visual Basic ( )을 클릭하고 VB 편집기 메뉴의 **진료자료관리폼**을 더블 클릭한다.

◎ **진료자료관리폼**이 수정할 수 있도록 비주얼베이직 편집기의 프로젝트 탐색기 우측 작업 창에 열린다.

동작 2 **진료자료관리폼**의 **닫기단추**에서 우측 단추를 클릭한 후 **코드 보기**를 클릭하여 다음 코드를 입력한다.

```
Private Sub 닫기단추_Click()
    Unload Me
End Sub
```

다음 [따라하기]는 발급되는 진단서 정보를 저장하는 **진단서발급** 시트와 진단서 서식이 있는 **진단서양식** 시트를 작성하는 실습이다.

따라하기

동작 1 **진단서발급** 통합 문서의 Sheet2를 **진단서발급** 시트로 바꾸고 〈그림 5.26〉와 같이 **A1:J1** 범위의 배경색을 **흰색, 배경1, 15% 더 어둡게**로 지정하고 항목명을 추가한다.

	A	B	C	D	E	F	G	H
1	일련번호	병록번호	환자성명	주민번호	질병분류코드	발행일	의사성명	용도
2								
3								

〈그림 5.26〉 진단서발급 시트

동작 2 **진단서발급** 통합 문서의 Sheet3을 **진단서양식** 시트로 바꾸고 〈그림 5.27〉과 같이 진단서 양식을 작성하되 **폼 - 셀 병합(M)** 을 활용하여 1) C7:F7, C8:F8, C9:F9, C10:F10, C11:F11 범위의 셀은 각각 병합한다. 2) G8:F8, G9:F9, G10:F10, G11:F11, G12:F12 범위의 셀은 각각 병합한다. 3) C18:I18, C19:I19, C20:I20, C21I21, C22:I22 범위의 셀은 각각 병합한다. 5) C30:I30, C31:I31 범위의 셀은 각각 병합한다. 6) 날짜와 관련한 셀 서식은 사용자 정의 서식으로 **yyyy년 mm월 dd일**로 설정한다.

◎ **질병코드**와 **병명**은 추가하여 입력할 수 있도록 행 단위로 병합된다.
◎ **향후 진료 소견**은 추가하여 입력할 수 있도록 행 단위로 병합된다.
◎ **비고**는 추가하여 입력할 수 있도록 행 단위로 병합된다.

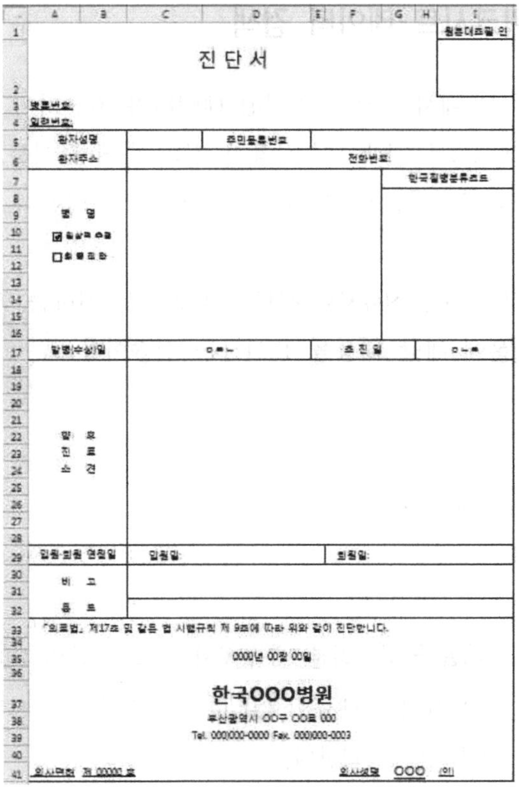

〈그림 5.27〉 진단서양식 시트

동작 3 완성된 통합문서는 **진단서발급** 파일(**Excel 매크로 사용 통합 문서**)로 다시 저장한다.

Help!!

업무 처리 방법의 다양성

진단서 발급과 관련한 업무 처리의 방법은 기관 또는 개인에 따라 다양하게 처리 될 수 있다. 그러나 〈그림 5.27〉과 같은 진단서 양식은 의료법의 시행규칙에 따라 작성해야 한다. 업무 처리 방법의 알고리즘은 한 가지만 존재하는 것이 아니고 작성자의 아이디어에 따라 다를 수 있으나 법의 시행 규칙으로 정해진 양식은 임의로 변경할 수 없다. 이 장에서 처리하는 방법은 학습한 내용을 바탕으로 엑셀 VBA로 처리할 수 있는 방법을 설명하고자 진료관리라는 예를 들어 작성한 것이다. 따라서 실무 현장에서 사용하는 용어와는 다소 차이가 있을 수 있음을 양지하기 바란다.

5.4.2 워크시트 데이터 검색

진료자료 시트에서 진료와 관련된 데이터가 저장되어 있다. 저장된 자료에서 발급을 원하는 레코드를 검색하여 사용자 정의 폼에 표시하고 이 내용을 바탕으로 진단서 발급에 필요한 내용을 추가하여 진단서를 발급한다.

다음 [따라하기]는 **진료자료** 시트에서 발급을 원하는 환자의 데이터를 검색하여 **진단서발급관리폼**에 해당 내용을 표시하는 실습이다.

따라하기

동작 1 개발 도구 리본 메뉴에서 코드 그룹의 Visual Basic ( )을 클릭하고 VB 편집기 메뉴의 삽입(I)을 클릭하여 표시된 부 메뉴에서 사용자 정의 폼(U) 을 클릭한다.

◎ UserForm1이 프로젝트 탐색기에 표시되고 프로젝트 탐색기 오른쪽에 UserForm1이 활성화되어 생성된다.

동작 2 왼쪽 아래의 속성 - UserForm1 창에서 (이름) 항목의 UserForm1을 **진단서발급폼**으로 수정하고 Caption 항목의 UserForm1을 **진단서발급**으로 수정한다.

◎ 사용자 정의 폼 이름이 **진단서발급**으로 바뀌어 좌측 상단의 프로젝트 탐색 창과 속성 창에 사용자 정의 폼 이름으로 **진단서발급폼**이 표시된다.

◎ 사용자 정의 폼의 제목(Caption)이 **진단서발급**으로 수정된다.

동작 3 Module1 우측의 프로시저 입력 공간에 다음의 **진단서발급폼실행** 프로시저를 작성한다.

```
Public Sub 진단서발급폼실행()
    진단서발급폼.Show
End Sub
```

◎ **진단서발급폼.Show**는 사용자 정의 폼 **진단서발급폼**을 화면에 표시하는 코드이다.

동작 4 양식 컨트롤 단추를 **진료자료** 시트의 **C1:D1셀**에 적당한 크기로 위치시킨 후 텍스트는 **진단서발급관리**로 하여 **진단서발급폼실행** 프로시저를 실행시키는 단추를 삽입하고 실행하여 확인한다.

◎ **진단서발급폼**을 실행시키는 **진단서발급관리** 실행 단추가 삽입되고 단추를 클릭하면 폼이 실행된다.

동작 5 사용자 정의 폼 작성 창에서 **진단서발급폼**에 레이블과 텍스트 컨트롤을 이용하여 〈그림 5.28〉과 같이 작성하고 텍스트 컨트롤의 이름을 **폼검색키, 폼환자성명, 폼주민번호, 폼전화번호, 폼환자주소, 폼질병코드, 폼상병명, 폼발병일, 폼초진일, 폼입원일, 폼퇴원일, 폼일련번호, 폼발행일, 폼임상적추정, 폼최종진단, 폼병명, 폼향후진로소견, 폼비고, 폼용도, 폼의사면허, 폼의사성명**으로 변경한다.

〈그림 5.28〉 진단서발급폼 디자인

동작 6 **폼병록번호** 컨트롤의 우측에 **명령 단추 컨트롤**을 드래그하여 삽입하고 컨트롤 이름은 **찾기단추**로 Caption은 **찾기**로 입력한다.

◎ **폼병록번호** 컨트롤의 우측에 **찾기단추** 컨트롤이 추가된다.

동작 7 **진단서발급폼**을 실행하여 탭 인덱스가 올바른 순서로 이동하는지 확인하고 이동 순서가 맞지 않으면 컨트롤 속성의 TabIndex를 수정한다.

◎ **진단서발급폼** 사용자가 편리하게 폼을 사용할 수 있도록 탭 인덱스가 정상적으로 이동한다.

동작 8 **찾기단추** 프로시저를 다음 내용으로 코딩하여 진료자료 시트에서 검색한 내용이 **진단서발급폼**에 표시 되도록 한다.

```
Private Sub 찾기단추_Click()
On Error GoTo mysubend
    Worksheets("진료자료").Activate
    Cells.Find(What:=폼검색키, After:=ActiveCell, LookIn:=xlFormulas, LookAt _
        :=xlPart, SearchOrder:=xlByRows).Activate
    폼검색키.Value = ActiveCell.Offset(0, 0)
    폼환자성명.Value = ActiveCell.Offset(0, 1)
    폼주민번호.Value = ActiveCell.Offset(0, 2)
    폼전화번호.Value = ActiveCell.Offset(0, 3)
    폼환자주소.Value = ActiveCell.Offset(0, 4)
    폼질병코드.Value = ActiveCell.Offset(0, 5)
    폼상병명.Value = ActiveCell.Offset(0, 6)
    폼병명.Value = ActiveCell.Offset(0, 6)
    폼발병일.Value = ActiveCell.Offset(0, 7)
    폼초진일.Value = ActiveCell.Offset(0, 8)
    폼입원일.Value = ActiveCell.Offset(0, 9)
    폼퇴원일.Value = ActiveCell.Offset(0, 10)
mysubend:
    If Err.Number = 91 Then
        MsgBox ("검색하고자 하는 자료가 없습니다.")
```

```
    End If
End Sub
```

◎ **폼검색키** 컨트롤에 입력된 값을 검색하는 Cells의 Find 메서드에서 **폼검색키**에 있는 값을 검색하지 못한 경우 91번 에러가 발생한다. 이 에러를 처리하여 "**검색하고자 하는 자료가 없습니다.**" 라는 메시지를 표시하려면 아래와 같이 mysubend: 지점으로 이동하여 Err.Number가 91이면 MsgBox로 "**검색하고자 하는 자료가 없습니다.**" 코드를 실행한다.

```
On Error GoTo mysubend
...
mysubend:
        If Err.Number = 91 Then
            MsgBox ("검색하고자 하는 자료가 없습니다.")
        End If
```

◎ **진료자료** 시트를 Activate하고 Cells의 Find 메서드를 사용하여 **폼검색키** 컨트롤에 입력된 값을 검색하여 Activate한다.

```
Worksheets("진료자료").Activate
Cells.Find(What:=폼검색키, After:=ActiveCell, LookIn:=xlFormulas, LookAt _
        =xlPart, SearchOrder:=xlByRows).Activate
```

◎ 검색한 셀(ActiveCell)을 기준으로 Offset 속성을 이용하여 ActiveCell.Offset(0, 0)인 A열에서 ActiveCell.Offset(0, 10)인 K열까지의 셀 데이터를 폼 각각의 텍스트 컨트롤에 표시한다. **폼상병명**과 **폼병명**은 시트상의 병명으로 동일하게 표시한다.

```
폼검색키.Value = ActiveCell.Offset(0, 0)
폼환자성명.Value = ActiveCell.Offset(0, 1)
폼주민번호.Value = ActiveCell.Offset(0, 2)
폼전화번호.Value = ActiveCell.Offset(0, 3)
폼환자주소.Value = ActiveCell.Offset(0, 4)
```

```
폼질병코드.Value = ActiveCell.Offset(0, 5)
폼상병명.Value = ActiveCell.Offset(0, 6)
폼병명.Value = ActiveCell.Offset(0, 6)
폼발병일.Value = ActiveCell.Offset(0, 7)
폼초진일.Value = ActiveCell.Offset(0, 8)
폼입원일.Value = ActiveCell.Offset(0, 9)
폼퇴원일.Value = ActiveCell.Offset(0, 10)
```

동작 9 **진료자료** 시트의 **진단서발급관리** 단추를 클릭하여 실행하고 **검색_키**로 65322을 입력한 후 **찾기** 단추를 클릭한다.

◎ 〈그림 5.29〉와 같이 **병록번호**가 65322인 데이터가 검색되어 **진단서발급폼**에 표시된다.

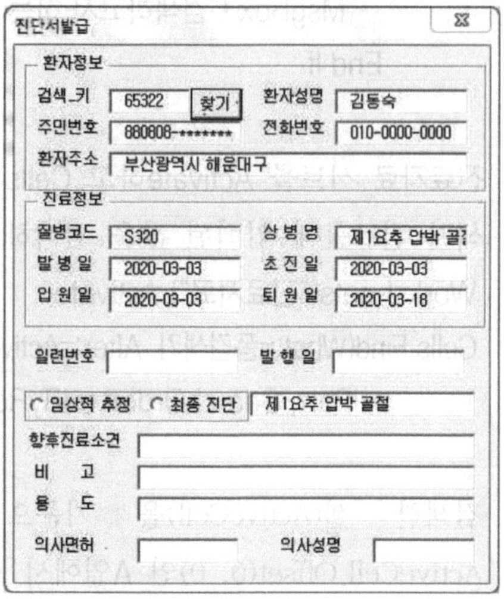

〈그림 5.29〉 진단서발급폼에서 진단자료를 검색한 결과

Help!!

진단서발급폼의 변형과 시트 활용

의료 기관에서 발급하는 진단서 양식은 의료법의 시행규칙에 따라 작성해야 하므로 〈그림 5.29〉와 같은 폼 만으로는 원하는 모든 업무 처리를 하는데는 한계가 있다. 예를 들어 진단 병명이 1개가 아니고 추가로 입력해야 하거나 보다 다양한 형태의 요구사항이 있을 수 있다. 업무에서 요구하는 사항에 맞춰 진단서발급폼을 변형해 효율적인 업무를 처리할 수도 있지만 손쉽게 진단서양식 시트에서 직접 입력하도록 하는 것도 한 가지 대안이 될 수 있다.

다음 [따라하기]는 **진단서발급관리** 단추를 클릭하면 **진단서발급** 시트의 자료를 참조하여 폼의 **일련번호**가 자동 부여하고 폼의 **발급일**은 시스템 날짜로 표시되고 옵션 단추 컨트롤로 작성된 **최종진단**이 선택되어 **진단서발급폼**이 실행되는 실습이다.

따라하기

동작 1 **진단서발급** 시트의 **일련번호**를 참조하여 **폼일련번호**를 처리할 수 있도록 Module1 의 상단에 mylast2 전역변수를 추가로 선언하고 **진단서발급폼 실행** 프로시저를 다음과 같이 수정한다.

```
Public mylast As Integer
Public mylast2 As Integer
```

◎ **진단서발급** 시트에 마지막으로 입력된 **일련번호**의 행 번호를 저장할 전역 변수 mylast2를 정수형으로 추가한다.

```
Public Sub 진단서발급폼실행()
    Worksheets("진단서발급").Activate
    진단서발급폼.폼발행일 = Date
    If Cells(2, 1) = "" Then
        mylast2 = 1
        진단서발급폼.폼일련번호 = 1
```

```
    Else
        Range("A1").Select
        Selection.End(xlDown).Select
        mylast2 = Selection.Cells.Row
        진단서발급폼.폼일련번호 = Cells(mylast2, 1) + 1
    End If
    진단서발급폼.Show
End Sub
```

◎ **진단서발급** 시트를 Activate하고 **폼발행일**에 **시스템 날짜**를 입력한다.

```
Worksheets("진단서발급").Activate
진단서발급폼.폼발행일 = Date
```

◎ **진단서발급** 시트의 2행 1열이 공백이면 **폼일련번호**로 1을 부여하고 아니면 일련번호 열의 마지막 데이터를 찾아 **1증가** 시킨 값을 **폼일련번호**로 부여한다.

```
If Cells(2, 1) = "" Then
    mylast2 = 1
    진단서발급폼.폼일련번호 = 1
Else
    Range("A1").Select
    Selection.End(xlDown).Select
    mylast2 = Selection.Cells.Row
    진단서발급폼.폼일련번호 = Cells(mylast2, 1) + 1
End If
```

동작 2 사용자 정의 폼 작성 창에서 **진단서발급폼**의 옵션 단추 **폼최종진단** 속성의 Value를 True로 입력한다.

◎ **진단서발급폼**을 실행하면 최종 진단 옵션 단추가 선택되어 있다.

동작 3 **진단서발급** 시트에서 **진단서발급** 단추를 클릭하여 실행하고 **검색_키**로 **65322**을 입력한 후 **찾기** 단추를 클릭한다.

◎ **진단서발급폼**을 실행시켜 **65322** 병록번호를 검색한 결과는 〈그림 5.30〉와 같다.

◎ 폼의 **폼일련번호** 컨트롤에 진단서 발급에 필요한 **일련번호**가 **진단서발급** 시트의 **일련번호**를 이용하여 자동으로 입력되어 있다.

◎ 폼의 **폼발행일** 컨트롤에 시스템 날짜가 입력되어 있다.

◎ **폼최종진단** 옵션 단추 컨트롤이 선택되어 있다.

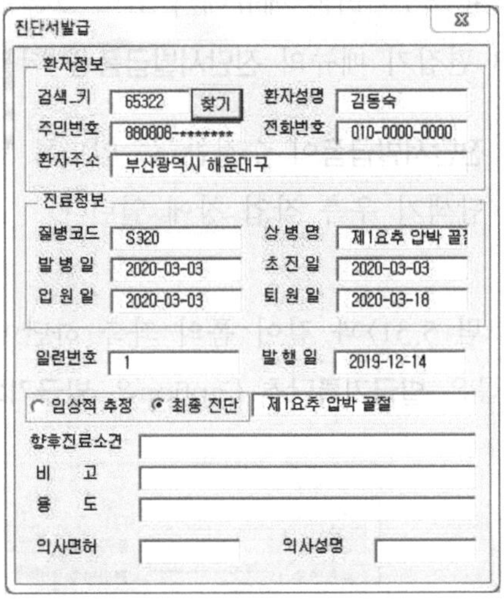

〈그림 5.30〉 일련번호, 발행일, 진단자료가 처리된 결과

동작 4 **진단서발급폼**을 닫는다.

5.4.3 폼 검색 자료의 서식 시트 적용

진료자료 시트에는 진단서발급에 필요한 데이터가 저장되어 있다. 저장된 자료에서 진단서 발급에 필요한 레코드를 검색하여 **진단서발급관리폼**에 표시하고 이 내용을 바탕으로 진단서 발급 대장에 기록할 내용은 **진단서발급** 시트에 등록하고, 진단서를 발급하기 위해서는 검색한 내용과 폼에서 추가로 입력한 내용으로 **진단서양식** 시트에 작성된 서식을 이용하여 진단서를 인쇄해야 한다.

다음 [따라하기]는 **진단서발급폼**에 **발급기록단추**를 만들고 **발급기록단추**를 클릭하면 **진단서발급** 시트에 발급과 관련한 항목이 입력되도록 하는 실습이다.

따라하기

동작 1 개발 도구 리본 메뉴에서 코드 그룹의 Visual Basic ( )을 클릭하고 VB 편집기 메뉴의 **진단서발급폼**을 더블 클릭한다.

◎ **진단서발급폼**이 수정할 수 있도록 비주얼베이직 편집기의 프로젝트 탐색기 우측 작업 창에 열린다.

동작 2 〈그림 5.31〉과 같이 폼의 좌측 하단에 명령 단추를 추가하고 컨트롤 이름은 **발급기록단추** Caption은 **발급기록**으로 한다.

〈그림 5.31〉 발급기록단추 추가

동작 3 **발급기록단추**에서 우측 단추를 클릭한 후 **코드 보기**를 클릭하여 다음 코드를 입력한다.

```
Private Sub 발급기록단추_Click()
    Dim mylast As Integer
    Worksheets("진단서발급").Activate
    If Range("A2") = "" Then
        mylast = 1
    Else
        Range("A1").Select
        Selection.End(xlDown).Select
        mylast = Selection.Cells.Row
    End If
    mylast = mylast + 1
    Cells(mylast, 1) = 폼일련번호.Value
    Cells(mylast, 2) = 폼검색키.Value
    Cells(mylast, 3) = 폼환자성명.Value
    Cells(mylast, 4) = 폼주민번호.Value
    Cells(mylast, 5) = 폼질병코드.Value
    Cells(mylast, 6) = 폼발행일.Value
    Cells(mylast, 7) = 폼의사성명.Value
    Cells(mylast, 8) = 폼용도.Value
End Sub
```

◎ **진단서발급** 시트를 Activate하고 mylast 변수에 마지막으로 입력된 **일련번호** 열의 마지막 데이터의 행 인덱스 값을 입력한 후 1 증가시킨다.

```
Dim mylast As Integer
Worksheets("진단서발급").Activate
If Range("A2") = "" Then
   mylast = 1
Else
   Range("A1").Select
   Selection.End(xlDown).Select
```

```
        mylast = Selection.Cells.Row
    End If
    mylast = mylast + 1
```

◎ Cells 속성을 이용하여 mylast 행의 A열에서 H열까지의 셀에 폼의 텍스트 상자 컨트롤 값을 차례로 저장한다. **폼병록번호(폼검색키)**는 숫자 데이터가 아닌 텍스트로 저장되어야 하므로 텍스트 입력 기호 (')를 붙여서 텍스트 형태의 데이터가 입력되도록 한다.

```
Cells(mylast, 1) = 폼일련번호.Value
Cells(mylast, 2) = "'" & 폼검색키.Value
Cells(mylast, 3) = 폼환자성명.Value
Cells(mylast, 4) = 폼주민번호.Value
Cells(mylast, 5) = 폼질병코드.Value
Cells(mylast, 6) = 폼발행일.Value
Cells(mylast, 7) = 폼의사성명.Value
Cells(mylast, 8) = 폼용도.Value
```

동작 4 **진료자료** 시트의 **진단서발급관리** 단추를 클릭하여 65322 데이터를 검색하고 향후진료소견, 비고, 용도 등의 내용을 임의로 입력하고 **발급기록** 단추를 클릭하여 테스트 한다.

◎ **진단서발급** 시트에 진단서 발급과 관련한 기록 자료가 입력된다.

Help!!

진단서발급폼에서 검색_키를 다른 항목으로 검색하려면

진단서발급폼에서 검색_키는 병록번호를 이용하여 검색하는 것이 원칙이지만 환자성명, 주민번호, 전화번호 등을 사용해도 원하는 데이터를 검색할 수 있다. 병록번호를 모르는 경우 환자성명, 주민번호, 전화번호 등을 사용하면 편리하게 원하는 데이터를 검색할 수 있다. 예를 들어 검색_키로 성명을 사용하여 검색하면 검색된 데이터의 병록번호가 검색_키에 표시된다.

다음 [따라하기]는 **진단서발급폼**에 **진단서발급단추**를 만들고 **진단서발급단추**를 클릭하면 **진단서양식** 시트의 서식에 진단서 발급과 관련한 항목이 모두 입력되어 진단서를 발급할 수 있도록 하는 실습이다.

따라하기

동작 1 개발 도구 리본 메뉴에서 코드 그룹의 Visual Basic ( )을 클릭하고 VB 편집기 메뉴의 **진단서발급폼**을 더블 클릭한다.

◎ **진단서발급폼**이 수정할 수 있도록 비주얼베이직 편집기의 프로젝트 탐색기 우측 작업 창에 열린다.

동작 2 〈그림 5.32〉와 같이 폼의 좌측 하단에 명령 단추를 추가하고 컨트롤 이름은 **진단서발급단추** Caption은 **진단서발급**으로 한다.

〈그림 5.32〉 진단서발급단추 추가

동작 3 **진단서발급단추**에서 우측 단추를 클릭한 후 **코드 보기**를 클릭하여 다음 코드를 입력한다.

```
Private Sub 진단서발급단추_Click()
    Worksheets("진단서양식").Activate
    Range("B3") = 폼검색키.Value
    Range("B4") = 폼일련번호.Value
    Range("C5") = 폼환자성명.Value
    Range("E5") = 폼주민번호.Value
    Range("C6") = 폼환자주소.Value
    Range("H6") = 폼전화번호.Value
    If 폼임상적추정 = True Then
        Range("A10") = 1
        Range("A11") = 0
    Else
        Range("A10") = 0
        Range("A11") = 1
    End If
    Range("C7") = "1." & 폼병명.Value
    Range("C8") = "-이하 여백-"
    Range("G8") = 폼질병코드.Value
    Range("C17") = 폼발병일.Value
    Range("H17") = 폼초진일.Value
    Range("C18") = 폼향후진료소견.Value
    Range("C19") = "-이하 여백-"
    Range("D29") = 폼입원일.Value
    Range("G29") = 폼퇴원일.Value
    Range("C30") = 폼비고.Value
    Range("C32") = 폼용도.Value
    Range("A35") = 폼발행일.Value
    Range("B41") = "제 " & 폼의사면허.Value & " 호"
    Range("G41") = 폼의사성명.Value
End Sub
```

◎ **진단서양식** 시트를 Activate하고 B3셀에 **폼검색키**의 값을 **병록번호**로 입력한다.

```
Worksheets("진단서양식").Activate
Range("B3") = 폼검색키.Value
```

◎ B4, C5, E5, C6, H6, C7 셀에 **폼일련번호**, **폼환자성명**, **폼주민번호**, **폼환자주소**, **폼전화번호**를 각각 입력한다.

```
Range("B4") = 폼일련번호.Value
Range("C5") = 폼환자성명.Value
Range("E5") = 폼주민번호.Value
Range("C6") = 폼환자주소.Value
Range("H6") = 폼전화번호.Value
```

◎ **진단서발급폼**의 **폼임상적추정**이 True이면 A10=1, A11=0으로 처리하여 시트의 **임상적 추정**이 **체크**되도록 처리하고 아니면 A10=0, A11=1로 처리하여 **최종 진단**이 **체크**되도록 처리한다. 이 코드가 실행되려면 진단서양식 시트에서 다음 작업을 수행해야 한다. 1) **진단서양식** 시트의 **임상적 추정** 확인란 컨트롤에서 우측 단추를 클릭하여 표시된 메뉴에서 **컨트롤 서식**을 클릭한 후 **컨트롤** 탭을 선택하여 셀 연결을 **$A$10**으로 한 다음 A10셀의 **글꼴 색**을 **흰색**으로 처리하여 값이 보이지 않도록 한다. 2) **진단서양식** 시트의 **최종 진단** 확인란 컨트롤에서 우측 단추를 클릭하여 표시된 메뉴에서 **컨트롤 서식**을 클릭한 후 **컨트롤** 탭을 선택하여 셀 연결을 **$A$11**로 한 다음 A11셀의 **글꼴 색**을 **흰색**으로 처리하여 값이 보이지 않도록 한다.

```
If 폼임상적추정 = True Then
   Range("A10") = 1
   Range("A11") = 0
Else
   Range("A10") = 0
   Range("A11") = 1
End If
```

◎ D7 셀에 **폼병명**을 "1."과 같이 번호를 붙여서 처리하고 마지막 칸에 "."을 처리한다. 아래 칸은 "**-이하 여백-**"으로 처리한다. 만약 추가로

질병코드와 병명을 입력하고자 한다면 진단서 양식에서 직접 입력한다.

```
Range("C7") = "1." & 폼병명.Value & "."
Range("C8") = "-이하 여백-"
```

◎ G8, C17, H17 셀에 **폼질병코드**, **폼발병일**, **폼초진일**을 각각 입력한다.

```
Range("G8") = 폼질병코드.Value
Range("C17") = 폼발병일.Value
Range("H17") = 폼초진일.Value
```

◎ C18 셀에 **폼향후진료소견**을 입력 하고 아래 칸은 **"-이하 여백-"**으로 처리한다. 만약 추가로 향후 진료 소견을 입력하고자 한다면 진단서 양식에서 직접 입력한다.

```
Range("C18") = 폼향후진료소견.Value
Range("C19") = "-이하 여백-"
```

◎ D29, G29, C30, C32, A35 셀에 **폼입원일**, **폼퇴원일**, **폼비고**, **폼용도**, **폼발행일**을 각각 입력한다. 날짜와 관련된 셀 서식은 yyyy년 mm월 dd일로 설정한다.

```
Range("D29") = 폼입원일.Value
Range("G29") = 폼퇴원일.Value
Range("C30") = 폼비고.Value
Range("C32") = 폼용도.Value
Range("A35") = 폼발행일.Value
```

◎ B41 셀은 **폼의사면허**를 **"제 " OOOOO " 호 "**과 같이 번호를 붙여서 입력하고 G41 셀은 **폼의사성명**을 각각 입력한다. B41, G41 셀의 셀 서식은 **밑줄**을 지정한다.

```
Range("B41") = "제 " & 폼의사면허.Value & " 호"
Range("G41") = 폼의사성명.Value
```

동작 4 **진료자료** 시트의 **진단서발급관리** 단추를 클릭하여 65322 데이터를 검색하고 **향후진료소견**, **비고**, **용도** 등의 내용은 임의로 입력한 후 **발진단서발급** 단추를 클릭하여 **진단서양식** 시트가 올바르게 처리되는지를 테스트 한다.

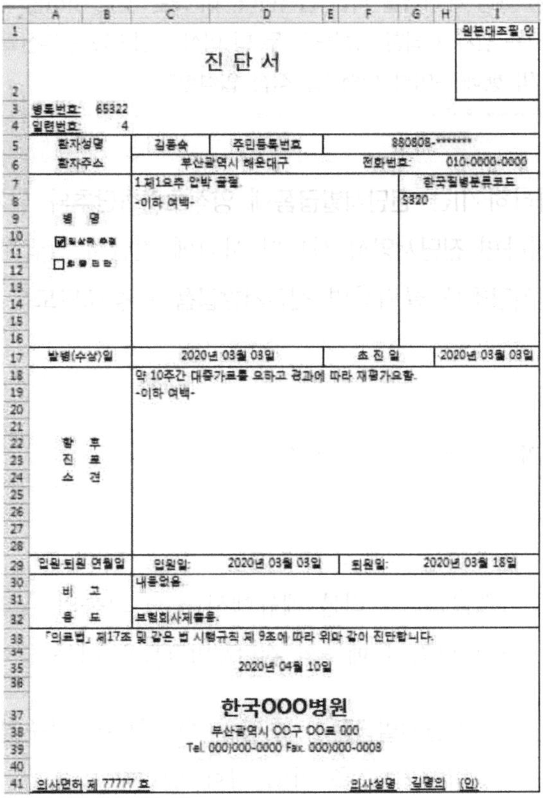
원본대조필 인

진 단 서

병록번호: 65322
일련번호: 4

환자성명	김동숙	주민등록번호	880808-*******
환자주소	부산광역시 해운대구	전화번호:	010-0000-0000
병 명	1.제1요추 압박 골절. -이하 여백-	한국질병분류코드	S320
발병(수상)일	2020년 03월 03일	초 진 일	2020년 03월 03일
향후 진료 소견	약 10주간 대증가료를 요하고 경과에 따라 재평가요함. -이하 여백-		
입원·퇴원 연월일	입원일: 2020년 03월 03일	퇴원일:	2020년 03월 18일
비 고	내용없음.		
용 도	보험회사제출용.		

「의료법」 제17조 및 같은 법 시행규칙 제 9조에 따라 위와 같이 진단합니다.

2020년 04월 10일

한국OOO병원
부산광역시 OO구 OO로 000
Tel. 000)000-0000 Fax. 000)000-0008

의사면허 제 77777 호 의사성명 김명의 (인)

〈그림 5.33〉 진단서양식 시트 처리 결과

◎ **진단서양식** 시트가 〈그림 5.33〉와 같이 작성된다.

Help!!

진단서양식 시트에서 질병분류코드, 병명, 향후진료소견, 비고를 추가하여 입력하려면

진단서발급폼을 이용하여 질병분류코드, 병명, 향후진료소견, 비고를 입력하면 해당 영역의 상단 행 한 곳에만 데이터가 입력된다. 만약 이들 내용을 추가로 입력하고자 하면 진단서양식 시트에서 해당 데이터를 직접 입력한다. 이 모든 것을 처리할 수 있도록 코딩할 수 있지만 본 교재에서는 앞서 처리한 방법으로 두 행 이상의 병명과 향후진료소견은 내용을 추가로 입력한 후 마지막 행에 "-이하 여백-"을 직접 입력한다.

다음 [따라하기]는 **진단서발급폼**에 **양식초기화단추**와 **닫기단추**를 만들어 **양식초기화단추**를 클릭하면 **진단서양식** 시트의 서식에 진단서 발급과 관련한 항목이 모두 초기화 되고 **닫기단추**를 클릭하면 **진단서발급폼**이 종료되도록 하는 실습이다.

따라하기

동작 1 개발 도구 리본 메뉴에서 코드 그룹의 Visual Basic ( )을 클릭하고 VB 편집기 메뉴의 **진단서발급폼**을 더블 클릭한다.

◎ **진단서발급폼**이 수정할 수 있도록 비주얼베이직 편집기의 프로젝트 탐색기 우측 작업 창에 열린다.

동작 2 〈그림 5.34〉와 같이 폼 하단에 명령 단추를 이용하여 **양식초기화단추**와 **닫기단추** 컨트롤을 만들고 Caption은 **양식초기화**로와 **닫 기**를 입력하고 **진단서발급** 단추의 위치를 적절하게 이동한다.

◎ **양식초기화** 후 **진단서발급**이 될 수 있도록 순서를 조정한다.

〈그림 5.34〉 양식초기화단추와 닫기단추 추가

동작 3 **양식초기화단추**에서 우측 단추를 클릭한 후 **코드 보기**를 클릭하여 다음 코드를 입력한다.

```
Private Sub 양식초기화단추_Click()
    Worksheets("진단서양식").Activate
    Range("B3") = ""
    Range("B4") = ""
    Range("C5") = ""
    Range("E5") = ""
    Range("C6") = ""
    Range("H6") = ""
    Range("A10") = 0
    Range("A11") = 1
    Range("C7:C16") = ""
    Range("C8") = ""
    Range("G8:G16") = ""
    Range("C17") = ""
    Range("H17") = ""
    Range("C18:C28") = ""
    Range("C19") = ""
    Range("D29") = ""
```

```
    Range("G29") = ""
    Range("C30") = ""
    Range("C32") = ""
    Range("A35") = ""
    Range("B41") = ""
    Range("G41") = ""
End Sub
```

◎ **진단서발급폼**의 해당 셀이 모두 공백("") 처리되도록 하고 확인란 컨트롤 **최종 진단**이 체크되도록 A10셀은 0으로 A11셀은 1로 처리한다.
Range("A10") = 0
Range("A11") = 1

동작 4 **닫기단추**에서 우측 단추를 클릭한 후 **코드 보기**를 클릭하여 다음 코드를 입력한다.

```
Private Sub 닫기단추_Click()
    Unload Me
End Sub
```

동작 5 **진단서발급폼**을 실행하고 **양식초기화단추**와 **닫기단추**를 테스트한다.

5.4.4 워크시트 개체 인쇄

진단서양식 시트에서 처리된 데이터는 인쇄 처리해야 할 필요가 있다. 인쇄를 위해서는 인쇄할 워크시트의 개체에 대해 좌우상하 여백처리와 함께 인쇄할 대상을 가운데 맞춤해야 하고 인쇄 미리 보기로 정확하게 인쇄될 것인지를 확인한 후 인쇄해야 한다. 또한 병명과 향후진료소견은 두 행 이상의 데이터가 추가될 경우 "-이하 여백-" 처리를 직접 해야 하는데 "-" 기호로 시작되는 데이터는 엑셀에서 수식 기호로 인식되어 오류를 발생시키므로 이를 처리하기 위한 코드가 필요하다.

다음 [따라하기]는 **진단서양식** 시트를 인쇄할 수 있도록 인쇄 환경을 설정하고 **인쇄단추**를 만들어 **진단서양식**을 인쇄하는 실습이다.

따라하기

동작 1 A1:B1 셀에 **양식 컨트롤의 단추**를 추가하고 텍스트는 **인 쇄**를 입력한다.

◎ A1:B1 셀에 인쇄를 위한 양식 컨트롤 명령 단추가 추가된다.

동작 2 비주얼베이직 편집기의 Module1에 **진단서인쇄** 프로시저를 추가하여 다음 코드를 입력한다.

```
Publish Sub 진단서인쇄()
    Worksheets("진단서양식").PageSetup.RightMargin= _
            Application.InchesToPoints(0.5)
    Worksheets("진단서양식").PageSetup.LeftMargin = _
            Application.InchesToPoints(0.5)
    Worksheets("진단서양식").PageSetup.TopMargin = _
            Application.InchesToPoints(0.5)
    Worksheets("진단서양식").PageSetup.BottomMargin = _
            Application.InchesToPoints(0.3)
    Worksheets("진단서양식").PageSetup.CenterHorizontally = True
    Worksheets("진단서양식").PrintPreview
End Sub
```

◎ **진단서양식** 시트의 **오른쪽 여백과 왼쪽 여백**을 **0.5**인치로 설정한다. 만약 인쇄 단추를 클릭하여 좌우 여백이 맞지 않은 경우 좌우 여백의 값을 적절히 조절한다.

```
Worksheets("진단서양식").PageSetup.RightMargin= _
        Application.InchesToPoints(0.5)
```

```
Worksheets("진단서양식").PageSetup.LeftMargin = _
          Application.InchesToPoints(0.5)
```

◎ 진단서양식 시트의 위쪽 여백은 0.5인치로 설정하고 아래쪽 여백은 0.3인치로 설정한다. 만약 인쇄 단추를 클릭하여 상하 여백이 맞지 않은 경우 상하 여백의 값을 적절히 조절한다.

```
Worksheets("진단서양식").PageSetup.TopMargin = _
          Application.InchesToPoints(0.5)
Worksheets("진단서양식").PageSetup.BottomMargin = _
          Application.InchesToPoints(0.3)
```

◎ 진단서양식 시트를 가로 가운데 맞춤한다.

```
Worksheets("진단서양식").PageSetup.CenterHorizontally = True
```

◎ 진단서양식 시트를 미리 보기 한다.

```
Worksheets("진단서양식").PrintPreview
```

동작 3 A1:B1 셀의 인쇄 양식 컨트롤 명령 단추에서 우측 단추를 클릭하여 진단서인쇄 프로시저를 연결한다.

◎ 인쇄 양식 컨트롤 명령 단추에 진단서인쇄 매크로가 연결된다.

동작 4 인쇄 단추를 클릭하여 실행을 테스트 한다.

◎ 인쇄 미리 보기 창이 열리고 〈그림 5.35〉와 같은 진단서 서식이 인쇄 미리 보기 형태로 표시된다.

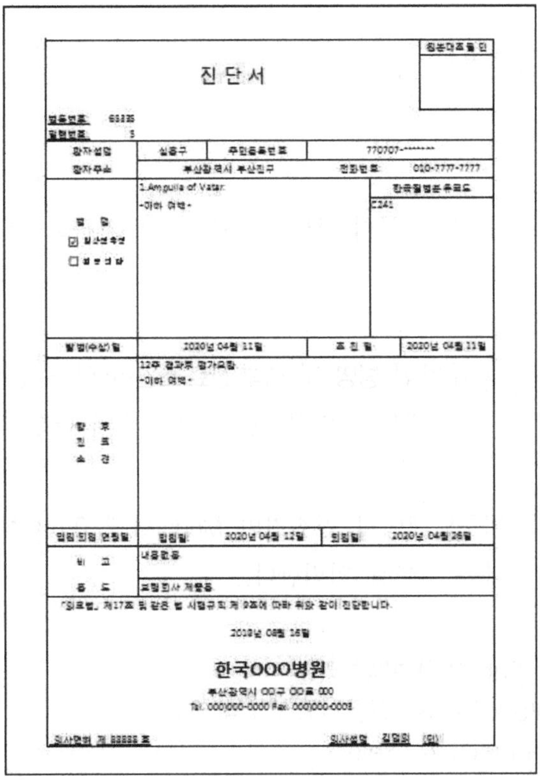

〈그림 5.35〉 진단서양식 시트 미리 보기

동작 5 용지에 인쇄하려면 **미리 보기** 창의 **인쇄** 단추를 클릭하면 된다.

동작 6 **미리 보기** 창의 **인쇄 미리 보기 닫기** 단추를 클릭하여 인쇄 미리 보기를 종료한다.

다음 [따라하기]는 **진단서양식** 시트의 **병명**과 **향후진료소견**에서 두 행 이상의 데이터를 추가할 경우 마지막 행에 "-이하 여백-" 처리를 직접 해야 하는데 "-" 기호로 시작되는 데이터는 엑셀에서 수식 기호로 인식되어 오류를 발생시키므로 이를 처리하기 위한 실습이다.

따라하기

동작 1 C1 셀에 **양식 컨트롤의 단추**를 추가하고 텍스트는 **이하여백처리**를 입력한다.

◎ 추가된 **병명** 및 **향후 진료 소견**이 있는 경우 **이하 여백** 처리를 위한 양식 컨트롤 명령 단추가 C1 셀에 작성된다.

동작 2 비주얼베이직 편집기의 Module1에 **이하여백처리** 프로시저를 추가하여 다음 코드를 입력한다.

```
Public Sub 이하여백처리()
    Worksheets("진단서양식").Activate
    Range("C7").Select
    Selection.End(xlDown).Select
    If ActiveCell.Value <> "-이하 여백-" Then
        Cells(ActiveCell.Row + 1, 3) = "-이하 여백-"
    Else
        MsgBox ("병명에 -이하 여백-이 있습니다.")
    End If
    Range("C18").Select
    Selection.End(xlDown).Select
    If ActiveCell.Value <> "-이하 여백-" Then
        Cells(ActiveCell.Row + 1, 3) = "-이하 여백-"
    Else
        MsgBox ("향후 진료 소견에 -이하 여백-이 있습니다.")
    End If
    Range("A1").Select
End Sub
```

◎ **진단서양식** 시트의 C7 셀을 선택하고 C7 셀 밑으로 연속하여 입력된 마지막 데이터를 찾아 "**-이하 여백-**"이 아니면(<>) 데이터가 있는 다음 셀에 "**-이하 여백-**"을 입력하고 있으면(else) "**병명에 -이하 여백-이 있습니다.**" 라는 메시지를 표시한다.

```
Worksheets("진단서양식").Activate
Range("C7").Select
Selection.End(xlDown).Select
If ActiveCell.Value <> "-이하 여백-" Then
   Cells(ActiveCell.Row + 1, 3) = "-이하 여백-"
Else
   MsgBox ("병명에 -이하 여백-이 있습니다.")
End If
```

◎ **진단서양식** 시트의 C18 셀을 선택하고 C18 셀 밑으로 연속하여 입력된 마지막 데이터를 찾아 "**-이하 여백-**"이 아니면(<>) 데이터가 있는 다음 셀에 "**-이하 여백-**"을 입력하고 있으면(else) "**향후 진료 소견에 -이하 여백-이 있습니다.**" 라는 메시지를 표시한다.

```
Range("C18").Select
Selection.End(xlDown).Select
If ActiveCell.Value <> "-이하 여백-" Then
   Cells(ActiveCell.Row + 1, 3) = "-이하 여백-"
Else
   MsgBox ("향후 진료 소견에 -이하 여백-이 있습니다.")
End If
```

◎ **진단서양식** 시트의 상단 부분을 볼 수 있도록 A1 셀을 선택한다.

```
Range("A1").Select
```

동작 3 C1 셀의 **이하여백처리** 양식 컨트롤 명령 단추에서 우측 단추를 클릭하여 **이하여백처리** 프로시저를 연결한다.

◎ **이하여백처리** 양식 컨트롤 명령 단추에 **이하여백처리** 매크로가 연결된다.

동작 4 **진단서양식** 시트에 **병명**과 **향후 진료 소견** 데이터를 추가하여 입력하고 **이하여백처리** 단추를 클릭하여 실행을 테스트 한다.

◎ **병명**과 **향후 진료 소견** 항목에 추가로 입력된 데이터의 다음 행에 -이하 여백-이 입력된다.

Help!!

데이터 입력의 개선

상기에서 처리한 진단서발급 업무는 질병 코드와 병명 향후 진료 소견 등의 처리를 진단서양식 시트에서 직접 입력하도록 하여 데이터 입력에 불편이 있다. 또한 질병 코드와 병명은 상호 연관되어 있음에도 각각의 항목 입력 영역에서 따로 입력해야 하는 문제가 있다. 질병 코드를 입력하면 병명이 자동 입력되도록 개선하면 다소 데이터 입력이 편리해 진다. 이와 같이 프로젝트는 한꺼번에 완성되기란 어려운 것이며 시간을 두고 문제가 발생하면 조금씩 개선해 가게 된다. 따라서 보다 유연성 있고 창의적인 사고로 문제를 해결하려는 자세를 가지는 것이 중요하다고 볼 수 있다.

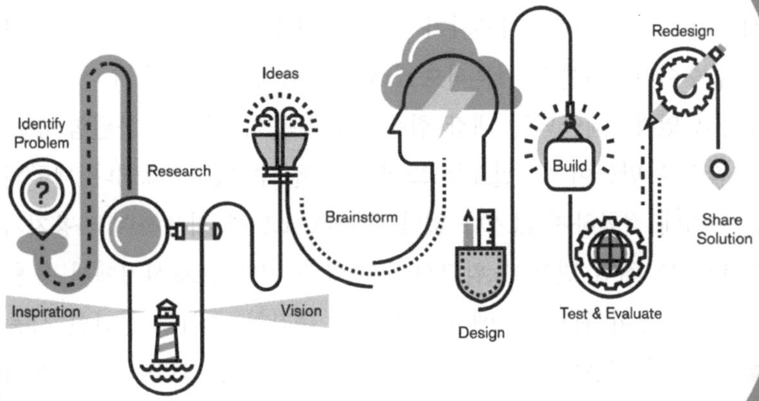

CHAPTER

6

사용자 정의 함수

6.1 사용자 정의 함수의 이해

사용자 정의 함수는 사용자가 원하는 형태의 함수를 사용자가 직접 만들어 사용하는 함수이다. 엑셀은 기본적으로 워크시트에서 사용할 수 있는 많은 내장 함수를 제공하고 있다. 제공되는 내장 함수는 대부분의 업무에 불편함 없이 사용되므로 새로운 함수를 만들어 쓸 필요를 느끼지 않을 수 있다. 그러나 제공되는 내장 함수가 업무 처리에 적합하지 않거나 없다면 VBA 코드를 사용하여 사용자가 원하는 사용자 정의 함수를 직접 만들어 워크시트 수식과 VBA 프로시저에서 유용하게 사용할 수 있다. 예를 들어 워크시트에서 사용되는 복잡한 수식을 간단한 사용자 정의 함수로 만들 수 있어 사용의 편리성을 증가시킬 수 있다. 그러나 이 경우에는 내장 함수에 비해 처리 속도가 느려지는 문제점이 있으나 사용자는 속도 차이를 느끼지 못할 수 있다. 다른 사용 예로는 응용 프로그램에서 동일한 계산을 반복하는 프로시저가 있을 수 있는데 이 경우에는 작성된 사용자 정의 함수를 프로시저에서 함수를 호출하기만 하면 되므로 중복된 코드를 사용하지 않아도 되며 에러도 줄일 수 있다.

6.2 사용자 정의 함수 프로시저 작성

사용자 정의 함수는 구조가 간결하여 간단하게 만들어 사용할 수 있다. 예를 들어 인수에 들어있는 문자를 역순으로 배열하는 사용자 정의 함수 Reverse를 만들고자 한다면 한 개의 인수만을 이용해 작성할 수 있다. 사용자 정의 함수의 프로시저는 Sub가 아닌 Function으로 시작 된다. Function 뒤에는 함수명이 놓이고 함수명의 괄호 내에 인수를 차례로 놓는다. 함수명 뒤에는 반환될 값의 데이터 형식을 정의한 것으로 생략하면 Variant 형으로 디폴트 된다. 예를 들어 다음과 같이 사용자 정의 함수가 정의 되었다면 함수명은 Reverse가 되고 myString는 함수의 인수가 된다. 처리된 결과는 String 형식으로 Reverse에 반환된다. 사용자 정의 함수는 아래의 형식과 같이 작성되고 End Function으로 프로시저가 끝난다.

```
Function Reverse(myString) As String
    . . .
End Fuction
```

함수 선언부에는 필수 키워드인 Function 만으로 시작할 수도 있지만 Public, Private, Static 등 세 가지 키워드를 필요에 따라 옵션으로 사용할 수 있다. Public 옵션을 사용한 함수는 활성화된 모든 엑셀 VBA 프로젝트에 있는 모든 모듈의 모든 프로시저가 함수 프로시저를 액세스 할 수 있다. 만약 함수 사용의 범위를 나타내는 Public, Private, Static 등의 옵션을 사용하지 않으면 기본 값은 Public이다.

```
Public Function Reverse(myString) As String
    . . .
End Fuction
```

Private 옵션을 사용한 함수는 동일한 모듈에 속하는 프로시저만이 함수 프로시저를 액세스할 수 있고 Static 옵션을 사용한 함수는 함수 프로시저에서 선언된 변수 값을 각각의 호출 중에도 보존 할 수 있다.

```
Private Function Reverse(myString) As String
    . . .
End Fuction
```

```
Static Function Reverse(myString) As String
    . . .
End Fuction
```

Exit Fuction 옵션은 함수 프로시저의 진행 도중에 정상적인 프로시저의 진행을 벗이나 함수가 종료되도록 하는 명령문이다.

```
Function Reverse(myString) As String
    . . .
```

```
    Exit Fuction
    . . .
End Fuction
```

[예제1] 새 통합 문서에서 String을 입력받아 역순으로 변환되어 반환하는 Reverse 함수를 작성하고 실행하시오.

요구사항

◎ Sheet1을 **함수테스트** 시트로 바꾸고 Reverse 함수를 만들어 A열의 데이터를 B열에 역순으로 표시하도록 사용자 정의 함수를 작성하여 실행하시오.

- VBA 사용자 정의 함수의 **이름**은 **Reverse**로 하고 함수를 이용하여 A열의 데이터를 B열에 역순으로 표시되도록 한다.

다음 [따라하기]는 Reverse 사용자 정의 함수를 작성한 후 이를 이용하여 A열의 데이터를 B열에 역순으로 표시하는 실습이다.

따라하기

동작 1 Sheet1을 **함수테스트** 시트로 바꾸고 〈그림 6.1〉과 같이 데이터를 입력한다.

	A	B	C	D	E	F	G
1	Czechoslovakia						
2	Sweden						
3	Finland						
4	China						
5	United Kingdom						
6	Australia						
7	Germnay						
8	Norway						
9	Armania						
10	Uzbekistan						
11							

〈그림 6.1〉 Reverse 함수 적용을 위한 데이터

동작 2 개발 도구 리본 메뉴에서 코드 그룹의 Visual Basic ( )을 클릭한다.

◎ 비주얼 베이직 코드 편집 창이 열린다.

동작 3 VB 편집기 메뉴의 삽입(I)을 클릭하여 표시된 부 메뉴에서 모듈(M)을 생성한다.

◎ **Module1**이 생성된다.

동작 4 VB 편집기 메뉴의 삽입(I)을 클릭하여 표시된 부 메뉴에서 프로시저(P)를 클릭한다.

◎ **프로시저 추가** 창이 열린다.

동작 5 **프로시저 추가** 창에서 〈그림 6.2〉와 같이 **형식**은 Function(F)를 선택하고 범위는 Public(B)를 선택하고 **이름(N)**은 **Reverse**를 입력한 후 확인 버튼을 클릭한다.

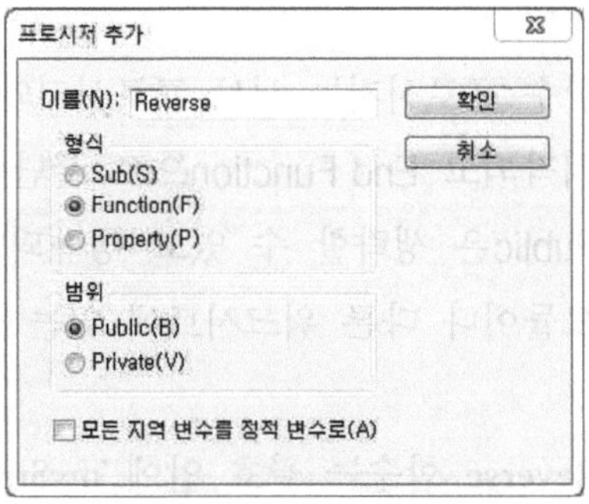

〈그림 6.2〉 프로시저 추가 창

◎ 다음과 같은 함수 프로시저가 추가된다.

```
Public Function Reverse()

End Function
```

◎ 함수 프로시저는 서브 프로시저와 달리 Public Function **함수명()**으로 시작되고 End Function으로 끝난다. 함수의 사용 범위를 나타내는 Public은 생략할 수 있고 생략되면 Public이 기본 값이 되고 다른 모듈이나 다른 워크시트에 있는 프로시저에서 호출될 수 있다.

Help!!

함수 이름 정하기

함수 이름은 변수 이름을 정하는 규칙과 동일하다. 그러므로 워크시트의 셀 주소를 나타내는 이름을 사용할 수 없다. 예를 들어 A1, B300, … 과 같이 셀 주소를 의미하는 이름을 함수 이름으로 사용해서는 안 된다.

동작 6 함수 프로시저를 다음과 같이 수정한다.

```
Public Function Reverse(myString) As String

End Function
```

◎ 함수 프로시저는 서브 프로시저와 달리 Public Function **함수명()**으로 시작되고 End Function으로 끝난다. 함수의 사용 범위를 나타내는 Public은 생략할 수 있고 생략되면 Public이 기본 값이 되고 다른 모듈이나 다른 워크시트에 있는 프로시저에서 호출될 수 있다.

◎ Reverse 함수는 괄호 안에 myString이라는 하나의 인수를 갖는다. 괄호 안에는 사용자가 필요로 하는 인수를 콤마로 구분하여 여러 개 추가항려 나열 할 수 있고 인수명은 사용자가 쉽게 인식할 수 있는 이름으로 만들어 사용할 수 있다.

◎ As String에서 As는 함수가 처리한 결과를 반환하는 값의 형식을 정의한다. 예를 들어 As String은 결과 값을 String 형식으로 반환한다. As를 생략하면 결과 값은 Variant 형으로 반환된다.

동작 7 Reverse 함수 프로시저를 다음과 같이 작성한다.

```
Public Function Reverse(myString) As String
    Dim i As Integer
    Dim mystringlength As Integer
    Reverse = ""
    mystringlength = Len(myString)
    For i = mystringlength To 1 Step -1
        Reverse = Reverse & Mid(myString, i, 1)
    Next i
End Function
```

◎ 변수 i와 mystringlength는 정수형으로 선언한다. i변수는 반복문에서 사용될 변수이고 mystringlength변수는 myString에 저장된 문자의 길이를 저장하는 변수로 사용된다.

◎ 결과 값을 되돌릴 Reverse를 공백으로 초기화 하고 내장 함수 Len를 이용하여 myString의 문자 길이를 구해 mystringlength 변수에 입력한다.

```
Reverse = ""
mystringlength = Len(myString)
```

◎ 반복문과 내장 함수 Mid 함수를 이용하여 myString 끝에서 한 문자씩을 추출하여 역순으로 결합한다.

```
For i = mystringlength To 1 Step -1
    Reverse = Reverse & Mid(myString, i, 1)
Next i
```

동작 8 매크로 포함 통합문서(**파일명: 마이함수**)로 저장한다.

6.3 사용자 정의 함수 프로시저 실행

사용자 정의 함수 프로시저를 실행하는 방법은 두 가지가 있다. 하나의 방식은 다른 프로시저에서 호출하여 사용하는 방법이고 다른 하나의 방법은 워크시트 수식에서 사용하는 방법이 있다.

다른 프로시저에서 호출하여 사용하는 방법은 내장 함수를 호출하는 것과 같이 프로시저에서 사용자 정의 함수를 사용하면 된다. 예를 들어 Reverse 함수를 사용을 원하는 프로시저에서 사용하고자 한다면 myReverseText = Reverse(myText)와 같이 실행하면 된다.

워크시트 수식에서 사용자 정의 함수를 사용하고자 한다면 내장 함수를 사용하는 것과 같이 사용하면 된다. 그러나 사용자 정의 함수 프로시저가 다른 워크북에 있다면 어디에서 함수를 찾을 수 있는지 표시해 주어야 한다. 함수의 위치를 표시할 때는 다음 세 가지 방법을 사용할 수 있다.

1) 함수 이름의 앞에 파일 참조를 추가한다. 예를 들어 myFunctionBook.xlsx 워크북에 Reverse 함수가 있다면 다음과 같이 사용한다.

```
myReverseText = myFunctionBook.xlsx!Reverse(myText)
. . .
```

2) 워크북에 대한 참조를 설정한다. 이 방법은 VBE에서 **도구 - 참조** 메뉴를 사용한다. 참조된 워크북에서 함수를 정의 하였다면 워크북 이름은 사용하지 않아도 된다.

3) Add-In을 만든다. 사용자 정의 함수 프로시저가 있는 워크북에서 Add-In을 만들면 수식에서 함수를 사용할 때도 파일 참조를 사용할 필요가 없다. 그러나 반드시 Add-In이 설치되어 있어야 한다.

6.3.1 서브 프로시저에서 사용자 정의 함수의 사용

[예제2] Reverse 함수가 정의된 마이함수 워크북에서 InputBox 함수로 입력받은 myText를 역순으로 바꾸어 myReverseText에 저장하고 MsgBox로 표시하시오.

다음 [따라하기]는 Reverse 사용자 정의 함수를 서브 프로시저에서 실행하여 myReverseText에 저장된 결과를 MsgBox로 표시하는 실습이다.

따라하기

동작 1 개발 도구 리본 메뉴에서 코드 그룹의 Visual Basic ( )을 클릭한다.

◎ 비주얼 베이직 코드 편집 창이 열린다.

동작 2 Module1에 ReverseTest 프로시저를 삽입한다.

◎ **Module1**에 ReverseTest 프로시저가 만들어진다.

동작 3 ReverseTest 프로시저의 내용으로 아래의 코드를 입력한다.

```
Public Sub ReverseTest()
    Dim myText As String
    Dim myReverseText As String
    myText = InputBox("테스트 데이터를 입력하세요")
    myReverseText = Reverse(myText)
    MsgBox (myReverseText)
End Sub
```

◎ myText와 myReverseText를 String 변수로 선언한다.

Dim myText As String

Dim myReverseText As String

◎ InputBox 함수를 이용하여 테스트 데이터를 입력받아 사용자 정의 함수(Reverse)를 이용하여 역순으로 변경하고 myReverseText 변수에 입력하여 MsgBox 함수를 이용해 표시한다.

```
myText = InputBox("테스트 데이터를 입력하세요")
myReverseText = Reverse(myText)
MsgBox (myReverseText)
```

동작 4 VBE 창에서 F5키를 눌러 ReverseTest 서브 프로시저를 실행하여 표시된 창에서 Solution을 입력하고 확인 버튼을 클릭한다.

◎ MsgBox 창이 열리고 Solution의 역순인 noituloS로 표시된다.

동작 5 메시지 표시 창에서 확인 버튼을 클릭한다.

◎ 프로시저 실행이 종료된다.

Help!!

서브(Sub) 프로시저의 실행 방법

VBE 창에서 서브 프로시저를 실행시키는 방법 중 가장 간단한 방법은 **F5** 키를 누르는 것이다. 워크시트에서 서브 프로시저를 실행하려면 **개발 도구** 리본 메뉴에서 ReverseTest 프로시저를 선택하고 실행 버튼을 클릭한다. 또 양식 컨트롤의 단추를 이용하거나 도형, 그림 등을 이용해 쉽게 실행시킬 수 있다.

6.3.2 워크시트에서 사용자 정의 함수의 사용

[예제3] A열에 입력된 텍스트 데이터를 B열에서 Reverse 함수를 이용하여 역순으로 표시하시오.

다음 [따라하기]는 **함수테스트** 시트에서 Reverse 함수를 이용하여 A열에 표시된 텍스트 데이터를 B열에 역순으로 표시하는 실습이다.

따라하기

동작 1 통합 문서 창에서 **함수테스트** 시트를 선택한다.

◎ 통합 문서의 **함수테스트** 시트가 선택된다.

동작 2 **함수테스트** 시트의 B1셀에 =Reverse(A1) 식을 입력한 후 B10셀 까지 복사한다.

◎ B1:B10 범위에 Reverse 함수를 적용한 결과는 〈그림 6.3〉의 B열과 같다.

	A	B	C	D	E	F	G
1	Czechoslovakia	aikavolsohcezC					
2	Sweden	nedewS					
3	Finland	dnalniF					
4	China	anihC					
5	United Kingdom	modgniK detinU					
6	Australia	ailartsuA					
7	Germnay	yanmreG					
8	Norway	yawroN					
9	Armania	ainamrA					
10	Uzbekistan	natsikebzU					
11							

〈그림 6.3〉 Reverse함수 적용 결과

[혼자하기 6.3.1] 텍스트의 알파벳 사이 공백을 제거하는 BlankRemove 함수를 작성하고 서브 프로시저에서 실행시키는 BlankRemoveText 프로시저를 InputBox와 MsgBox를 이용하여 작성한 후 F5키를 이용하여 직접 실행시키시오.

[혼자하기 6.3.2] D1:D10 범위에 〈그림 6.4〉와 같이 알파벳 사이에 공백이 있는 데이터를 입력하고 공백을 제거하는 BlankRemove 함수를 이용하여 E1:E10 범위에 적용하시오.

	A	B	C	D	E	F	G
1	Czechoslovakia	aikavolsohcezC		Cze cho slovakia			
2	Sweden	nedewS		Swe den			
3	Finland	dnalniF		Fin lan d			
4	China	anihC		Ch ina			
5	United Kingdom	modgniK detinU		United King dom			
6	Australia	ailartsuA		Au stralia			
7	Germnay	yanmreG		Ger mnay			
8	Norway	yawroN		Nor way			
9	Armania	ainamrA		Ar ma nia			
10	Uzbekistan	natsikebzU		Uz be ki stan			
11							

〈그림 6.4〉 BlankRemove 함수 적용을 위한 데이터

Help!!

엑셀 시트에서 내장 함수를 이용한 공백 제거 방법

BlankRemove 사용자 정의 함수는 VBA 코드를 이용하여 직접 함수를 만든 것이다. 엑셀에는 Trim 함수를 이용해 양쪽의 공백은 쉽게 처리할 수 있다. 텍스트의 중간에 존재하는 공백을 없애려면 앞서 작성한 BlankRemove 함수를 사용하면 된다. 그러나 엑셀에는 Substitute라는 내장 함수를 이용할 수 있다. 이 함수는 문자 또는 문자열을 다른 문자로 대체하는 함수로 =Substitute(문자열, " ", "")을 이용해 공백을 제거할 수 있다. 이 함수를 이용해 〈그림 6.4〉의 공백을 처리해 보면 함수의 용도를 알 수 있다.

6.4 사용자 정의 함수의 인수

사용자 정의 함수의 인수는 배열을 포함하는 변수, 상수, 리터럴 또는 식을 사용할 수 있고 인수를 사용하지 않을 수도 있다. 또 필수 인수와 옵션 인수를 조합하여 사용할 수 있다.

6.4.1 인수를 사용하지 않는 함수

서브 프로시저와 마찬가지로 사용자 정의 함수에 반드시 인수가 필요한 것은 아니다. 예를 들어 엑셀 시트에서 사용할 수 있는 RAND(), TODAY(), NOW() 등과 같

은 내장 함수는 인수를 사용하지 않는다. 사용자 정의 함수도 이와 같이 인수 없는 함수를 작성할 수 있다.

[예제4] 레지스트리에 저장되어 있는 사용자 이름을 표시하는 사용자 정의 함수 OfficeUser를 작성하시오. 함수의 실행을 위해 MsgBox를 이용하고 **"이 오피스 사용자는 OOOO"** 과 같이 표시하는 서브 프로시저(OfficeUserTest)를 작성한 후 F5 키를 이용하여 실행하시오.

Help!!

Application.User의 확인 방법

엑셀에서 Application.User를 직접 확인하는 방법은 메뉴에서 옵션을 클릭하여 표시된 옵션 창의 일반 탭에서 Microsoft Office 개인 설정 아래에 있는 사용자 이름에 표시되어 있다. 위의 예제는 함수의 인수가 없는 경우의 예제를 만들기 위해 Application.User를 이용한 것이다.

다음 [따라하기]는 레지스트리에 저장되어 있는 Microsoft Office 개인 설정자의 이름을 표시하는 OfficeUser 함수를 만들고 서브 프로시저를 이용하여 실행하는 실습이다.

따라하기

동작 1 개발 도구 리본 메뉴에서 코드 그룹의 Visual Basic ( )을 클릭한다.

◎ 비주얼 베이직 코드 편집 창이 열린다.

동작 2 VB 편집기 메뉴의 삽입(I) 을 클릭하여 표시된 부 메뉴에서 모듈(M) 을 추가로 생성한다.

◎ **Module2**가 생성된다.

동작 3 Module2에 OfficeUser 함수를 추가하고 다음 코드를 입력한다.

```
Public Function OfficeUser()
    OfficeUser = Application.User
End Function
```

◎ OfficeUser 변수에 Application 사용자를 입력한다.
OfficeUser = Application.User

동작 4 Module2에 다음의 서브 프로시저를 추가한다.

```
Public Sub OfficeUser()
  MsgBox ("이 오피스 사용자는 " & Application.User)
End Function
```

◎ MsgBox를 이용하여 오피스의 사용자를 표시한다.
MsgBox ("이 오피스 사용자는 " & Application.User)

동작 5 서브 프로시저에서 F5키를 눌러 실행한다.

◎ 메시지 창이 열리고 오피스 사용자가 표시된다.

6.4.2 단일 인수를 사용하는 함수

사용자 정의 함수에서 한 개의 인수를 사용해 결과 값을 구하는 함수는 앞서 작성한 사용자 정의 함수 Reverse, BlankRemove 등이 해당 된다. 이들 함수는 사용자 정의 함수 프로시저에서 Reverse(myString), BlankRemove(myString)로 시작되어 괄호 안에 단일 인수가 있고 처리된 결과는 함수 명으로 되돌려 진다.

[예제5] 1에서 N까지의 합을 계산하는 IntegerSum 함수를 작성한 다음 IntegerSumTest 서브 프로시저에서 InputBox로 양의 정수 myN을 입력(단일 정수 사용)받아

Msgbox로 결과를 표시하시오.

다음 [따라하기]는 1에서 N까지의 합을 계산하는 IntegerSum 함수를 작성하고 서브 프로시저에서 IntegerSum 함수를 이용하여 양의 정수 myN을 입력받아 1부터 myN까지의 합을 계산하는 실습이다.

따라하기

동작 1 개발 도구 리본 메뉴에서 코드 그룹의 Visual Basic ( )을 클릭한다.

◎ 비주얼 베이직 코드 편집 창이 열린다.

동작 2 **Module2**에 사용자 정의 IntegerSum 함수를 추가하고 다음 코드를 입력한다.

```
Public Function IntegerSum(N) As Integer
    Dim i As Integer
    mySum = 0
    For i = 1 To N Step 1
        mySum = mySum + i
    Next i
    IntegerSum = mySum
End Function
```

◎ mySum 변수의 값을 0으로 초기화하고 반복문을 이용해 1에서 N까지의 합을 mySum 변수에 계산한 후 그 결과 값을 함수 이름 IntegerSum에 저장한다.

```
mySum = 0
For i = 1 To N Step 1
    mySum = mySum + i
```

```
Next i
IntegerSum = mySum
```

동작 3 Module2에 다음의 서브 프로시저를 추가한다.

```
Public Sub IntegerSumTest()
    Dim myN As Integer
    Dim myresult As Integer
aa: myN = InputBox("정수 myN의 값")
    If N <= 0 Then
        MsgBox ("음수 또는 0을 입력하였습니다!")
        GoTo aa
    Else
        myresult = IntegerSum(myN)
    End If
    MsgBox ("1에서" & myN & "까지의 합: " & myresult)
End Sub
```

◎ myN의 값을 입력받아 myN이 0이하이면 **"음수 또는 0을 입력하였습니다!"**를 MsgBox에 표시하고 aa: 행으로 이동해 데이터 myN을 다시 입력 받는다. 아니면 myN 인수로 IntegerSum(myN) 함수를 호출하여 1에서 myN 까지의 합을 계산된 결과를 myResult 변수에 넣는다.

```
aa: myN = InputBox("정수 myN의 값")
    If N <= 0 Then
        MsgBox ("음수 또는 0을 입력하였습니다!")
        GoTo aa
    Else
        myresult = IntegerSum(myN)
    End If
    MsgBox ("1에서" & N & "까지의 합: " & myresult)
```

◎ MsgBox 대화 상자에 "1에서 myN 까지의 합:" myResult로 결과 값을 표시한다.

MsgBox ("1에서" & myN & "까지의 합: " & myresult)

동작 4 IntegerSumTest() 서브 프로시저에서 F5키를 눌러 실행시키고 대화 상자에서 100을 입력한다.

◎ MsgBox 대화 상자에 1에서 100까지의 합: 5050이 표시된다.

[혼자하기 6.4.1] Module2에 양의 정수 N을 이용하여 1에서 N까지의 곱을 계산하는 FatorialCalc 함수를 작성하시오.

[혼자하기 6.4.2] Module2에 FatorialTest 서브 프로시저를 작성하여 InputBox로 양의 정수 myN을 입력받아 FatorialCalc 함수를 이용하여 계산한 결과를 아래와 같이 MsgBox를 이용해 표시하시오.

1에서 myN까지의 계승: 00000

6.4.3 두 개 이상의 인수를 사용하는 함수

두 개 이상의 인수를 사용하여 사용자 정의 함수를 만들 수 있다. 함수의 인수가 단일인 경우와 마찬가지로 **함수명(인수1, 인수2, …)**를 이용하여 작성하면 된다.

[예제6] 〈그림 6,5〉와 같은 영업소 판매원의 영업실적과 근무년수를 이용하여 상여금을 계산하는 Bonus 함수를 작성하고 이를 이용하여 상여금을 계산하시오. 적용할 영업실적 상여율은 다음과 같고 판매자의 근무년수에 따른 상여율은 매년 0.1% 씩 증가하여 지급된다. 따라서 총 상여율은 영업실적 상여율과 근무년수 상여율을 합친 값이 된다.

영업실적 상여율 : 0 ~ 25,000,000원 미만 2.5%

25,000,000원 ~ 30,000,000원 미만 3.5%

30,000,000원 ~ 50,000,000원 미만 4.5%

50,000,000원 이상 5.0%

	A	B	C	D	E
1	영업소	판매원	근무년수	매출금액	상여금
2	서울특별시	이도령	6	25,400,000	
3	서울특별시	마동수	3	34,980,000	
4	서울특별시	금나와	5	22,790,000	
5	경상남도	이한구	4	54,897,000	
6	경상남도	성수영	7	44,487,900	
7	경상남도	김판돌	2	68,900,000	
8	부산광역시	박영업	4	33,664,000	
9	부산광역시	이수상	3	64,123,000	
10	부산광역시	김순덕	7	45,691,000	
11					

〈그림 6.5〉 Bonus 함수 적용을 위한 데이터

다음 [따라하기]는 영업소 판매원의 영업실적과 근무년수 2개의 인수를 이용하여 상여금을 계산하는 Bonus 함수를 작성하고 Bonus 함수를 이용해 상여금을 계산하는 실습이다.

따라하기

동작 1 Sheet2의 이름을 **상여금**으로 바꾸고 상여금 시트에 〈그림 6.5〉의 데이터를 입력한다.

◎ Bonus 함수 적용을 위한 데이터가 작성된다.

동작 2 개발 도구 리본 메뉴에서 코드 그룹의 Visual Basic ( )을 클릭한다.

◎ 비주얼 베이직 코드 편집 창이 열린다.

동작 3 **Module3**에 사용자 정의 Bonus 함수를 추가하고 다음 코드를 입력한다.

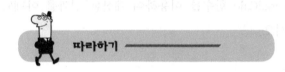

```
Public Function Bonus(mySales, myYears)
    Const myTier1 = 0.025
    Const myTier2 = 0.035
    Const myTier3 = 0.045
    Const myTier4 = 0.05
    Select Case mySales
        Case 0 To 24999999
            mySaleBonus = mySales * myTier1
        Case 25000000 To 29999999
            mySaleBonus = mySales * myTier2
        Case 30000000 To 49999999
            mySaleBonus = mySales * myTier3
        Case Is >= 50000000
            mySaleBonus = mySales * myTier4
    End Select
    myYearsBonus = mySales * myYears / 1000
    Bonus = mySaleBonus + myYearsBonus
End Function
```

◎ **Const** 문을 사용하여 문자 값 대신 사용하기 위한 상수를 선언한다. myTier1은 상수값 0.025, myTier2은 상수값 0.035, myTier3은 상수값 0.045, myTier4는 상수값 0.05를 의미하는 상수이다. 프로시저 내에서 상수는 항상 private이므로 인식 범위는 변경할 수 없다.

```
Const myTier1 = 0.025
Const myTier2 = 0.035
Const myTier3 = 0.045
Const myTier4 = 0.05
```

◎ Select Case 문을 사용하여 판매액에 따른 상여금(mySaleBonus)을 계산한다.

```
Select Case mySales
    Case 0 To 24999999
        mySaleBonus = mySales * myTier1
    Case 25000000 To 29999999
```

```
                mySaleBonus = mySales * myTier2
            Case 30000000 To 49999999
                mySaleBonus = mySales * myTier3
            Case Is >= 50000000
                mySaleBonus = mySales * myTier4
        End Select
```

◎ 근무년수에 따른 판매액의 상여금(myYearsBonus)을 계산하고 총 상여금(Bonus)을 계산한다.

```
myYearsBonus = mySales * myYears / 1000
Bonus = mySaleBonus + myYearsBonus
```

동작 4 상여금 시트의 E2 셀에 =Bonus(D2, C2)를 입력하고 상여금을 계산한다.

◎ 계산된 결과는 〈그림 6.6〉과 같다.

	A	B	C	D	E
1	영업소	판매원	근무년수	매출금액	상여금
2	서울특별시	이도령	6	25,400,000	1,041,400
3	서울특별시	마동수	3	34,980,000	1,679,040
4	서울특별시	금나와	5	22,790,000	683,700
5	경상남도	이한구	4	54,897,000	2,964,438
6	경상남도	성수영	7	44,487,900	2,313,371
7	경상남도	김판돌	2	68,900,000	3,582,800
8	부산광역시	박영업	4	33,664,000	1,649,536
9	부산광역시	이수상	3	64,123,000	3,398,519
10	부산광역시	김순덕	7	45,691,000	2,375,932
11					

〈그림 6.6〉 Bonus 함수의 실행 결과

[혼자하기 6.4.3] Module3에 영업소 판매원의 영업실적, 근무년수, 영업소를 이용하여 상여금을 계산하는 Bonus2 함수를 작성하고 이를 이용하여 상여금2(F2셀)를 만들어 계산하시오. 적용할 영업실적 상여율은 예제6과 같다. 판매자의 근무년수에 따른 상여율은 매년 0.1%씩 증가하여 지급되고 영업소에 따른 인센티브는 다음과 같이 적용한다. 따라서 총 상여율은 영업실적 상여율과 근무년수 상여율, 영업소 인센티브를 합친 값이 된다.

영업소 인센티브 : 서울특별시이면 1.5%
부산광역시이면 2.2%
경상남도이면 2.7%
그 외 지역은 1.75%

6.4.4 배열 인수를 사용하는 함수

함수 프로시저는 하나 또는 그 이상의 배열을 인수로 사용하여 처리한 뒤 단일 값을 반환할 수 있다.

[예제7] 배열 인수 myArray를 사용하여 배열 요소의 합계 값을 계산하는 myArraySum 함수를 작성한 다음, 배열 요소의 값으로 0에서 500 사이의 난수를 발생시켜 넣고 배열 요소의 값을 **배열인수1** 시트를 만들어 A1:J10까지의 범위에 표시한 후 myArraySum 함수를 이용하여 합계를 계산하고 J11셀에 표시하시오.

다음 [따라하기]는 배열 인수의 합계를 계산하는 myArraySum 사용자 정의 함수를 만드는 실습이다.

따라하기

동작 1 개발 도구 리본 메뉴에서 코드 그룹의 Visual Basic ( )을 클릭한다.

◎ 비주얼 베이직 코드 편집 창이 열린다.

동작 2 **Module3**에 사용자 정의 myArraySum 함수를 추가한다.

◎ **Module3**에 사용자 정의 myArraySum 함수를 추가할 수 있는 함수 프로시저가 생성된다.

동작 3 myArraySum 함수 프로시저로 다음 코드를 입력한다.

```
Public Function myArraySum(myArray)
    myArraySum = 0
    For Each Item In myArray
        If Application.IsNumber(Item) Then
            myArraySum = myArraySum + Item
        End If
    Next Item
End Function
```

◎ myArray 배열 인수를 사용하여 원하는 프로시저를 처리한 뒤 myArraySum 단일 값을 반환하는 사용자 정의 함수이다.

◎ myArraySum 변수의 값을 0으로 초기화 하고 배열 인수 myArray의 각 요소을 더하여 합계를 구한다. 이 코드에서 IsNumber 함수는 myArray의 요소가 숫자 인지 여부를 판정한 후 숫자이면 Item 값을 myArraySum에 더한다.

```
myArraySum = 0
For Each Item In myArray
    If Application.IsNumber(Item) Then
      myArraySum = myArraySum + Item
    End If
Next Item
```

다음 [따라하기]는 배열 numsArray에 0에서 500 사이의 난수를 발생시켜 배열 요소의 값을 A1:J10까지의 범위에 표시하고 myArraySum 함수의 배열 인수로 합계를 구한 뒤 J11 셀에 표시하는 서브 프로시저 MakeArray를 만드는 실습이다.

따라하기

동작 1 Sheet3의 이름을 **배열인수**로 변경한다.

동작 2 개발 도구 리본 메뉴에서 코드 그룹의 Visual Basic ( )을 클릭한다.

◎ 비주얼 베이직 코드 편집 창이 열린다.

동작 3 **Module3**에 서브 프로시저 MakeArray를 추가한다.

◎ **Module3**에 서브 프로시저 MakeArray가 추가된다.

동작 4 MakeArray 서브 프로시저에 다음 코드를 입력한다.

```
Public Sub MakeArray()
    Dim numsArray(1 To 100) As Double
    For i = 1 To 100
        numsArray(i) = Rnd * 500
    Next i
    i = 1
    For j = 1 To 10
        For k = 1 To 10
            Cells(j, k) = numsArray(i)
            i = i + 1
        Next k
    Next j
    Range("j11") = myArraySum(numsArray)
End Sub
```

◎ numsArray(100) 배열을 Double 형으로 정의한다.

Dim numsArray(1 To 100) As Double

◎ numsArray(1)에서 numsArray(100)의 1차원 배열에 0에서 500사이의 난수 값을 구한다.

```
For i = 1 To 100
    numsArray(i) = Rnd * 500
Next i
```

◎ numsArray에 있는 값을 **배열인수1** 시트의 A1:J10까지의 범위에 표시한다.

```
For j = 1 To 10
   For k = 1 To 10
       Cells(j, k) = numsArray(i)
       i = i + 1
   Next k
Next j
```

◎ numsArray 배열을 myArraySum 함수의 인수로 합계를 계산하고 J11셀에 결과를 입력한다.

```
Range("j11") = myArraySum(numsArray)
```

동작 5 MakeArray 서브 프로시저에서 F5 키를 눌러 실행하고 워크시트의 **배열인수1** 시트를 선택한다.

◎ 〈그림 6.7〉과 같은 결과가 표시된다.

◎ 난수가 발생되므로 셀의 값이나 합계는 실행자 마다 그 결과가 다르다.

	A	B	C	D	E	F	G	H	I	J	K
1	182.4977	244.9474	77.83154	237.2296	128.6338	314.3759	271.0351	78.15111	469.2726	327.2497	
2	253.0437	195.2357	53.68766	391.9976	229.8204	376.844	298.0473	416.3651	9.379178	105.1843	
3	36.97667	52.72633	165.8472	64.12494	0.12061	268.397	328.5275	272.007	413.7059	40.94678	
4	95.96124	339.4567	227.1039	178.5116	74.99054	352.1979	464.393	265.1063	44.8207	378.8646	
5	200.921	230.9372	246.0828	103.8136	164.868	47.71453	294.8963	84.93674	463.8083	48.96492	
6	221.9312	136.4734	436.2734	375.3439	136.4712	336.8233	128.3145	44.94828	15.4753	161.3588	
7	395.0644	148.629	117.6411	240.2374	127.3009	170.3033	22.46693	241.214	103.0086	432.2672	
8	294.3143	377.4542	463.9415	165.5084	271.4706	40.34567	317.186	205.0183	480.2114	57.31165	
9	461.7226	310.1048	173.8632	74.62287	239.9891	109.7046	496.8657	65.21022	14.44289	172.6958	
10	273.8343	461.4773	269.1232	203.2107	423.6228	413.1128	336.2138	360.9475	498.3857	169.903	
11										22805.92	

〈그림 6.7〉 서브 프로시저 MakeArray 실행 결과

다음 [따라하기]는 myArraySum 사용자 정의 함수를 이용하여 1행에서 10행까지의 행의 합계를 K1:K10 범위에 표시하는 실습이다.

따라하기

동작 1 배열인수1 시트의 K1셀에 =myArraySum(a1:j1)을 **입력한다.**

동작 2 K1셀을 K2:K10에 복사한다.

◎ K1:K10에 〈그림 6.8〉과 같은 결과가 표시된다.

◎ 난수가 발생되므로 셀의 값이나 합계는 실행자 마다 그 결과가 다르다.

	A	B	C	D	E	F	G	H	I	J	K
1	182.4977	244.9474	77.83154	237.2296	128.6338	314.3759	271.0351	78.15111	469.2726	327.2497	2331.224
2	253.0437	195.2357	53.68766	391.9976	229.8204	376.844	298.0473	416.3651	9.379178	105.1843	2329.605
3	36.97667	52.72633	165.8472	64.12494	0.12061	268.397	328.5275	272.007	413.7059	40.94678	1643.38
4	95.96124	339.4567	227.1039	178.5116	74.99054	352.1979	464.393	265.1063	44.8207	378.8646	2421.406
5	200.921	230.9372	246.0828	103.8136	164.868	47.71453	294.8963	84.93674	463.8083	48.96492	1886.943
6	221.9312	136.4734	436.2734	375.3439	136.4712	336.8233	128.3145	44.94828	15.4753	161.3588	1993.413
7	395.0644	148.629	117.6411	240.2374	127.3009	170.3033	22.46693	241.214	103.0086	432.2672	1998.133
8	294.3143	377.4542	463.9415	165.5084	271.4706	40.34567	317.186	205.0183	480.2114	57.31165	2672.762
9	461.7226	310.1048	173.8632	74.62287	239.9891	109.7046	496.8657	65.21022	14.44289	172.6958	2119.222
10	273.8343	461.4773	269.1232	203.2107	423.6228	413.1128	336.2138	360.9475	498.3857	169.903	3409.831
11										22805.92	

〈그림 6.8〉 myArraySum 함수를 이용해 행의 합을 계산한 결과

Help!!

myArraySum 함수와 내장 함수 SUM과의 차이

myArraySum 함수는 함수 정의 프로시저에서 인수의 데이터 형식을 정하지 않았기 때문에 인수의 형은 Variant 형이 된다. myArraySum 함수는 〈그림 6.8〉에서 알 수 있듯이 내장 함수 SUM과 매우 유사하게 작동한다는 것을 알 수 있다. 단지 차이점은 SUM 함수의 경우 인수를 30개까지 사용할 수 있지만 myArraySum 함수는 배열 인수로 만들어져 있어 복수의 인수를 사용할 수 없다는 것이다.

[혼자하기 6.4.4] Module3에 배열 인수 myArray를 사용하여 배열 요소의 평균값을 계산하는 myArrayAvg 함수를 작성한 다음, 배열 요소의 값으로 0에서 300 사이의 난수를 발생시켜 넣고 배열 요소의 값을 **배열인수2**(Sheet4) 시트의 A1:J10까지의 범위에 표시한 후 myArrayAvg 함수를 이용하여 평균을 계산한 결과를 J11셀에 표시하시오.

6.4.5 옵션 인수를 사용하는 함수

많은 내장 함수들이 옵션 인수를 사용한다. 예를 들어 LEFT 함수의 사용에서 LEFT(C2,1)과 LEFT(C2)는 같은 결과 값을 반환한다. LEFT 함수에서 문자의 개수를 의미하는 1을 생략하면 1로 간주한다. 이 경우 생략되는 인수 1을 옵션인수라고 한다. 사용자 정의 함수 프로시저에서도 옵션 인수를 사용해 함수를 만들 수 있다.

[예제8] **옵션인수** 시트에 A1:A10 범위에 1에서 10까지의 숫자를 임의로 입력한 다음 myRecalc 함수를 작성하여 A1:A10 범위의 셀 값이 변경될 경우 자동으로 반영되어 계산되도록 하시오. 주의할 점은 myRecalc 함수의 옵션 인수를 생략하면 내장 함수 Application.Volatile 함수의 옵션 인수가 False로 지정되도록 한다.

Help!!

Application.Volatile 함수

Application.Volatile 코드를 기존 코드에 넣어 두면 셀 값이 바뀌거나 계산이 이루어지면 이 코드가 있는 사용자 정의 함수가 재실행 된다. 기본 값이 True이고 True이면 Offset과 같이 워크시트에 계산이 일어날 때 마다 무조건 실행된다.

다음 [따라하기]는 A1:A10 범위의 셀 값이 변경될 경우 자동으로 반영되어 재계산되도록 하는 myRecalc 사용자 정의 함수를 작성하는 실습이다. 주의할 점은 myRecalc 함수의 옵션 인수를 생략하면 내장 함수 Application.Volatile 함수의 옵션 인수가 True가 아닌 False로 지정되도록 하는 것이다. False로 지정되면 자동 재계산이 일어나지 않는다.

따라하기

동작 1 Sheet5의 이름을 **옵션인수**로 변경한다.

동작 2 개발 도구 리본 메뉴에서 코드 그룹의 Visual Basic ( )을 클릭한다.

◎ 비주얼 베이직 코드 편집 창이 열린다.

동작 3 **Module3**에 서브 프로시저 MakeArray를 추가한다.

◎ **Module3**에 서브 프로시저 MakeArray가 추가된다.

동작 4 MakeArray 서브 프로시저에 다음 코드를 입력한다.

```
Public Sub MakeArray()
    Dim numsArray(1 To 100) As Double
    For i = 1 To 100
        numsArray(i) = Rnd * 500
    Next i
    i = 1
    For j = 1 To 10
        For k = 1 To 10
            Cells(j, k) = numsArray(i)
            i = i + 1
        Next k
    Next j
    Range("j11") = myArraySum(numsArray)
End Sub
```

6.5 사용자 정의 함수 활용 연습 문제

새 통합 문서에서 Shee1의 이름을 비만도검사자료로 수정하고 〈표 6.1〉의 기본 자료를 입력한 후 처리 조건은 **사용자 정의 함수**를 작성하여 처리한다. 출력 형식은 〈표 6.2〉의 요구사항을 참조하여 비만도 검사결과표를 완성한다.

〈표 6.1〉 기본 자료

사원번호	성명	인사코드	근무부서	성별	직급	키(Cm)	체중(Kg)	비만도	판정
JK001	김건강	S05		남		165	83		
JK002	이일반	K05		여		177	58		
JK003	장검진	F02		남		174	80		
JK004	박체력	P01		남		164	79		
JK005	이말순	S05		여		180	77		
JK006	정순식	K05		남		181	75		
JK007	진서량	K04		남		168	68		
JK008	한민국	F03		남		164	69		
JK009	안아파	F05		여		170	69		
JK010	김건강	P03	①	남	②	181	70	③	④
JK011	심용희	S03		남		174	81		
JK012	정두선	K05		여		166	50		
JK013	진시림	F03		여		169	52		
JK014	한만숙	P04		여		171	55		
JK015	이마상	P05		남		167	64		
JK016	이동구	S04		남		162	89		
JK017	우유비	K03		여		158	66		
JK018	민상국	P05		남		163	59		
JK019	이도랑	P05		남		172	75		

〈표 6.2〉 출력 형식

(주)JK건강생명 직원 비만도 검사결과 작성자 : ○○○

사원번호	성명	인사코드	근무부서	성별	직급	키(Cm)	체중(Kg)	비만도	판정	순위
⋮	⋮	⋮	①	⋮	②	⋮	⋮	③	④	⑦
국내영업부 평균					╳	⑤	⑤	⑤	╳	╳
⋮	⋮	⋮	①	⋮	②	⋮	⋮	③	④	⑦
연구개발부 평균					╳	⑤	⑤	⑤	╳	╳
전체 평균					╳	⑥	⑥	⑥	╳	╳

처리조건

① 근무부서 : 인사코드의 왼쪽 한 문자가 S이면 전략기획부, K이면 국내영업부, F이면 해외영업부, P이면 연구개발부 아니면 공백("")
사용자 정의 함수명 : userDivision

② 직급 : 인사코드의 오른쪽 한 문자가 1이면 이사, 2이면 부장, 3이면 과장, 4이면 대리, 5이면 사원 아니면 공백("")
사용자 정의 함수명 : userPosition

③ 비만도 : 몸무게 / (키 / 100)^2(소수점 이하 3자리 미만 반올림)
사용자 정의 함수명 : Obesity

④ 판정 : 비만도가 30이상이면 비만, 25이상이면 과체중 아니면 정상
사용자 정의 함수명 : userDecision

⑤ ⑥ 부분합 계산 : **〈표 6.2〉의 출력 형식을 참조하여 근무부서에 따라 키, 체중, 비만도의 평균 계산**
※ 정렬은 근무부서에 따라 오름차순 정렬하되 동일 구분에서는 성명 오름차순으로 정렬

⑦ 순위 : 근무부서별 순위를 계산하되 비만도가 높은 직원이 1위로 산정

요구사항

① **테두리**과 배경색은 〈표 6.2〉의 출력 형식을 참조하여 적용하되 **항목명 배경색 : 흰색, 배경 1, 5% 더 어둡게, 데이터 배경색 : 흰색, 배경 1, 부분합과 총합계 배경색 : 흰색, 배경 1, 5% 더 어둡게**를 적용한다.

② 1, 2, 3행을 삽입하고 **A1**셀에 (주)JK건강생명 직원 비만도 검사결과를 입력한 후 **A1:J1** 범위를 **병합하고 가운데 맞춤**한다. 병합된 **A1**셀의 글꼴 크기는 16, 글꼴은 **바탕체**, **굵게**, **밑줄**을 적용하고, 글꼴 색은 **검정, 텍스트 1, 15% 더 밝게**로 적용한 후 **행 높이를 적절히 조절한다**.

③ J3셀에 **작성자 : ○○○**으로 작성자의 이름을 입력한다.

④ **A1:L3** 범위를 선택하고 배경색으로 테마 색의 **흰색, 배경 1**을 적용한다.

⑤ 표에서 항목명과 사원번호, 성명, 인사코드, 성별 데이터는 **가운데 맞춤한다**.

⑥ 인쇄 미리 보기의 페이지 설정에서 **확대/축소를** 82%로 설정하고 페이지 **가로 가운데 맞춤한다**.

⑦ 완성된 통합 문서를 작성자의 USB에 비만도검사결과로 저장한다.

Beyond Creative **VBA 코딩솔루션**

1판 1쇄 인쇄　2020년 02월 05일
1판 1쇄 발행　2020년 02월 10일

저　　자　강경원

발 행 인　이범만
발 행 처　**21세기사** (제406-00015호)
경기도 파주시 산남로 72-16 (10882)
Tel. 031-942-7861　　Fax. 031-942-7864
E-mail : 21cbook@naver.com
Home-page : www.21cbook.co.kr
ISBN 978-89-8468-861-2

정가 26,000원